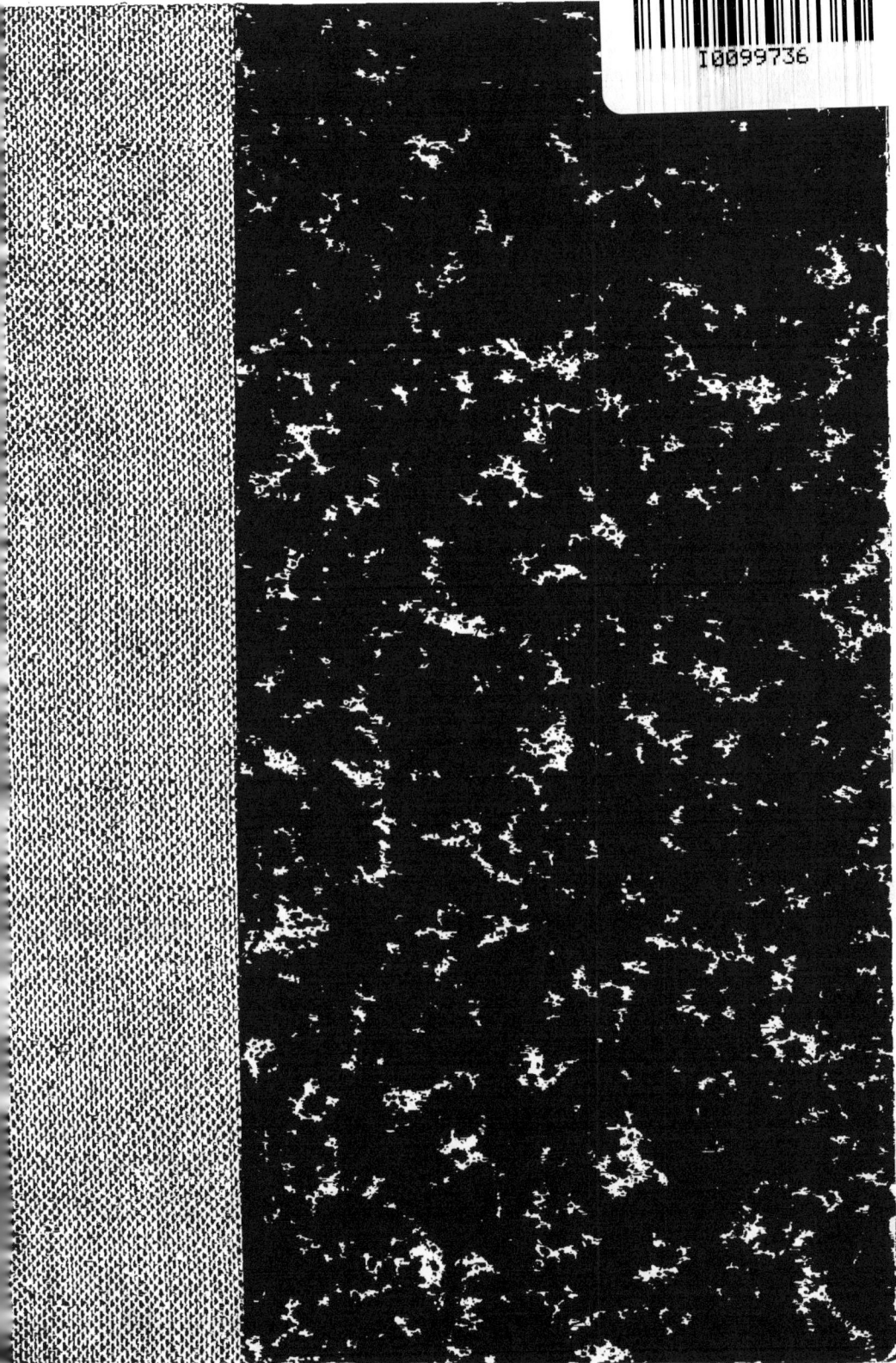

C.HOUDART 1963

LA MARINE FRANÇAISE

Pendant la Grande Guerre (1914-1918)

LA MARINE FRANÇAISE

PENDANT LA GRANDE GUERRE

(Août 1914-Novembre 1918)

Par G. CLERC-RAMPAL

Enseigne de vaisseau de réserve

PRÉFACE PAR M.-A. LORIN

Capitaine de corvette

Ouvrage honoré d'une souscription du Ministère de la Marine

90 GRAVURES

Librairie Larousse — Paris

13-17, rue Montparnasse

PRÉFACE

« Œuvre silencieuse et féconde », « tâche ingrate mais décisive », « perpétuel et hallucinant qui-vive contre un ennemi qui se dérobe », telles sont quelques-unes des expressions les plus communément employées pour traduire le rude et persévérant effort de notre marine pendant la Grande Guerre. Cet effort, combiné de hardiesse, de sang-froid, d'ingéniosité renouvelée sans cesse, embelli d'héroïsme et de sublimes sacrifices, contrarié par tout l'imprévu de cette lutte sous-marine dont les esprits les mieux avertis n'avaient pressenti ni la férocité ni l'ampleur, cet effort qui se faisait de jour en jour plus coordonné, plus sûr de soi-même et dont l'adversaire, à bout de courage, ne prit pas le temps de connaître toute la mesure, cet effort immense, M. Clerc-Rampal, ajoutant à la méthode et à la précision de l'historien les souvenirs vécus de l'officier de marine, en fait jaillir la claire vision de chacune des pages de ce livre.

Les quelques lignes qui suivent n'ont d'autre objet que de montrer comment se relient dans la conduite de la guerre les faits d'ordre politique et militaire.

Il n'est pas douteux que les causes profondes du conflit mondial sont du domaine économique. L'Allemagne, dont il faut bien reconnaître le prodigieux essor commercial, était pour ainsi dire écrasée de sa richesse. Le chiffre croissant de sa population, le développement de son outillage industriel, la brusque montée de ses capitaux, lui commandaient de chercher dans l'expansion coloniale et dans les entreprises outre mer l'emploi de sa surproduction. Plus patiente, meilleure observatrice (et moins dominée par l'orgueil naïf de la parvenue), l'Allemagne eût, dans la paix, attendu son heure. Et cette heure n'eut pas manqué de venir. Mais elle était trop inféodée à la caste prussienne et trop courbée sous le joug impérialiste et militaire pour avoir la moindre notion que l'aveugle brutalité d'un parti d'hommes de proie ne pouvait qu'entraîner sa perte.

Et ce fut, après une préparation minutieuse et sournoise qui dura des années, le déchaînement, voulu par elle, à l'heure choisie par elle, de l'épouvantable cataclysme.

D'ailleurs nul ne doutait, en Allemagne, de l'irrésistible puissance d'une action brusquée. Tout était prêt pour un coup de force : la Belgique neutre,... excellent terrain d'invasion; l'Angleterre indécise encore et que, sans doute, les premiers résultats obtenus allaient incliner vers le désintéressement... Lourde erreur psychologique sur la mentalité d'un peuple foncièrement loyal, et dont le sens pratique, dès longtemps édifié sur les conséquences funestes d'une domination allemande, avait déjà fixé son choix.

De fait, l'entrée en scène, dès le début des hostilités, de la grande flotte britannique, en faisant intervenir la menace immédiate du blocus, rendait plus nécessaire encore la réussite rapide du plan d'agression de l'état-major impérial. Encore ce blocus, gêné par les règles du Droit international, n'apparaissait-il pas, au premier abord, aussi menaçant. Comment empêcher le commerce des neutres de servir la cause du plus offrant? Quant à la « méprisable petite armée anglaise », dont la prudente immobilité de la flotte allemande rendait le passage sur le continent relativement facile, son appoint dans les armées françaises ne valait pas qu'on y prît garde.

Tout d'ailleurs marchait à souhait : Liége, Anvers, Charleroi, partout des victoires, et partout la ruée brutale, ininterrompue vers Paris, le Paris des légendes teutonnes, qu'on allait piller et détruire...

Et ce fût la première Marne!

Si cette grande victoire inattendue trompait les espérances de l'Allemagne, la stabilisation du front n'en bouleversait pas moins les prévisions des armées de l'Entente. Mais, dès lors que fut solidement établi ce front, derrière lequel — de chaque côté — on préparait, à grands coups d'inventions et de dépenses, les batailles futures, la question du blocus prenait une importance capitale et le rôle des marines alliées devenait primordial.

A cette double offensive, qui devait la priver de vivres et de matières premières, l'Allemagne ne pouvait répondre qu'en essayant de rendre le ravitaillement des Alliés aussi difficile que le sien. Pour cette tâche, toute de destruction, et qui, par là même, la devait séduire, en dehors de sa flotte de haute mer, qu'il était sage de ne pas aventurer trop tôt, et de quelques corsaires, dont il était certain que les croiseurs alliés auraient rapidement raison, elle ne disposait que d'un petit nombre de médiocres sous-marins. L'emploi de ce nouveau moyen s'impose ainsi, et la certitude de son efficacité, que ne peuvent gêner ni les lois de l'humanité ni les préceptes usagés du Droit international, devient bientôt un dogme. Détruire, tout est là ; nul mieux qu'un sous-marin ne s'entend à détruire. Les passagers du Lusitania sont parmi les premiers à le voir. Aux Etats-Unis le sentiment public s'exaspère contre tant d'imbécile cruauté. Le gouvernement de Washington proteste. L'Allemagne ergote, discute,... et le temps passe. Et des sous-marins, plus puissants que leurs devanciers, s'achèvent dans ses chantiers.

Cependant, le blocus se resserre et commence à produire ses effets; dans certains milieux, la confiance devient difficile à maintenir. Il faut frapper un grand coup.

Tandis que, sur notre front, une offensive se prépare avec une puissance de moyens inconnue jusqu'à ce jour, une campagne d'intimidation se développe dans les pays neutres, dont les navires, menacés d'une guerre sous-marine sans restrictions, vont sans doute renoncer à travailler pour l'Entente. Arrogance malheureuse, dont le retentissant échec de Verdun (février 1916) vint souligner l'inanité.

Le moment était-il venu de jouer le tout pour le tout et de risquer la grande flotte, puisque l'arme sous-marine, quelque diligence que l'on fît, n'était pas encore au point ? De nouveaux incidents, tels celui du Sussex (avril 1916), en faisant craindre des complications avec les Etats-Unis, vinrent servir la thèse du parti pressé d'en finir.

Et ce fut la bataille du Jutland, conduisant les divisions cuirassées de la marine impériale à une fuite précipitée qui, seule, évita le désastre.

Dès lors la cause était entendue : le sous-marin devenait le moyen nécessaire et sûr, et l'on en magnifia les résultats par avance, en fin de ranimer les énergies chancelantes.

Toutefois le doute subsistait, chez certains esprits clairvoyants, de la grande victoire qui devait mettre le monde aux pieds de l'Allemagne. Et l'idée d'une paix de compromis, s'insinuant dans les milieux diplomatiques, fut ingénieusement travaillée par le parti militaire, qui la laissa prendre jour sous forme d'une invitation mielleuse à des échanges de vue, dont on se gardait bien d'indiquer la base. Cette combinaison, qui pouvait aboutir à des négociations avantageuses, restait séduisante au cas même d'un refus dédaigneux des puissances de l'Entente. De ce refus, en effet, l'Allemagne, rejetant sur ses ennemis, la responsabilité de la guerre, pourrait s'autoriser pour se dire contrainte à la lutte sous-marine à outrance, sans égard pour les engagements que venait de lui arracher le gouvernement de Washington.

Et c'est ainsi que nous arrivons à la déclaration de blocus de février 1917, bientôt suivie par la rupture des relations diplomatiques avec les Etats-Unis. La révolution russe vint à point nommé pour justifier, aux yeux du peuple allemand, la dangereuse folie de ses maîtres. Et ce fut, dans l'Allemagne entière, une grande vague de superbe confiance. Toute la barrière orientale s'écroulant d'un coup, qu'importaient maintenant le blocus de l'Entente et les clameurs de justicier courroucé du président Wilson ? Qu'importait même l'entrée des Etats-Unis dans la guerre ? Des armées ne s'improvisent pas, et, ces armées, recrutées et formées en hâte, il faudrait les amener en Europe, au travers des barrages de sous-marins et de mines.

L'avenir, vraiment, s'annonçait plein de promesses. Et les circonstances dictaient son plan à l'Allemagne : détruire aux Alliés et aux neutres le plus de tonnage possible, empêcher ainsi leur ravitaillement et les affaiblir économiquement pour l'avenir ; semer la panique, en même temps, par des campagnes habiles et grâce à des complicités bien placées et bien payées. Puis, au point culminant de cette offensive sous-marine et de cette offensive morale, déclancher sur le front de terre une action décisive avec tous les moyens que rendait disponibles l'effondrement de la Russie.

C'est ainsi que d'avril 1917 à mars 1918 nous vivons les heures les plus cruelles de la guerre sous-marine, l'importance des résultats obtenus amenant du moins les marins de l'Entente à une recherche de thérapeutique rationnelle et à une mise en commun réelle de leurs efforts.

C'est ainsi que le poison défaitiste se glisse parmi nous, causant, notamment en Italie et sur certains points du front occidental, des ravages dont de pénibles échecs suffisent à montrer l'ampleur.

Et c'est enfin, en mars 1918, le début de la formidable et suprême offensive.

Mais c'est aussi pour l'arme sous-marine le commencement du déclin. L'adversaire doit compter à présent avec les moyens d'attaque et de défense de jour en jour plus puissants et mieux concertés ; les pertes sont nombreuses et, dans les équipages, la révolte fermente.

Et cependant, tandis que l'Allemagne a faim et que son commerce se meurt, des flottes entières sillonnent sans relâche les océans demeurés libres et déversent la vie dans nos ports.

Et les Américains, par milliers, traversent l'Atlantique...

Dès juillet 1918, la partie, sur mer, était perdue ; les Alliés avaient gagné la guerre.

Le seul espoir demeurait d'une « paix honorable », arrachée dans un dernier spasme sur les champs de bataille de France.

Et ce fut la seconde Marne...

Et l'écroulement vint, consacré pour la flotte allemande par la cruelle injure d'une reddition sans combat.

De cet exposé très rapide une conclusion se dégage : c'est grâce à nos Marines de guerre et de commerce, grâce à la maîtrise des mers, que nous a conservée leur vaillance, que nous avons pu laisser venir notre heure et vaincre.

Et si, demain, nous voulons dans les bienfaits de la paix recueillir les fruits de la victoire, sachons nous souvenir qu'une marine puissante est l'outil nécessaire et le reflet de la puissance d'un pays.

M.-A. LORIN
Capitaine de corvette.

LA MARINE FRANÇAISE

Pendant la Grande Guerre (1914-1918)

CHAPITRE PREMIER

La France et sa marine dans l'Histoire. — Situation maritime de la France en 1914. — Les industries de guerre après la bataille de la Marne. — La liberté des mers acquise aux flottes de l'Entente. — Le Blocus des Empires centraux.

La France et sa marine dans l'Histoire. — En 1627, à l'Assemblée des Notables, l'évêque de Chartres, Leonor de Valençay, prononça un discours d'où nous détachons les paroles suivantes : « Après avoir pensé par quel moyen on pourrait augmenter la puissance et la richesse de l'Etat, je n'en ai point trouvé de plus prompt, de plus utile et de plus glorieux que la navigation, étant certain qu'on ne peut avoir sáns la mer ni les choses qui servent absolument pour l'ornement de la paix, ni pour le défrai et l'entretènement de la guerre. »

C'est là qu'il faut chercher l'origine dé la phrase célèbre attribuée à Richelieu : « On ne peut, sans la mer, ni profiter de la paix, ni soutenir la guerre. »

Cette maxime saisissante domine toute l'histoire de notre pays. Forte en marine, la France est florissante, redoutée, prospère ; faible sur mer, elle est accablée de tous les maux. La guerre de 1914-1918 vient d'apporter à cette vérité historique la confirmation nouvelle de faits récents, mais était-ce nécessaire ? Non, assurément, pour une rare élite, mais certainement oui en ce qui regarde le grand public. N'entendions-nous pas, en 1911, le regretté géographe Marcel Dubois dire en pleine Sorbonne : « C'est une croyance générale en France qu'il existe pour les gens de mer des obligations spéciales et des tâches particulières, distinctes de celles des gens de terre ; ces dernières paraissent d'une énorme importance pour la sécurité publique, pour le bien-être et l'agrandissement de la nation, tandis que les premières seraient de moindre importance, moins essentielles, moins utiles à la prospérité nationale. » Et l'orateur ajoutait : « Ceci est une grave erreur dans laquelle la France pourrait rencontrer sa mort. »

Ainsi, à la veille de la guerre, un homme aussi averti, un membre de notre haut enseignement, était amené à faire d'aussi désolantes constatations ! Comment donc apprend-on l'Histoire dans nos écoles pour ignorer une vérité aussi élémentaire que l'influence constante de la marine sur le développement de notre pays ? Il n'y a malheureusement qu'à nous rappeler nos souvenirs pour obtenir la réponse : l'histoire s'enseigne chez nous sans qu'on prononce, ou presque, les mots de « flotte », « armée navale », « expansion coloniale », « commerce maritime ». Parfois un nom de bataille : l'Ecluse, La Hougue, Trafalgar, — des défaites ; — rarement celui d'un amiral en dehors de Duquesne, Tourville et Suffren. Et encore se demande-t-on pourquoi ces derniers sont cités, car on reste muet sur leurs campagnes. Une réforme s'opérera-t-elle dans d'aussi déplorables méthodes ? C'est à souhaiter, mais elle est encore à venir, malgré les efforts d'historiens comme Ch. de la Roncière, Lacour-Gayet et Tramond, pour ne citer que ceux-là.

Pourtant quels exemples probants nous fournit l'étude des faits d'autrefois, quelles leçons sur ce que nous a coûté trop souvent l'absence d'une politique navale ! Rien de plus frappant dans son ensemble que l'histoire de la guerre de Cent Ans, la vraie, celle que vous pourrez lire dans les ouvrages des auteurs nommés plus haut.

Philippe IV le Bel, un des rares monarques français ayant compris la marine, le fondateur de l'Arsenal de Rouen, a laissé une flotte en bon état et une administration navale parfaite. Mais tout cela demande de l'argent, et les successeurs de ce grand roi, méconnaissant la nécessité de rester maîtres de la Manche, suppriment les crédits. Le résultat ne se fait pas attendre : Sous Philippe VI et Jean II le Bon, c'est la défaite de l'Ecluse et l'invasion. Et désormais la lutte va se poursuivre avec des alternatives réglées sur l'issue des rencontres navales, conséquence naturelle de la position respective des belligérants, séparés par un bras de mer. Charles V le Sage relève la marine et son amiral Jean de Vienne, le premier en date de nos grands hommes de mer, affirme à la tête de ses vaisseaux la suprématie française. En 1379 notre flotte est maîtresse absolue de la Manche et les Anglais sont obligés de souscrire à nos conditions. Mais Charles V meurt en 1380 et son incapable successeur laisse s'effondrer le pilier principal de l'édifice. La marine cesse d'exister, les Anglais repassent le détroit. Aussi, bientôt, Charles VI n'était plus que le « roi de Bourges ». La délivrance de notre pays confirme elle-même l'influence d'une puissance maritime. Si la pléiade de capitaines fameux, le connétable de Richemont, Dunois, Xaintrailles, La Hire furent, avec notre immortelle Jeanne d'Arc, les principaux artisans de la Victoire, on ne doit pas oublier qu'à défaut d'une flotte royale les corsaires de Normandie rendirent précaires les relations de l'armée anglaise avec sa métropole. Fécamp, Arques, Cherbourg, l'embouchure de la Seine, avec Harfleur et Honfleur, furent repris par la marine seule.

La guerre de Cent Ans est en raccourci l'histoire de France elle-même, et cependant combien d'écoliers, je serai même tenté de dire combien de maîtres, connaissent la part prise aux opérations par la marine, le *Clos des Galées* de Rouen, les amiraux Jean de Vienne et Prégent de Coétivy ?

Voulez-vous d'ailleurs embarrasser un professeur d'histoire, et cela sur une période plus récente ? Posez-lui tout simplement la question suivante : « Comment se fait-il qu'en 1524, lorsque Charles de Bourbon, le connétable transfuge, envahit la Provence avec 25.000 hommes, il gagna péniblement Marseille, mais ne put en faire le siège et dut se retirer en opérant une retraite désastreuse ? » En effet, à première vue le fait est incompréhensible. Bourbon était l'un des premiers capitaines de son temps, et une armée de 25.000 hommes représentait alors une force considérable. La campagne d'invasion devait avoir été préparée soigneusement ; le matériel, le personnel, les approvisionnements étaient certainement prévus par un chef aussi exercé d'une manière convenable. Et tout cela tourne court, presque sans résistance de notre part. L'invasion s'opère d'abord facilement : Antibes et Toulon se rendent à première sommation ; Marseille seule referme ses portes mais est plutôt investie qu'assiégée. Puis, c'est la retraite.

Le mot de l'énigme est bien simple. Charles de Bourbon était accompagné d'un convoi transportant par mer son parc de siège, ses munitions et ses approvisionnements, trop difficiles à traîner sur les routes derrière l'armée. Une escadre de 17 galères protégeait le convoi. C'était le point faible et les Marseillais le comprirent. Réunissant 10 galères, ils les confièrent à un marin résolu, Antoine de la Fayette, et celui-ci, attaquant vigoureusement les transports de Charles de Bourbon près de l'embouchure du Var, battit l'escorte, coula nombre de bâtiments et obligea les autres à se réfugier à Monaco, d'où ils ne sortirent plus. Ainsi privée de son artillerie lourde, de ses vivres de réserve, l'armée d'invasion était frappée d'impuissance et il fallait toute l'énergie et la science militaire de Bourbon pour oser poursuivre l'aventure dans de semblables conditions. Il alla bien jusqu'à Marseille, mais sans matériel de siège ; il ne put que bloquer la place, blocus insuffisant d'ailleurs puisque la mer libre permettait le ravitaillement. Voit-on ici encore l'influence de la marine et quelles leçons renferme chaque page de notre Histoire ?

Etudions-la donc et méditons ses enseignements. Les derniers événements ont prouvé une fois de plus que le sort de la France était lié à la prospérité de sa marine. Trop souvent malheureusement cette union a été méconnue dans le passé, et chaque fois nous l'avons payé cher. A présent, nous ne devons plus jamais commettre une pareille faute. Le rôle de la Marine Française dans la récente guerre doit suffire à nous rappeler nos devoirs et nos intérêts.

Dreadnought *La Provence*, bâtiment amiral français (1918).

Situation maritime de la France en 1914. — Au début de la guerre, nous avions comme forces navales susceptibles d'entrer en campagne :

2 cuirassés de 23.000 tonneaux : *Courbet* et *Jean-Bart* (les deux autres de la série, *France* et *Paris*, n'étant pas encore sortis de la période d'essais);

6 cuirassés type *Danton*, de 18.000 tonneaux ;

5 cuirassés type *Patrie*, de 15.000 tonneaux ;

5 cuirassés anciens, de 12.000 et 13.000 tonneaux ;

18 croiseurs-cuirassés de 7.000 à 14.000 tonneaux ;

4 petits croiseurs-cuirassés de 5.000 tonneaux ;

25 contre-torpilleurs de 700 à 900 tonneaux (y compris quatre unités prêtes à être livrées à la République Argentine et réquisitionnées à la mobilisation) ;

67 contre-torpilleurs de 350 tonneaux ;

19 torpilleurs dits « de haute mer » d'un type ancien ;

125 petits torpilleurs de défense mobile ;

67 submersibles.

Au total : une escadre de première ligne de 13 cuirassés — dont seulement 2 « dreadnoughts » (1) — dans laquelle il nous faut bien comprendre les cinq *Patrie*, âgés de neuf ans en 1914, qui ne sont plus des bâtiments modernes ; une escadre de cinq vieux cuirassés (*Charlemagne, Gaulois, Saint-Louis, Bouvet, Suffren*) encore utilisables pour des missions spéciales, mais incapables de figurer dans une bataille rangée ; enfin 18 croiseurs-cuirassés, dont les plus récents datent de quatre ans, les plus vieux de quinze, bâtiments de valeur militaire allant de la moyenne au médiocre, et dont le type est aujourd'hui absolument démodé. A côté de cela, pas d'*éclaireurs* ou d'*estafettes* réellement dignes de ce nom, et beaucoup trop d'unités fatiguées, « à bout de bord », parmi nos contre-torpilleurs.

Ce simple exposé schématique est suffisant pour affirmer que la France ne possédait pas, en 1914, la marine nécessaire à sa politique. En dehors de la protection de notre empire colonial — le plus important

(1) On nomme « dreadnought » tout cuirassé ayant comme artillerie principale *dix pièces de 30 centimètres*. Les cuirassés comme nos *Danton* et nos *Patrie* qui ne possèdent pas cet armement sont actuellement considérés comme unités de seconde ligne.

du monde après celui de l'Angleterre — nous devions, en cas de conflit européen assurer l'inviolabilité de nos côtes et garantir le libre passage à nos troupes d'Afrique. Les opérations du début de la campagne à terre ont montré combien ce dernier point était capital. Or, quelle aurait été la situation si, comme les Allemands l'ont espéré jusqu'au dernier moment, l'Angleterre avait conservé sa neutralité et l'Italie n'avait pas proclamé la sienne ? Au Nord, pour barrer le Pas de Calais à toute la flotte allemande, nous n'avions que la *deuxième escadre légère*, sous le commandement du contre-amiral Rouyer, composée des deux divisions suivantes :

Première division : croiseurs-cuirassés *Marseillaise, Amiral-Aube, Jeanne d'Arc.*

Deuxième division (contre-amiral Le Cannelier) *:* croiseurs-cuirassés *Gloire, Dupetit-Thouars, Gueydon.*

Tous ces bâtiments datent de quinze ans, ont donné dans leur jeunesse 21 nœuds (1) et en fournissent 18 assez péniblement. Au total les deux divisions portent douze pièces de 19 centimètres, quarante pièces de 16 centimètres, quatorze pièces de 14 centimètres et vingt-six pièces de 10 centimètres.

Un seul croiseur-cuirassé allemand comme le *Seydlitz,* construit en 1912, pourrait, avec ses dix canons de 28 centimètres, ses douze de 15 centimètres et sa vitesse de 28 nœuds, accepter sans trop de désavantage le combat contre cette escadre tout entière.

En dehors des bâtiments que nous venons de citer, nous n'avions plus en Manche que trois escadrilles de torpilleurs et trois escadrilles de sous-marins, ayant 24 submersibles au total et constituant en somme le meilleur élément de défense.

En Méditerranée, nous possédions des forces plus importantes, le gros de notre armée navale étant concentré à Toulon. Nous savons sa composition : 2 dreadnoughts et 11 cuirassés de 15.000 à 18.000 tonneaux. Que pouvait lui opposer la coalition italo-autrichienne ? Voici d'abord pour l'Autriche :

3 dreadnoughts de 20.000 tonneaux : *Viribus-Unitis, Prinz-Eugen,*

---

(1) *Nœud* ou *mille* égale 1.852 mètres. 21 nœuds font 38 kil. 800, 18 nœuds : 33 kil. 300.

Tegethoff, comparables à nos *Jean-Bart* comme armement, mais il est vrai moins bien protégés ;

3 cuirassés type *Radetzky*, analogues à nos *Danton* ;

3 cuirassés de 11.000 tonneaux, type *Ferdinand-Max*, datant de 1904, inférieurs à nos *Patrie* ;

3 croiseurs-cuirassés de 5.000 à 7.000 tonneaux ;

7 croiseurs-estafettes de 3.300 tonneaux ;

6 contre-torpilleurs de 800 tonneaux ;

12 contre-torpilleurs de 400 tonneaux ;

24 torpilleurs de 200 tonneaux de haute mer ;

40 torpilleurs environ de défense mobile ;

8 sous-marins.

L'Italie présente les chiffres suivants :

5 dreadnoughts de 23.000 tonneaux, types *Duilio* et *Cavour* ;

1 dreadnought de 18.000 tonneaux, le *Dante-Alighieri* ;

4 cuirassés de 13.000 tonneaux, types *Roma* et *Regina-Elena*, datant de 1906, légèrement supérieurs en armement à nos *Patrie* ;

2 cuirassés légers de 13.000 tonneaux ;

7 croiseurs-cuirassés de 6.000 à 9.000 tonneaux ;

6 éclaireurs-estafettes de 3.500 tonneaux ;

33 contre-torpilleurs ;

28 torpilleurs de haute mer ;

60 torpilleurs de défense mobile ;

25 sous-marins.

La réunion de ces deux marines — éventualité possible, répétons-le — aurait mis notre armée navale, en présence de *huit dreadnoughts* et *sept cuirassés* analogues à nos *Danton* et *Patrie*. Elle nous aurait obligés à nettoyer en plus la route Alger-Marseille de 23 croiseurs, 51 contre-torpilleurs et 33 sous-marins. Quand on se représente que ce dernier chiffre est supérieur à celui des sous-marins austro-allemands réunis en Méditerranée au cours de la guerre, on voit la tâche écrasante qu'aurait eu à remplir notre marine.

Donc la question est résolue : si l'Angleterre et l'Italie ne s'étaient pas, dès le début des hostilités, la première rangée à nos côtés, la seconde déclarée neutre, c'était pour nous la défaite assurée. La bataille de la Marne aurait été livrée sans le corps d'armée d'Algérie — et l'on sait le rôle qu'il y a joué — et sans les forces qu'il eût fallu probablement laisser disponibles pour parer à une descente des Allemands en Normandie, descente dont ils avaient prévu tous les détails, et que seule la maîtrise de la mer assurée par l'alliance anglaise les empêcha d'effectuer.

L'on voit encore ici quelle place a tenu dans nos destinées la puissance navale.

Une fois de plus l'influence prépondérante de la marine s'est révélée. Oubliera-t-on cet exemple récent comme les autres ?

Au point de vue commercial, la situation maritime de la France n'était pas plus brillante. Le tonnage total de nos bâtiments, en 1914,

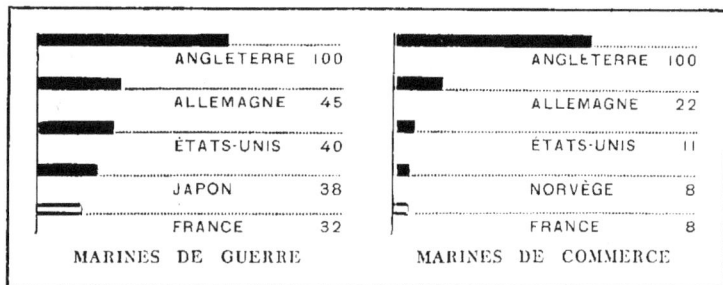

MARINES DE GUERRE		MARINES DE COMMERCE	
ANGLETERRE	100	ANGLETERRE	100
ALLEMAGNE	45	ALLEMAGNE	22
ÉTATS-UNIS	40	ÉTATS-UNIS	11
JAPON	38	NORVÈGE	8
FRANCE	32	FRANCE	8

Rapport des Marines internationales en 1914.

était d'environ 2.300.000 tonneaux, ce qui nous plaçait au *cinquième rang*, après l'Angleterre, l'Allemagne, les Etats-Unis... et la Norvège. Avant la guerre c'était cette infériorité qui entravait notre commerce et nous empêchait de tirer tout le parti voulu de notre immense empire colonial. Le transit de nos possessions se faisait dans la proportion de 70 % sous pavillon étranger. Quant à celui de la métropole, il se chiffrait par un tribut de *quatre cents millions* payé annuellement par le commerce français aux armateurs des nations voisines. Les avertissements ne manquaient pas, cependant, mais jamais nos négociants n'ont voulu comprendre qu'ils avaient intérêt à faire transporter leurs marchandises sous pavillon français. Et cette indifférence pour la marine — jointe à d'autres causes, car la question est très complexe

— a coûté fort cher à la France pendant la période d'avant-guerre. Elle lui a coûté encore davantage pendant les hostilités, car ici nulle alliance ne pouvait, comme dans le cas de la flotte de guerre, réparer nos bévues. Grâce à la déclaration de neutralité de l'Italie, les conséquences militaires de notre faiblesse maritime nous furent épargnées, mais au point de vue commercial il n'en a pas été de même et la situation déplorable de la marine marchande française allait se montrer dans toute son ampleur.

. *Les industries de guerre après la bataille de la Marne.* — A la fin de septembre 1914, lorsqu'il fut reconnu que la retraite allemande s'arrêtait sur l'Aisne, nous nous sommes trouvés dans un grand embarras. Le manque de munitions pour notre artillerie de campagne se révélait déjà comme un défaut capital, auquel il convenait de remédier sans tarder, mais que dire de la nécessité, vite devenue évidente, d'une

COMMERCE TOTAL DE LA FRANCE : 60.072.000 T.

Pavillon français	Pavillon étranger	

Part de la voie de mer : 38.000.000 de tonnes dont 28.500.000 sous pavillon étranger, et 9.500.000 seulement sous pavillon français.

Part de la voie de terre : 22.072.000 de tonnes.

artillerie lourde, dont nous ne possédions que des éléments insuffisants ? Là, tout était à créer. Si l'on pouvait faire état, à titre provisoire et vu l'urgence, de pièces existant dans les arsenaux, malgré leur ancienneté, il ne pouvait être question de poursuivre une guerre, reconnue dès lors par les esprits avertis comme devant être longue, avec un matériel démodé. Non seulement il fallait à tout prix rattraper sur ce point spécial l'avance de l'ennemi, mais encore on devait prévoir qu'une lutte de perfectionnements successifs allait s'établir entre les deux artilleries en présence. Pour se placer au niveau de nos adversaires, comme pour soutenir victorieusement la concurrence, une puissante industrie métallurgique était indispensable.

En 1913, la production française était de 5.300.000 tonnes pour la fonte et 4.600.000 tonnes pour l'acier brut. Ces quantités auraient déjà été insuffisantes pour les besoins de la guerre, mais nous étions loin de pouvoir les réaliser après notre victoire de septembre 1914.

Peu à peu, l'industrie métallurgique française, qui en 1875 se répartissait entre cinquante-sept départements, avait concentré ses usines dans la région du Nord-Est. Par suite, au moment des hostilités, Meurthe-et-Moselle et le Nord entraient pour 80 % dans le total de notre production de fonte, et pour 75 % dans celle de l'acier. Quant au minerai de fer, le bassin de Briey, à lui seul, fournissait 90 % de notre consommation. On voit par ces chiffres quelle terrible situation était faite à nos industries de guerre après l'occupation allemande de ces territoires et devant quelles difficultés se trouvèrent ceux qui avaient à ces heures sombres la redoutable tâche d'assurer notre défense nationale. Il y eut réellement alors une période angoissante. Heureusement que nos adversaires, encore sous l'influence du coup reçu à la Marne — qui fut beaucoup plus dur qu'ils ne voulurent jamais l'avouer — se trouvèrent, eux aussi, en face d'une crise de munitions qui, bien que moins grave que la nôtre, ne laissa pas de les obliger à un temps d'arrêt sérieux. Jusqu'à la fin de 1914, en particulier, la proportion de projectiles en fonte d'une qualité médiocre, donnant de nombreux ratés d'éclatement, qu'employaient alors nos ennemis, prouva que l'artillerie allemande faisait comme nous appel à ses « fonds de magasin ».

Une seule solution s'imposait pour nous à cet instant : créer des usines dans les régions à l'abri de toute invasion. Pour cela il fallait se procurer au dehors tout l'outillage et à peu près toute la matière première. Et les transports devaient se faire tous par mer ! On voit ici le rôle joué par la marine de commerce, et quelles amères réflexions durent faire nos dirigeants devant la situation de notre flotte. En 1913, le tonnage total entré dans les ports français s'élevait à 31.885.000 tonneaux pour l'année entière. Nos bâtiments — deux millions de tonnes environ — n'y suffisaient pas, et nous avons déjà vu quelles sommes réclamaient les armateurs étrangers pour combler le déficit. Mais qu'était cette disproportion de 1913 au regard de celle qu'affirmait le même nombre de navires en présence d'une importation à décupler ?

Certes, nos alliés — et en particulier la marine marchande anglaise, avec ses *dix-neuf millions de tonneaux* — se tenaient prêts à nous porter aide, mais ici l'assistance n'était pas gratuite comme celle de la flotte de guerre. Par centaines de millions notre argent est allé enrichir les armateurs voisins, nos alliés aujourd'hui, nos rivaux après la paix. Si ces sommes avaient été versées à nos compagnies, à nos équipages, à nos chantiers, quelle source de prospérité nationale en aurait découlé, et combien la situation financière de la France en serait aujourd'hui meilleure !

L'armement étranger, neutre ou allié, se chargea donc de la majorité de nos transports, pendant que nos bâtiments essayaient par une navigation intense de compenser l'extrême insuffisance des moyens. Équipages et matériel ne connurent plus de repos, pour le plus grand dommage de ceux-là, amenés à la limite de leurs forces, et de celui-ci, porté au maximum d'usure par l'absence de toute réparation d'entretien. Cette situation a dès à présent ses conséquences fâcheuses : le tonnage actuel de la marine française doit être diminué de toutes les unités prématurément vieillies, et il se trouve ainsi réellement au-dessous du chiffre des statistiques officielles.

En peu de temps le trafic de nos ports augmenta formidablement. Le chiffre d'entrée d'une semaine moyenne, qui était, en 1913, pour le port du Havre de 53.000 tonneaux, passait en 1916 à 115.000 tonneaux. Dans les mêmes conditions la semaine de Rouen augmentait de 99.000 tonneaux à 184.000, et celle de Bordeaux de 63.500 à 92.250 tonneaux.

Malgré l'activité de notre flotte, ces augmentations sont en presque totalité à l'actif du pavillon étranger. Ce sont les marines de nos alliés qui ont donc assuré en grande partie les besoins de nos industries de guerre. Et l'on peut alors se demander quelle situation aurait été la nôtre si l'alliance anglaise nous avait fait défaut ? Nous avons vu le côté militaire de la question, mais les conséquences commerciales n'eussent pas été moins désastreuses. Seule en face de la tâche écrasante à assumer, notre marine marchande aurait dû faire appel non plus à des alliés, mais à des neutres. Or l'Allemagne aurait aussitôt déclaré contrebande de guerre tous les produits destinés à nos usines et rien ne dit que l'Angleterre neutre serait venue à notre aide. L'on voit où nous étions alors conduits. L'interdiction ennemie se serait d'ailleurs étendue aux approvisionnements de tous genres, puis aux vivres et ce n'est plus seulement l' « ère des restrictions » que nous aurions connue, mais la famine.

Même en supposant nos escadres disputant la maîtrise de la mer à l'Allemagne, le manque de bâtiments de commerce nous acculait à la défaite.

Marine de guerre et marine de commerce ont donc été deux facteurs essentiels de la victoire, mais il est regrettable que, ne les possédant pas au degré voulu, la France ait dû les attendre de ses alliés.

La liberté des mers assurée par les flottes de l'Entente. — L'Angleterre rangée à nos côtés, il ne fut plus question d'une sortie de la flotte allemande. La disproportion des forces était trop grande. Mais tous les navires ennemis n'étaient pas à Kiel, et il fallut un certain nombre d'actions pour en purger les mers.

Tout d'abord quelques engagements de flottilles ou de divisions légères eurent lieu près des côtes allemandes. Le plus intéressant est le combat d'Héligoland, le 28 août 1914.

L'amiral Jellicoe, commandant en chef de la flotte anglaise, voulant déterminer la position des escadres ennemies mouillées derrière l'île d'Héligoland, envoya une reconnaissance composée de 2 flottilles de contre-torpilleurs, une division de croiseurs légers et une division de *croiseurs de bataille* (1), sous les ordres de l'amiral Sir David Beatty.

Vers 7 heures du matin, le 28 août, les Anglais rencontrèrent 6 contre-torpilleurs ennemis, qui prirent aussitôt chasse et cherchèrent à se réfugier à Héligoland. Dans la poursuite, les croiseurs légers britanniques *Aréthusa* (3.600 tonneaux, deux canons de 152 millimètres, six de 102 millimètres, 30 nœuds) et *Fearless* (3.300 tonneaux, dix canons de 102 millimètres, 25 nœuds) s'attaquent à deux croiseurs

---

(1) Le *croiseur de bataille* ou *cuirassé rapide* est un grand bâtiment ayant une vitesse supérieure à celle du cuirassé d'escadre, avec une artillerie composée de pièces du plus fort calibre et une cuirasse de ceinture moindre que celle des unités de ligne. Ce sont en somme des cuirassés dont on a augmenté la vitesse en diminuant la protection et le nombre des pièces. En 1914, les Anglais possédaient dix de ces unités, et les Allemands en avaient cinq.

allemands qui, après vingt minutes de combat à courte distance, disparaissent, gravement avariés, dans la brume.

Les contre-torpilleurs anglais canonnent vivement les petites unités ennemies et parviennent à couler le torpilleur portant le guidon du chef de flottille.

Au milieu de cet engagement, apparaît tout à coup, sortant du brouillard, le grand croiseur-cuirassé allemand *York* (9.500 tonneaux, quatre canons de 210 millimètres, dix de 152 millimètres, douze de 88 millimètres, 20 nœuds). Malgré la disproportion d'artillerie, les deux petits croiseurs anglais l'attaquent ; leur tir bien réglé occasionne de telles avaries au nouvel assaillant que celui-ci renonce au combat et se replie. Quelques instants après, ces deux vaillants petits navires coulaient en quinze minutes le *Mainz* (4.300 tonneaux, douze pièces de 105 millimètres, 27 nœuds).

Vers midi, les flottilles anglaises sont disséminées sur un vaste espace, rencontrant à chaque moment de nouveaux croiseurs ennemis sortis au secours de leurs flottilles. L'apparition du *York*, bien que momentanée, décida le commodore Tyrwhitt, chef des divisions légères anglaises à demander à son tour l'appui des croiseurs de bataille. Bientôt le *Lion* (27.000 tonneaux, huit pièces de 343 millimètres, seize de 102 millimètres, 28 nœuds) arrive, et dès lors l'action se précipite. En quelques coups de sa puissante artillerie, ce nouveau combattant envoie au fond l'*Ariadne* (2.600 tonneaux, dix pièces de 105 millimètres, 22 nœuds) et le *Köln* (4.500 tonneaux, douze pièces de 105 millimètres, 26 nœuds).

Le but de la reconnaissance était rempli et l'amiral Beatty donna le signal du ralliement. Trois croiseurs et un contre-torpilleur allemands avaient été coulés; les Anglais n'avaient subi que des avaries légères.

D'autres rencontres eurent lieu entre petites unités, puis les Allemands voulurent tenter des raids sur la côte d'Angleterre avec leurs croiseurs de bataille. En choisissant des circonstances favorables, et grâce à leur grande vitesse, ces bâtiments rapides effectuèrent le bombardement des villes ouvertes de Scarborough, West Hartlepool. Withby, causant des dégâts matériels nuls au point de vue militaire, mais faisant de nombreuses victimes.

Les Anglais ripostèrent le 25 décembre 1914 par une expédition d'un genre alors nouveau, étant donnés les moyens qu'ils mirent en œuvre. L'opération fut, en effet, exécutée par des hydravions et des sous-marins, appuyés de croiseurs légers type *Arethusa*. Elle eut l'arsenal de Cuxhaven comme objectif. Malgré la présence des zeppelins et des sous-marins, la flottille anglaise atteignit son but. Les hydravions purent bombarder efficacement le hangar des dirigeables et l'usine à gaz, qui devinrent la proie de l'incendie.

Un deuxième raid allemand eut lieu le 27 janvier 1915, mais cette fois la division anglaise des croiseurs de bataille, *Tiger* (28.000 tonneaux, huit pièces de 343 millimètres, 30 nœuds), *Lion* et *Princess Royal* (27.000 tonneaux, huit pièces de 343 millimètres, 28 nœuds), *New-Zealand* (19.000 tonneaux, huit pièces de 305 millimètres, 27 nœuds) et *Indomitable* (17.400 tonneaux, huit pièces de 305 millimètres, 27 nœuds) était sur ses gardes. Aperçue à 7 heures du matin à la hauteur du Dogger-Bank par un groupe de contre-torpilleurs, l'escadre allemande est signalée par télégraphie sans fil à l'amiral Beatty. Se voyant découverts, les agresseurs n'insistent pas et prennent la fuite à grande vitesse. A ce moment ils avaient 14 milles marins (25 kilomètres) d'avance. Cependant, deux heures après, la division anglaise est à 16 kilomètres et ouvre le feu avec les pièces de 343 millimètres. Le tir est précis, malgré la distance, et les Allemands subissent bientôt des avaries. Le *Blücher* (15.500 tonneaux, douze pièces de 210 millimètres, 26 nœuds) ralentit et reste en arrière de son escadre. C'est sa perte. Le croiseur de bataille anglais *Indomitable* se poste par son travers et le canonne furieusement. Vers une heure de l'après-midi on voit tout à coup le bâtiment allemand s'incliner et chavirer en entraînant presque tout son équipage, dont 177 hommes seulement, sur 890, furent sauvés par les contre-torpilleurs anglais.

Deux autres unités sont gravement atteintes par le feu des poursuivants : le *Seydlitz* (24.300 tonneaux, dix pièces de 280 millimètres, 28 nœuds) est en feu, une de ses tourelles est détruite, et le *Dœrflinger* (26.600 tonneaux, huit pièces de 305 millimètres, 27 nœuds) diminue visiblement de vitesse, en ne répondant plus qu'avec une partie de son artillerie. Malheureusement, on arrive dans les parages minés, près des côtes allemandes, et l'amiral Beatty doit rompre le combat sous peine de compromettre ses bâtiments. Ses contre-torpilleurs et croiseurs légers avaient, de leur côté, engagé la lutte avec les unités similaires ennemies et coulé le *Kolberg* (4.300 tonneaux, douze pièces de 105 millimètres, 27 nœuds) ainsi que deux contre-torpilleurs.

Les Anglais accusèrent en tout 11 tués et 32 blessés ; leur seul navire sérieusement touché était le *Lion* (pavillon de l'amiral Beatty), sur lequel toute l'escadre allemande avait un moment concentré son feu.

Depuis cet engagement, aucun croiseur allemand n'osa plus essayer d'attaquer la côte anglaise, et il est à croire que les échappés du combat du Dogger-Bank furent longtemps immobilisés par les réparations.

La guerre maritime lointaine avait été aussi soigneusement préparée par l'Allemagne que la campagne terrestre. Tout un plan d'opérations destinées à interrompre le commerce de l'Entente avait été élaboré. Leurs croiseurs-cuirassés du modèle le plus récent occupaient, dès le temps de paix, des positions bien choisies : telle la division d'Extrême-Orient, placée sous le commandement de l'amiral von Spee. Cette division comprenait les croiseurs-cuirassés *Scharnhorst* et *Gneisenau* (même type, 11.500 tonneaux, huit pièces de 210 millimètres, six de 150 millimètres, vingt de 88 millimètres, 23 nœuds), les croiseurs légers *Leipzig* (3.250 tonneaux, dix pièces de 105 millimètres, 23 nœuds), *Dresden* (3.600 tonneaux, dix pièces de 105 millimètres, 24 nœuds) et *Nürnberg* (3.450 tonneaux, dix pièces de 105 millimètres, 24 nœuds). Obligé de quitter Tsing-Tao, sous peine d'être bloqué par les Japonais, l'amiral von Spee vint se ravitailler en vivres, charbon et munitions sur les côtes du Chili. Au passage il bombarda la ville ouverte de Papeete dans la colonie française de Tahiti, coulant notre petit croiseur *Zélée*, de 680 tonneaux, bâtiment sans valeur militaire. Encore n'eut-il que la faible gloire d'envoyer au fond la coque seule, car le lieutenant de vaisseau Destremau, son commandant, avait pris l'excellente mesure de débarquer l'artillerie — deux pièces de 10 centimètres, quatre de 65 millimètres et quatre de 37 millimètres — afin d'établir une batterie masquée aux vues du large, qui aurait rendu de grands services au cas d'une tentative de débarquement de l'ennemi. Mais celui-ci ne s'arrêta pas, envoya quelques coups de 210 millimètres sur la ville et sur la *Zélée*, et passa outre. Il devait bientôt se heurter à l'une des divisions envoyées à sa rencontre.

Le 1er novembre 1914, l'escadre britannique de l'amiral Cradock, composée du cuirassé *Canopus* (13.500 tonneaux, quatre pièces de 305 millimètres, douze de 152 millimètres, dix de 76 millimètres, 18 nœuds), des croiseurs-cuirassés *Good Hope* (14.000 tonneaux, deux pièces de 234 millimètres, seize de 152 millimètres, douze de 76 millimètres, 23 nœuds) et *Monmouth* (9.800 tonneaux, quatorze pièces de 152 millimètres, huit de 76 millimètres, 23 nœuds) et du croiseur léger *Glasgow* (4.800 tonneaux, deux pièces de 152 millimètres, dix de 102 millimètres, 26 nœuds) a connaissance à deux heures et demie de la présence de l'ennemi.

Cette division anglaise manque d'homogénéité, et ses unités sont déjà anciennes : le *Canopus* date de 1898, le *Good Hope* et le *Monmouth*, de 1900. Seul le *Glasgow* n'a que quatre ans, mais c'est un bâtiment effilé, ras sur l'eau, peu marin, et la rencontre va avoir lieu par très grosse mer.

En outre, trompé par les messages de télégraphie sans fil recueillis, l'amiral Cradock croit n'avoir devant lui que les croiseurs légers, et il a envoyé le *Canopus* seul plus au nord, où il pense que sont le *Scharnhorst* et le *Gneisenau*. Cette faute va lui coûter cher, car il devra aborder les unités allemandes sans l'appui des 305 millimètres du *Canopus*. C'est donc avec deux pièces de 234 millimètres qu'il devra soutenir le feu de seize canons de 210 millimètres.

Tout d'abord cependant l'amiral von Spee prend chasse et jusqu'au coucher du soleil les Anglais ne peuvent s'approcher à moins de 15 kilomètres, distance à laquelle leurs pièces de 152 millimètres sont inefficaces. Avec la chute du jour l'éclairage devient propice aux Allemands placés dans l'ombre, tandis que leurs adversaires se détachent en silhouettes bien tranchées sur les dernières lueurs du crépuscule. Von Spee, profitant de cet avantage, accepte alors le combat, et la décision est vite acquise. A huit heures le *Good Hope*, en feu, fait explosion ; le *Monmouth* continue héroïquement la lutte, mais, écrasé par le feu convergent des unités ennemies, il coule à dix heures du soir. Seul, le *Glasgow* put s'échapper.

L'amirauté anglaise ne voulut pas rester sur cet échec et, se rendant compte de la valeur de l'amiral von Spee, elle résolut d'envoyer contre ce chef habile des forces très supérieures. Une puissante division fut réunie sous le commandement de l'amiral Sturdee. Elle comprenait les deux grands croiseurs de bataille *Invincible* et *Inflexible* (17.500 tonneaux, huit pièces de 305 millimètres, seize de 102 millimètres, 27 nœuds), les croiseurs-cuirassés *Carnavon* (11.000 tonneaux, quatre pièces de 190 millimètres, six de 152 millimètres, 23 nœuds), *Cornwall* et *Kent* (frères du *Monmouth*), et le *Bristol*, similaire du *Glasgow*. A ces bâtiments devaient se joindre les survivants de la division Cradock, le *Canopus* et le *Glasgow*. L'escadre Sturdee quitta l'Angleterre et se dirigea vers les îles Falkland ou Malouines, près du détroit de Magellan, que des renseignements indiquaient comme l'objectif de l'amiral von Spee. Celui-ci, en effet, rejoint par le paquebot *Prinz-Eitel-Friedrich*, qui lui amenait une compagnie d'infanterie, se dirigeait vers cet archipel, dont il avait l'intention de faire une base pour ses opérations futures.

Le 8 décembre 1914, à 8 heures du matin, von Spee arrivait devant Port-Stanley, la meilleure rade des Falkland, mais il avait la désagréable surprise de se trouver en présence de l'escadre Sturdee, prête à appareiller.

La division allemande, rebroussant chemin, cherche à gagner le large, poursuivie par l'escadre anglaise, en tête de laquelle viennent les deux colosses *Invincible* et *Inflexible*. La supériorité de vitesse des poursuivants est d'environ 3 nœuds. Aussi la distance diminue rapidement et, vers onze heures, les pièces de 305 millimètres britanniques entrent en action. Le *Scharnhorst* est bientôt en piteux état ; il n'a plus ni mâts ni cheminées ; le feu est à bord, et il coule avec tout son équipage.

Le *Gneisenau* subit le même sort quelques instants plus tard ; 180 hommes seulement sur les 800 hommes qui le montaient purent être sauvés.

Les croiseurs légers *Cornwall* et *Glasgow* se sont lancés aux trousses du *Leipzig*. Ils ont du mal à le rejoindre, car sa vitesse n'est guère inférieure à la leur. Pourtant, ils l'atteignent et l'envoient au fond à neuf heures du soir ; deux survivants furent recueillis par les vainqueurs. Pendant ce temps le *Kent* et le *Bristol* réglaient de même façon le compte du *Nürnberg*. Le *Dresden* et le *Prinz-Eitel-Friedrich* réussirent à gagner le large. Le premier devait être coulé trois mois plus tard près de l'île Juan Fernandez par le *Kent* et le *Glasgow ;* le second, réfugié à New-York, y fut interné.

Le combat des îles Falkland marquait la disparition des divisions allemandes lointaines, mais il y avait en outre nombre de bâtiments isolés, croiseurs légers ou grands paquebots armés en guerre. De tous côtés l'on s'était mis à pourchasser ces corsaires.

Dès le 16 août 1914 le paquebot *Kronprinz-Wilhelm* était capturé par le croiseur-cuirassé anglais *Essex ;* le 26 août, près des îles Canaries le croiseur protégé *Highflyer* (5.700 tonneaux, onze pièces de 152 millimètres, 21 nœuds) coulait le paquebot *Kaiser-Wilhelm-der-Grosse*.

Le corsaire allemand qui donna le plus de mal aux alliés fut l'*Emden* (3.600 tonneaux, dix pièces de 105 millimètres, 24 nœuds). Habilement mené par son commandant, le capitaine de corvette Müller, ce bâtiment écuma pendant trois mois l'Océan Indien, capturant plus de 40 bâtiments de commerce. C'est lui qui, le 28 octobre 1914, détruisit l'héroïque contre-torpilleur français *Mousquet*, commandé par le lieutenant de vaisseau Théroinne.

Notre petit bâtiment patrouillait ce jour-là au large de Pinang (détroit de Malacca) lorsqu'il rencontra un croiseur qu'à ses quatre cheminées et à son pavillon russe il prit pour un de nos alliés. Ce fut seulement à courte distance que la méprise se dévoila; le bâtiment n'était autre que l'*Emden* maquillé. Malgré son infériorité considérable, le commandant Théroinne engagea le combat et tenta de se placer à portée de lancement pour ses torpilles. Il n'y put réussir et le *Mousquet* fut coulé. Trente-six survivants, dont vingt-trois blessés, furent recueillis et transportés à Sumatra.

La croisière de l'*Emden* se termina le 7 novembre 1914 par la rencontre du croiseur australien *Sydney* (5.400 tonneaux, huit pièces de 152 millimètres, 26 nœuds), près de l'île des Cocos (archipel Andaman, golfe du Bengale). Le corsaire allemand dut s'échouer désemparé après une heure et demie de combat.

Le croiseur-cuirassé allemand *Gœben*.

Le *Königsberg* (3.350 tonneaux, dix pièces de 105 millimètres, 23 nœuds), poursuivi dans l'océan Indien par le *Chatham*, similaire du *Sydney*, se réfugia à Zanzibar et, remontant la rivière Rufigi, se mit ainsi en sûreté. Il fallait cependant détruire ce bâtiment ou entretenir un blocus difficile à l'embouchure de la rivière sous peine de le voir reprendre ses opérations. Les Anglais n'hésitèrent pas à organiser dans ce but une véritable expédition. Ils envoyèrent à Zanzibar les deux monitors de rivière, à faible tirant d'eau, *Severn* et *Mersey* (1.200 tonneaux, deux canons de 150 millimètres, deux obusiers de 127 millimètres, 11 nœuds) et une escadrille d'hydravions. Bombardé par les formations aériennes et par les obusiers des monitors, le *Königsberg* fut détruit le 4 juillet 1915.

Dans l'océan Atlantique, le croiseur allemand *Karlsruhe* (4.900 tonneaux, douze pièces de 105 millimètres, 28 nœuds), traqué par les croisières alliées, finit par se réfugier aux Etats-Unis, où on l'interna.

A la fin d'avril 1915, l'Allemagne voyait son pavillon chassé de toutes les mers lointaines ; ses seules forces navales étaient désormais bloquées dans le canal de Kiel.

Revenons à présent en arrière, et voyons les opérations en Méditerranée. Là, c'était à la flotte française que se trouvait dévolu le rôle principal, avec l'appui des divisions rapides britanniques stationnées à Malte. Tout d'abord l'épisode le plus important fut la poursuite des croiseurs allemands *Gœben* et *Breslau*, que nous allons conter en détail.

Rappelons avant tout quelques dates. La mobilisation générale française fut décidée le 1ᵉʳ août 1914 à 3 h. 40. L'Allemagne déclara la guerre à la France le 3 août à 5 h. 45 du soir, et immédiatement l'Angleterre annonçait que sa flotte s'opposerait à toute incursion des forces navales allemandes contre les côtes françaises. Ce même jour l'Italie proclamait sa neutralité à 6 heures du soir, ce qui nous délivrait du gros souci d'une coopération maritime italo-autrichienne. Enfin la déclaration de guerre de l'Angleterre à l'Allemagne eut lieu le 4 août à 6 heures du soir.

Les forces navales anglaises en Méditerranée étaient placées sous les ordres du vice-amiral Milne et comprenaient :

1° Les croiseurs de bataille *Indefatigable* (19.000 tonneaux, huit pièces de 305 millimètres, 27 nœuds), *Invincible, Inflexible, Indomitable* (même type : 17.500 tonneaux, huit pièces de 305 millimètres, 27 nœuds) et le croiseur-éclaireur *Weymouth* (5.200 tonneaux, huit pièces de 152 millimètres, 26 nœuds).

Cette division portait le pavillon du vice-amiral Milne.

2° Les croiseurs-cuirassés *Defence* (14.600 tonneaux, quatre pièces de 234 millimètres, dix de 190 millimètres, seize de 76 millimètres, 23 nœuds), *Warrior, Duke of Edinburgh* (même type : 13.500 tonneaux, six pièces de 234 millimètres, avec quatre de 190 millimètres sur le premier et dix de 152 millimètres sur le second, 23 nœuds) et le croiseur-éclaireur *Gloucester* (4.800 tonneaux, deux pièces de 152 millimètres, dix de 102 millimètres, 26 nœuds).

Cette division était sous le commandement du contre-amiral Troubridge.

La présence du *Gœben* et du *Breslau* en Méditerranée remontait à 1913, et constitue une preuve de plus à l'appui de la préméditation allemande. Le *Gœben* est un grand croiseur de bataille de 23.000 tonneaux, portant dix canons de 280 millimètres, douze de 150 millimètres et douze de 88 millimètres ; ses machines développent 50.000 chevaux et lui font atteindre 27 nœuds. Le *Breslau*, croiseur protégé, déplace 4.550 tonneaux, est armé de douze pièces de 105 millimètres, et donne également 27 nœuds avec 28.000 chevaux. Ces deux bâtiments, de même vitesse, constituent une division qui n'a rien à redouter

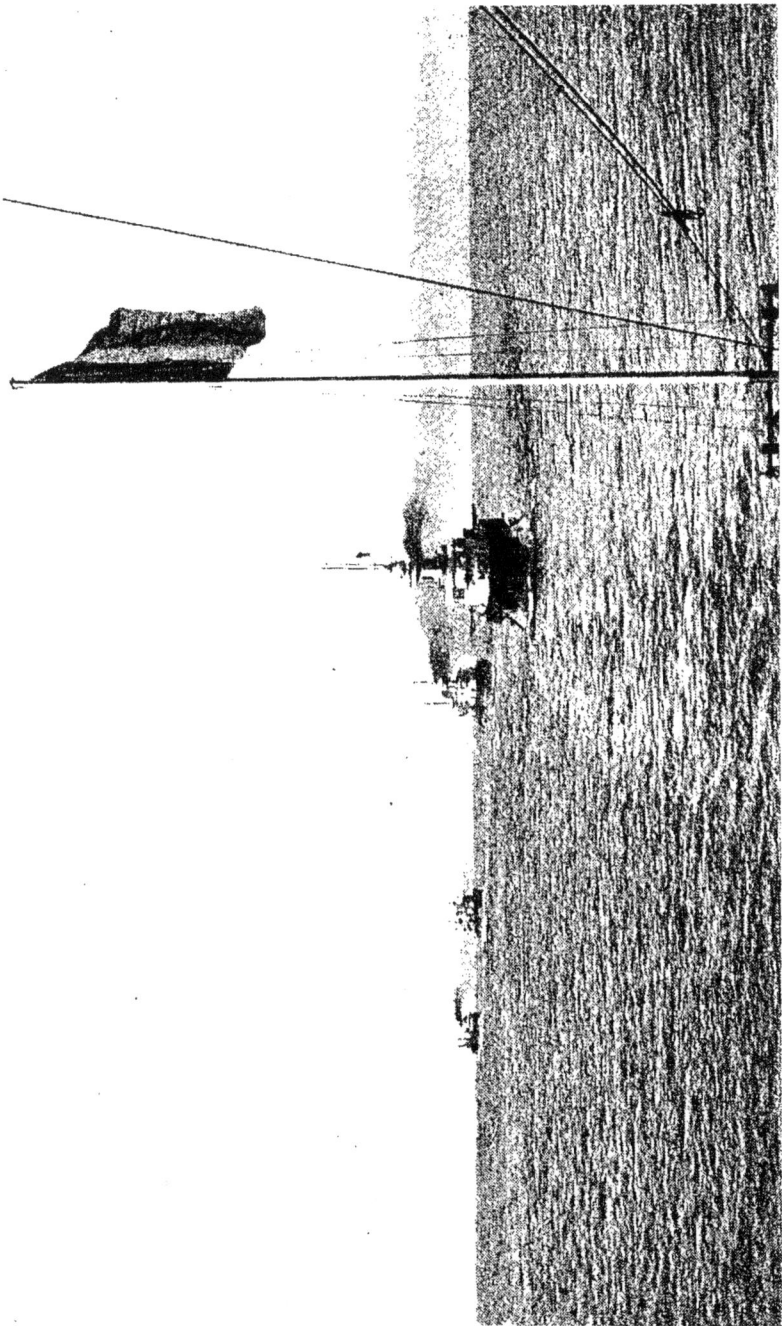

La division de l'amiral Guépratte en route pour les Dardanelles (août 1914).

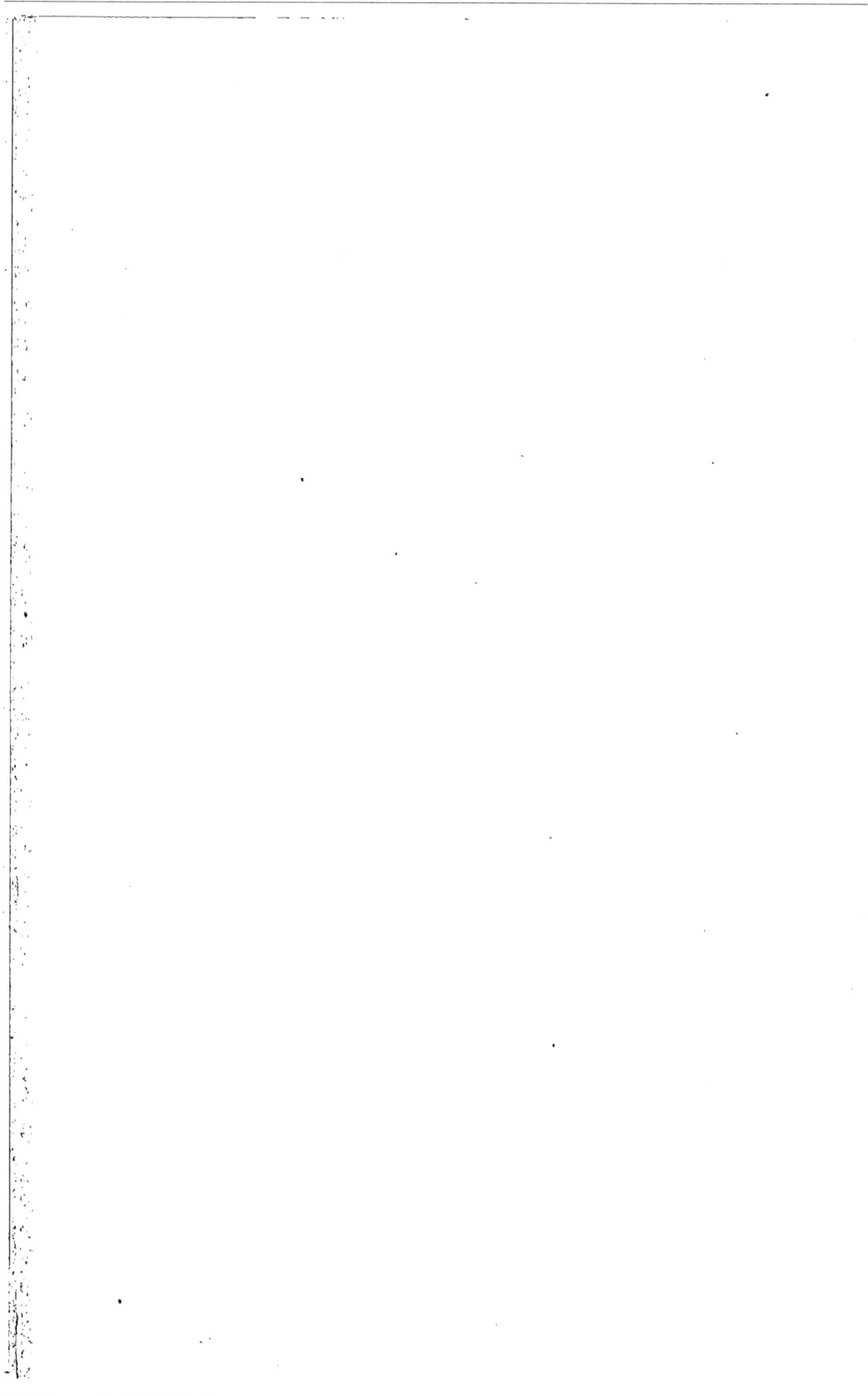

de notre flotte, à condition de ne pas se laisser cerner. Avec du large, elle est maîtresse de ses actions ; nos cuirassés n'ont pas une vitesse suffisante pour atteindre ces rapides coureurs, et nos bâtiments légers ne peuvent affronter les canons du *Gœben*. La réunion de ces deux unités constitue donc un élément de premier ordre pour la guerre de course. L'Allemagne en a confié en outre le commandement à un chef habile : le vice-amiral Souchon. Marié à une Italienne, lui-même descendant de réfugiés français, c'est un marin énergique, ne craignant pas les responsabilités, et nous le verrons agir d'une façon très adroite. La présence d'un officier de ce grade à la tête de deux unités seulement implique en outre de la part de l'Allemagne, des arrière-pensées diplomatiques autant que militaires. Il s'agissait certainement d'avoir en Méditerranée un chef capable de prendre au besoin le commandement supérieur des forces navales des empires centraux, de forcer même peut-être l'entrée en action de l'Italie, d'entraîner la Turquie ou la Grèce, bref de faire toutes sortes d'utiles besognes.

En mai 1914, l'amiral Souchon était à Constantinople, ourdissant déjà probablement des intrigues avec le comité « Union et Progrès ». Puis, brusquement, au début de juillet, il se rend à Pola avec le *Gœben*, tandis que le *Breslau* représente l'Allemagne dans l'escadre internationale réunie à Durazzo à cause des événements d'Albanie.

Le 1er août, le *Gœben* quitte Pola, rejoint en passant le *Breslau*, et tous deux arrivent à Messine le 3 août à 7 heures du soir. Ils y retrouvent le navire de commerce allemand *General,* qui leur apporte du charbon. Leurs ravitaillements étaient d'ailleurs prévus d'avance et leur croisière admirablement préparée, bien avant l'ouverture des hostilités. Le 3 août, à une heure du matin, l'amiral Souchon appareillait pour une destination inconnue.

A la même date, quelques heures plus tard, l'armée navale française, réunie à Toulon, levait l'ancre. Aussitôt au large elle se partageait en trois groupes constitués de la manière suivante :

1er *groupe.* — 1re escadre : *Diderot* (vice-amiral Chocheprat), *Danton, Vergniaud, Voltaire* (contre-amiral Lacaze), *Mirabeau, Condorcet.*

1re division légère : croiseurs-cuirassés *Jules-Michelet* (contre-amiral de Sugny), *Ernest-Renan, Edgar-Quinet.*

Douze contre-torpilleurs.

2ᵉ *groupe.* — *Courbet* (vice-amiral de Lapeyrère, commandant en chef).

2ᵉ escadre : *Patrie* (vice-amiral Le Bris), *République, Démocratie, Justice* (contre-amiral Tracou), *Vérité.*

2ᵉ division légère : croiseurs-cuirassés *Léon-Gambetta* (contre-amiral Senès), *Victor-Hugo, Jules-Ferry.*

Douze contre-torpilleurs.

3ᵉ *groupe.* — Division de complément : cuirassés anciens *Suffren* (contre-amiral Guépratte), *Gaulois, Bouvet, Jauréguiberry* (contre-amiral Darrieus).

Quatre contre-torpilleurs.

Faisant route en éventail, ces trois groupes se dirigèrent respectivement dans l'ordre sur Philippeville, Alger et Oran. La vitesse de route était de onze nœuds seulement.

Bien que n'étant pas encore entrés officiellement en guerre, les Anglais avaient quitté Malte, et dans cette journée du 3 août ils étaient répartis ainsi : l'*Indefatigable* et l'*Indomitable* au large de Messine ; le contre-amiral Troubridge (*Defence, Warrior, Duke of Edimburgh, Gloucester,* 12 contre-torpilleurs) entre la Sicile et la Tunisie, barrant le passage, et le vice-amiral Milne avec l'*Inflexible,* l'*Invincible* et le *Weymouth* à Malte, prêt à appareiller, ce qu'il devait faire dans la soirée.

Voici les pièces placées sur l'échiquier. Suivons maintenant l'amiral Souchon. En partant de Messine, il avait fort judicieusement fait route au Nord, afin d'éviter les forces anglaises, dont l'attitude était au moins douteuse. Il se trouvait au Sud de la Sardaigne, lorsqu'il reçut le 3 août à 6 heures du soir par télégraphie sans fil la nouvelle que l'Allemagne avait déclaré la guerre à la France. Annoncé à l'équipage, cet événement fut accueilli par une joie débordante.

Dans la nuit du 3 au 4 l'amiral Souchon résolut d'aller bombarder la côte d'Algérie ; il donna l'ordre au *Breslau* de se diriger sur Bône, et lui-même fit route avec le *Gœben* vers Philippeville. Les raisons de cette opération sembleront obscures à ceux qui ignorent l'active propagande des Allemands parmi les indigènes algériens dans les années précédant immédiatement 1914. C'est dans l'espoir d'amener un soulèvement, de donner le signal de la guerre sainte aux tribus, et non pour détruire quelques maisons, que l'amiral Souchon s'en vint attaquer notre grande colonie.

Le 4 août dans la matinée, Bône et Philippeville subirent le feu des croiseurs allemands. Les dégâts matériels furent minimes, et sans aucune importance militaire, mais on compta un certain nombre de victimes. En particulier à Philippeville un obus du *Gœben* tomba sur le quai, au milieu d'un groupe de zouaves occupés au chargement d'un transport, et tua vingt hommes.

La proximité de nos forces navales ne permettait pas aux assaillants de s'attarder. Aussi bien, la veille, au moment de se rendre sur la côte d'Algérie, l'amiral Souchon avait reçu l'ordre de conduire sa division à Constantinople. Le *Gœben* rallie donc le *Breslau* et tous deux firent route à l'Est. A onze heures du matin, ils se trouvaient près de l'îlot Galite, sur la côte de Tunisie, lorsqu'ils rencontrèrent l'amiral Milne, parti le 3 au soir de Malte. La situation était délicate ; des deux côtés on fit le branle-bas de combat. Mais l'Angleterre n'était pas encore en état d'hostilité avec l'Allemagne, et l'amiral Milne ne pouvait ouvrir le feu. Cependant un détail prouve que les Allemands ne se considéraient plus comme en paix : ils négligèrent d'envoyer le salut que l'amiral Souchon devait comme le moins ancien.

Après s'être croisés à contre-bord, les deux divisions firent la même route, car les Anglais, exécutant un demi-tour, marchèrent dans les traces de l'amiral Souchon. Celui-ci, forçant alors de vitesse, fut perdu de vue à 3 heures de l'après-midi. Seul le *Weymouth* garda encore le contact jusqu'à la nuit, mais à la faveur de l'obscurité, les Allemands se dérobèrent et entrèrent à Messine. Ce soir-là, à onze heures, ils recevaient l'avis de la déclaration de guerre anglaise. Contraste saisissant, cette nouvelle ne souleva pas le même enthousiasme que l'annonce des hostilités avec la France. Une morne stupeur accabla les matelots allemands, avouent eux-mêmes les publicistes d'outre-Rhin. Ces hommes, au fait des choses de la marine, appréciaient à sa valeur l'intervention d'un pareil adversaire.

L'amiral Milne, à présent entré dans l'action, s'attacha aux pas du *Gœben* et du *Breslau*. Pendant qu'il surveillait la sortie au Nord du détroit de Messine, il envoyait son subordonné Troubridge barrer le canal d'Otrante. L'impresssion générale était, en effet, que les deux navires allemands n'avaient plus qu'à chercher la jonction à Pola avec la flotte austro-hongroise.

Pendant ce temps que faisait notre armée navale?

Partie, comme nous l'avons vu à petite vitesse le 3 au matin de Toulon, elle était le 4 août à la hauteur des Baléares, lorsqu'elle reçut avis par télégraphie sans fil du bombardement de Bône et de Philippeville. L'amiral de Lapeyrère estima alors que son rôle principal était la protection étroite des convois de troupes et qu'il devait tout subordonner à cette mission, bien que la proclamation de neutralité de l'Italie eût diminué jusqu'à le rendre bien improbable le danger d'une attaque sur la route Alger-Marseille. En conséquence, il s'arrêta aux Baléares avec le *Courbet*, le *Vergniaud* et le *Condorcet*, et donna l'ordre au reste de l'armée navale de faire route, cette fois à grande allure, sur Alger.

Par suite, l'amiral Souchon, continuant vers les Dardanelles, va se trouver débarrassé de la menace française et n'aura plus qu'à esquiver la poursuite de l'amiral Milne.

Le 6 août, à 5 heures du soir, le délai imparti par les règles de la neutralité étant expiré, le *Gœben* et le *Breslau* durent quitter Messine.

A peine hors du port, ils rencontrèrent le *Gloucester*, placé en grand'-garde ; l'amiral Souchon fit alors ostensiblement route au Nord-Est, vers l'entrée de l'Adriatique, se gardant bien, malgré les instances de ses officiers, de troubler les appels pressants que le petit croiseur britannique envoyait par télégraphie sans fil aux amiraux Milne et Troubridge. Il lui importait en effet que les Anglais reçussent l'avis qu'il se dirigeait bien sur Pola.

A dix heures du soir, étant à la hauteur d'Arta, l'amiral allemand changea brusquement sa route et prit la direction du Sud-Est. En même temps ses appareils d'émission sans fil entraient alors en action pour transmettre de fausses dépêches et brouiller les communications de l'ennemi. D'aucuns disent même que, possédant le code secret anglais, il envoya l'ordre à l'amiral Troubridge de retourner à Malte. Quoi qu'il en soit, il poursuivit sa route, à présent dans la vraie direction, entraînant avec lui le petit éclaireur anglais *Gloucester,* qui s'obstinait à ne pas perdre le contact.

Le lendemain 7 août, l'amiral Souchon constata qu'il était toujours suivi de ce témoin gênant. Bien qu'il fut décidé à éviter toute action, la moindre avarie pouvant lui être funeste, il lui fallut bien prendre des mesures pour faire cesser cette poursuite. D'autant plus que le brave *Gloucester,* ouvrant le feu à 14 kilomètres, venait d'envoyer un projectile dans l'arrière du *Breslau !*

Le *Gœben* fit alors tête et courut sur cet empêcheur de fuir tranquille. Devant une pareille intervention, le *Gloucester* dut enfin se replier.

Les bâtiments modernes sont de grands consommateurs de combustible, surtout lorsqu'ils marchent aux vives allures. Tout le monde

Le croiseur léger allemand *Breslau.*

avait besoin de charbonner : l'amiral Milne le fit à Malte, Troubridge dans une des îles Ioniennes, et Souchon, qui avait sur sa route des ravitailleurs prévenus d'avance, s'apprêtait à les imiter.

A ce moment, il se produisit pour les deux vaisseaux allemands un contretemps fâcheux. Leur gouvernement les avisa que les Turcs élevaient des objections à l'ouverture des Dardanelles et qu'il fallait attendre la solution diplomatique de ces difficultés. C'est ici que

l'amiral Souchon montra à la fois sa connaissance de la Méditerranée, qu'il parcourait depuis dix-huit mois, et son grand esprit de décision. Il choisit pour s'arrêter l'une des îles Cyclades, Denusa, en dehors de toutes les routes fréquentées, et possédant une rade parfaitement abritée. C'est là que le *Gœben* et le *Breslau*, leurs noms masqués sous des placards, prenant les plus grandes précautions contre l'espionnage, firent du charbon par le moyen d'un navire appelé d'urgence, en attendant l'ouverture des Dardanelles.

Cependant l'amiral Souchon n'était pas disposé à s'arrêter trop longtemps. Le 9 au soir, n'ayant pas de communications de son gouvernement, il se décida à appareiller pour Constantinople, bien résolu, si les Turcs voulaient s'y opposer, à s'ouvrir un passage de vive force. Il partit le 10 août à trois heures du matin et arriva le même jour à cinq heures du soir devant le cap Hellès. On doit penser que la diplomatie allemande avait fait son œuvre car, dès la première demande du *Gœben*, un bateau pilote turc se présenta. Les portes s'ouvraient.

Il était temps, car à la nuit l'amiral Milne était là avec l'escadre anglaise. Malheureusement, il ne crut pas pouvoir prendre sur lui de passer les détroits et attendit le lendemain pour poser aux autorités turques la question suivante : « Le *Gœben* et le *Breslau* sont-ils entrés ? » A quoi nulle réponse n'étant faite, « Puis-je passer ? » interrogea de nouveau l'amiral anglais. Cette fois il enregistra un refus aussi formel que laconique, et ce fut le commencement du blocus.....

Les conséquences de cette affaire ont été, on peut le dire, désastreuses pour l'Entente. Il n'est pas exagéré d'affirmer que la guerre s'en trouva prolongée d'au moins un an, si ce n'est de deux, et que le germe de la révolution russe est sorti de cet incident, tout d'abord considéré comme secondaire.

En effet, les nations de l'Entente avaient contre elles leur situation géographique. Séparées par le bloc des empires centraux, elles se trouvaient isolées de l'alliée qui avait le plus besoin d'aide, la Russie.

Riche en hommes, celle-ci était mal outillée, et dans cette guerre où le matériel se révéla comme un élément capital, on allait voir, faute de communication, des armées russes aller au combat sans fusils, sans munitions d'artillerie.

Il est regrettable aussi que dès le début on ne se soit pas rendu compte que le nœud de la question était Constantinople et les détroits. Hypnotisés par le front français, où cependant après la bataille de la Marne il n'y avait plus avant longtemps rien à faire, l'on a négligé l'Orient, qui eût dû devenir notre objectif principal. Constantinople à nous, c'était la Russie approvisionnée en armes et en munitions, utilisant son inépuisable réservoir de soldats, et nous ravitaillant en retour de blé et de pétrole. La Roumanie, soutenue efficacement, se fût décidée plus tôt, et à meilleur escient, en notre faveur. Il n'est pas jusqu'à la Bulgarie qui, ainsi surveillée de près, aurait sans doute penché de notre côté. La guerre pouvait être terminée en 1916 avec l'effondrement de l'Autriche, suivant le même processus d'ailleurs que celui par lequel nous avons vu la victoire nous sourire en 1918.

L'influence maritime, là encore, se montre à nos yeux. C'est le passage opportun de deux bâtiments et d'un millier de matelots qui nous a privés de tous ces résultats. Les Allemands surent d'ailleurs jouer supérieurement la partie. Aussitôt arrivés à Constantinople, le *Gœben* et le *Breslau* furent représentés comme envoyés par Guillaume II « el Hadji Guillioun », pour remplacer les deux cuirassés commandés en Angleterre et que le gouvernement britannique venait de réquisitionner sur chantiers. Tous les officiers et matelots allemands se coiffèrent de fez, qu'ils tenaient en réserve dès avant l'ouverture des hostilités ; le *Gœben* fut baptisé *Javaz Sultan Selim*, nom du conquérant de l'Egypte, et le *Breslau*, transformé en *Midelli*, appellation turque de Mytilène. L'empire ottoman devint alors un fief de l'Allemagne et la scission entre la Russie et ses alliés fut définitive.

Le rôle de la flotte française redevint primordial aussitôt les troupes d'Afrique débarquées en France. Jusqu'à la déclaration de guerre de l'Italie à l'Autriche, le 23 mai 1915, c'est à nous seuls qu'incomba le blocus de l'Adriatique. Nos bâtiments de ligne, précieuses unités qu'il fallait conserver, s'établirent dans des bases défendues par des filets contre les sous-marins autrichiens. Les croiseurs-cuirassés, les contre-torpilleurs, plus tard les chalutiers, yachts, vedettes, connurent alors le labeur obscur et harassant des croisières sur une mer vide d'ennemis, mais pleine d'embûches. On ne saurait assez admirer ceux qui, semaines après semaines, mois après mois, sillonnèrent ces parages incléments, sans connaître de repos. A la mer c'était la veille énervante, le doigt sur la détente, l'œil scrutant le traître clapotis des vagues. A terre, le charbonnage, l'embarquement des briquettes lancées une à une à la volée, ou le déversement des mannes dans un nuage opaque de poussière pénétrante. Puis on repartait de nouveau.

Devant les Dardanelles l'escadre anglaise continuait à monter sa faction. Vers le 20 septembre elle fut rejointe par le *Suffren* (contre-amiral Guépratte) et la *Vérité*. Le 3 novembre, la Turquie s'étant officiellement déclarée contre nous, l'on put entamer les hostilités et bombarder les forts défendant l'entrée. Le *Suffren* et la *Vérité* prirent part aux opérations sous le commandement supérieur de l'amiral anglais Carden, qui avait remplacé l'amiral Milne. Il ne rentre pas dans le cadre de cet ouvrage de raconter en détail les combats des Dardanelles, bien que notre marine y ait pris une part fort honorable. Mais nous dirons quelques mots des premières tentatives de forcement de l'entrée, malheureusement confiées aux vaisseaux seuls, sans l'aide d'un corps de débarquement. La tâche était au-dessus des forces réunies des marins anglais et français ; elle n'était pas du moins au-dessus de leur courage et de leur ténacité.

Pendant les quatre mois qui suivirent la canonnade du 3 novembre, il n'y eut aucune action et cette accalmie fut toute au profit des défenseurs. On connaît les qualités du soldat turc et son extrême aptitude aux travaux de terrassement. Sous la direction des officiers allemands, les Dardanelles se hérissèrent d'obstacles, les mines parsemèrent le détroit, les projecteurs, les tubes lance-torpilles, les obusiers furent placés aux endroits propices, et des routes appropriées au rapide déplacement des batteries de campagne sillonnèrent la presqu'île de Gallipoli et la côte d'Asie.

En février 1915, un plan de passage s'élabora à Londres, d'après lequel quatorze cuirassés anglais se réunirent devant les Dardanelles. Ces bâtiments étaient des «pré-dreadnoughts», d'un type déjà ancien mais ayant des canons de fort calibre et une puissance de feu considérable. C'étaient *Lord Nelson* et *Agamemnon* (16.500 tonneaux, quatre pièces de 305 millimètres, dix de 234 millimètres), *Triumph* et

Swiftsure (12.000 tonneaux, quatre pièces de 254 millimètres, quatorze de 190 millimètres), *Cornwallis, Irresistible, Canopus, Albion, Ocean, Vengeance, Majestic* et *Prince George* (14.000 à 15.000 tonneaux, quatre pièces de 305 millimètres et douze de 152 millimètres). A ces bâtiments de seconde ligne avaient été jointes deux splendides unités récentes : l'*Inflexible*, croiseur de bataille de 18.000 tonneaux, portant huit pièces de 305 millimètres, que nous avons déjà vu figurer dans l'escadre de l'amiral Milne et surtout le *Queen Elisabeth*, tout neuf, déplaçant 27.500 tonneaux, donnant 25 nœuds avec 58.000 chevaux et armé de huit énormes pièces de 381 millimètres. On comptait beaucoup sur cette dernière unité pour écraser les forts du détroit.

La France envoya de son côté les cuirassés anciens *Suffren, Bouvet, Gaulois* et *Charlemagne*. Ces unités dataient de quinze à dix-huit ans, mais apportaient néanmoins l'appui de quatorze pièces de 305 millimètres ; elles apportaient aussi l'exemple d'équipages bien entraînés, de canonniers et d'officiers de tir d'une adresse consommée, dont la conduite et le courage firent souvent l'admiration de nos alliés. A leur tête était le contre-amiral Guépratte, que son héroïsme, devenu vite légendaire, fit bientôt surnommer « Fire-Eater », le « Mangeur de Feu », par les Anglais enthousiasmés de son audace.

On débuta par l'attaque des forts placés à l'entrée, Seddul-Bahr sur la presqu'île de Gallipoli, Koum-Kalé sur la côte d'Asie.

Le 19 février l'*Inflexible* (vice-amiral Carden), la *Vengeance* (contre-amiral de Robeck), le *Triumph*, le *Cornwallis*, le *Suffren* (contre-amiral Guépratte), le *Bouvet*, le *Gaulois* et le croiseur anglais *Dublin* ouvrirent le feu. Les résultats de cette première journée furent sérieux, et l'on devait continuer le lendemain, mais le mauvais temps vint interrompre les opérations. Ce n'est que le 25 février qu'on put reprendre l'affaire. L'attaque fut menée par deux groupes successifs de bâtiments : 1er groupe, *Queen Elisabeth, Agamemnon, Irresistible* et cuirassé français *Gaulois* ; 2e groupe, *Vengeance* et *Cornwallis* (anglais), *Suffren* et *Charlemagne* (français).

Cette fois l'opération aboutit heureusement. Le *Queen Elisabeth* avait pris à partie la batterie d'Erteroul, près du cap Hellès. Les énormes projectiles de 381 millimètres bouleversèrent bientôt de fond en comble les fortifications turques. De leur côté les autres bâtiments détruisirent les défenses avoisinantes, et le soir des détachements mis à terre purent parfaire la destruction des pièces dans les ouvrages abandonnés par leurs garnisons.

On avait ainsi brisé la première ligne de défense, mais il s'en fallait que le passage fût ouvert. Dès l'abord un autre danger, plus redoutable que les canons, attendait nos navires : les mines fixes, et bientôt les mines flottantes. Un essaim de petites unités se mit à déblayer la route : dragueurs spéciaux, comme la *Herse*, la *Charrue*, le *Rateau* remorqueurs de l'Etat ou du commerce, *Goliath*, *Marseillais* 18, *Provence;* bateaux de plaisance, tels que l'*Henriette*, à M. S. de Neufville et la *Poupée*, le joli yacht de M. Viennet, tous deux membres du « Yacht-Club de France ».

On peut dire que de toute la guerre il n'y eut rien de plus épique que les combats livrés par ces petits bâtiments. Canonnés à bout portant, fusillés même ou mitraillés, recevant des obus de toutes les batteries et de tous les calibres, ils draguaient par surcroît des engins que le moindre choc pouvait faire exploser. Leurs équipages rappelaient les anciens corsaires de la marine à voiles : vieux loups de mer revenus à l'activité, pêcheurs d'Islande ou de Terre-Neuve, chalutiers de la mer du Nord, anciens longs-courriers, mêlés à des canonniers et torpilleurs de l'active, tout cela, sous le commandement d'officiers du « grand corps » ou de jeunes enseignes auxiliaires, montrait une ardeur infatigable. Honneur soit rendu aux dragueurs des Dardanelles !

Le 18 mars 1915, jugeant le déblayage des mines suffisant, l'escadre franco-anglaise reprit ses opérations. Le schéma en fut le suivant quatre des bâtiments le plus fortement armés (*Queen Elisabeth*, *Agamemnon*, *Lord Nelson*, *Inflexible*) devaient se placer dans l'axe du détroit de façon à battre les fortifications du goulet de Tchanak ; le *Prince George* et le *Swiftsure*, à la même hauteur, éteindraient les défenses cotières immédiates et s'opposeraient aux mouvements des batteries de campagne ; les autres cuirassés, par séries de quatre, gagneraient en avant le long des côtes, à droite et à gauche de l'axe de tir des plus fortes unités, en détruisant au passage les organisations enne-

Le cuirassé français *Bouvet*, coulé par une mine dans les Dardanelles (18 mars 1915.)

mies. De onze heures et demie à midi et quart, le feu du groupe *Queen Elisabeth* s'abattit sur les forts turcs, détruisant la redoute Hamidieh et incendiant la ville de Tchanak. Puis, estimant l'instant propice arrivé, l'amiral anglais donna ordre à la division française de s'avancer, *Suffren* et *Bouvet* à droite (côte d'Asie), *Gaulois* et *Charlemagne* à gauche (côte d'Europe).

Un duel furieux d'artillerie s'engagea, à deux mille mètres seulement de distance, entre nos navires et les ouvrages turcs, défilés des vues du large, que le tir des gros vaisseaux n'avait pu atteindre. Les batteries de campagne, très actives, changeant fréquemment de place, étaient d'autant plus gênantes que nos canonniers, les négligeant, s'attachaient surtout à éteindre le feu de l'artillerie lourde.

Le *Gaulois*, le *Bouvet* et le *Suffren* subirent bientôt d'assez fortes avaries, sans cependant interrompre le combat une minute. Le *Suffren*, que l'amiral Guépratte, qui le montait, fit toujours conduire au plus épais de la canonnade, reçut onze projectiles, dont un de 240 millimètres, qui perça la tourelle milieu de 164 millimètres, éclata dans la casemate placée au-dessous, en tuant tous les servants des pièces de 100 millimètres, et provoqua un incendie dans les fonds.

Le *Gaulois*, atteint à l'avant, ses compartiments pleins d'eau, put, grâce à la fermeté et au sens marin de son commandant, le capitaine de vaisseau Biard, éviter l'échouage sur les rives turques et gagner, en « piquant du nez », la plage de Drepano.

A deux heures, l'amiral anglais de Robeck, commandant en chef, signala l'ordre de se retirer à la division française. C'est alors que le *Bouvet*, en évoluant, rencontra une mine dérivante, qui le fit chavirer et disparaître en une minute. Sur 29 officiers et 680 hommes qui composaient son équipage, 71 seulement furent sauvés.

La division du contre-amiral Guépratte venait de subir de lourdes pertes. Deux de ses unités sur quatre étaient hors de combat ; la troisième, le *Suffren*, se trouvait gravement avariée ; seul le *Charlemagne* n'avait que des atteintes légères. Cet engagement, qui fut le plus sérieux de toute la guerre, le seul même où nos cuirassés combattirent réellement, constitue l'une des plus belles pages de notre histoire maritime, déjà si riche en faits d'armes glorieux.

Une division anglaise vint relever nos vaisseaux. Mais les Turcs avaient abandonné au courant un grand nombre de mines dérivantes et, comme le *Bouvet*, plusieurs cuirassés anglais devinrent les victimes de ces engins redoutables. L'*Ocean* et l'*Irresistible* coulèrent sur place ; l'*Inflexible*, atteint à l'avant, put se soutenir grâce à ses cloisons étanches et échapper à la destruction totale. Détail poignant : le commandant de ce vaisseau dut ordonner la fermeture immédiate des portes du compartiment envahi par les eaux, sacrifiant vingt-six hommes au salut de son unité.

A quatre heures du soir, l'on cessa le feu de part et d'autre. Pour tous les acteurs de ce drame, il n'y avait plus de doute : le forcement des passes par la marine seule, sans appui des troupes de terre, était impossible. C'était déjà l'opinion de l'amiral anglais Carden, qui avait résilié son commandement plutôt que de diriger une action qu'il jugeait vouée à l'insuccès. Cette fois, les autorités de Londres se rendirent à l'évidence et une armée d'opération franco-anglaise fut constituée. Après bien des lenteurs, des atermoiements, des retards de toute nature, le débarquement de ces troupes eut lieu les 25 et 27 avril 1915. L'expédition des Dardanelles commençait. Nous la laisserons poursuivre son cours, la marine n'ayant plus désormais assumé le principal rôle.

La maîtrise de la mer, obtenue par les opérations que nous venons de résumer, comportait pour l'Entente la possibilité d'établir le blocus des empires centraux. Cette œuvre, surtout diplomatique, s'est poursuivie pendant toutes les hostilités et a constitué le côté économique de la guerre. Nous allons examiner en premier lieu les mesures prises de notre côté.

Le Blocus des Empires Centraux (1). — Dès que l'Angleterre eut mis ses flottes en ligne, la suppression du commerce maritime allemand parut la première conséquence de cette intervention et les alliés firent une déclaration de principe à ce sujet. Le droit maritime en la matière n'était pas régulièrement fixé. Le Congrès de la Haye avait émis en 1907

---

(1) Les détails de cet exposé sont empruntés à l'intéressant ouvrage de G. de Raulin, *le Blocus*.

le vœu « que l'élaboration d'un règlement relatif aux lois et coutumes de la guerre maritime figure au programme de la prochaine conférence », en suite de quoi, le 29 février 1909, une convention avait bien été signée à Londres entre les représentants des principales puissances, mais cette convention n'avait pas été ratifiée par les gouvernements. Néanmoins, les diverses autorités considéraient ses articles comme les bases du droit maritime, et c'est ainsi que le *Manuel officiel* délivré le 19 décembre 1912 aux officiers de la marine française sur « l'application du droit maritime en cas de guerre » reproduisait en somme les termes de la convention de 1909.

Au reste, dès le début de la guerre, les Alliés déclarèrent qu'ils observeraient la convention de Londres, apportant ainsi à cet accord la consécration officielle refusée cinq ans plus tôt.

Les Allemands prirent note de cette affirmation et en tirèrent parti toutes les fois que les événements nous obligèrent à aggraver les conditions du blocus. Avec leur mauvaise foi habituelle ils se basèrent sur les dérogations que l'Entente apporta, au cours de la lutte, aux articles de la Convention de Londres pour affirmer leur droit de répondre à nos « violations des lois humaines » par des représailles.

Tout d'abord, ils commencèrent par crier famine, étalant leurs restrictions alimentaires, faisant un sombre tableau de leurs ressources, nous accusant de vouloir faire périr de faim leurs femmes, enfants et vieillards. Tout ce bruit tendait à soulever l'opinion neutre, à nous créer des embarras, et à rendre plus difficile un blocus dont ils ne souffraient pas encore, mais qu'ils prévoyaient dangereux pour l'avenir.

Tombant dans le panneau, beaucoup de nos publicistes à courte vue firent chorus, et chaque matin les journaux étaient remplis de plaisanteries sur le « pain K » et de soi-disants récits du front, où des Allemands hâves, les traits tirés, venaient se rendre pour une « boule de son ». La propagande allemande recueillait précieusement ces articles visés par notre censure et les répandait à milliers d'exemplaires dans les pays neutres. Le résultat de ces manœuvres fut de nous aliéner un certain nombre d'étrangers, de pousser à la contrebande, de soulever des questions diplomatiques embarrassantes, et d'abaisser le moral français, le public, d'abord trop crédule, n'ayant plus voulu croire ensuite à la mauvaise situation de l'Allemagne lorsque celle-ci fut réellement gênée.

Dès le 6 novembre 1914, d'accord avec nos alliés, nous publions un décret présidentiel où, tout en affirmant une fois de plus le maintien des articles de la Convention de Londres, nous apportions certaines additions à la liste des denrées formant la contrebande de guerre.

Le 15 janvier 1915, les Allemands proclamèrent la guerre sous-marine dans un memorandum que nous étudierons plus en détail au prochain chapitre. La réponse de l'Entente eut lieu le 13 mars suivant. Elle resserrait le blocus et ajoutait à la Convention de Londres, dit le texte officiel, « des mesures de représailles en vue d'empêcher les marchandises de toute nature de pénétrer en Allemagne ou d'en sortir ». Aux termes de ces nouveaux articles, on devait arrêter toute cargaison appartenant à des Allemands, ainsi que celles, même neutres, qui viendraient d'Allemagne ou qui s'y rendraient. La surveillance de tous les navires commença alors à s'organiser ; nationaux comme neutres, durent se rendre dans des ports français ou anglais pour y être soigneusement visités avant de recevoir l'autorisation de continuer leur route. En outre, une série de mesures vint aggraver les conditions du blocus de l'Allemagne, que l'Angleterre et la France notifièrent officiellement le 2 mars 1915 à toutes les nations.

C'est ainsi que les listes de la contrebande de guerre s'allongèrent de jour en jour par l'addition de nouveaux produits. Les décrets du 13 mars et du 14 octobre 1915, ceux des 27 et 30 janvier 1916 classèrent un grand nombre de denrées sous les trois rubriques suivantes : 1º *Contrebande absolue* (armes, explosifs, harnachements militaires, et tous autres articles servant exclusivement à la guerre); 2º *Contrebande conditionnelle* (vivres, combustible et matières lubréfiantes, vêtements et tissus, etc. pouvant être utilisés par les services de guerre, qui ne deviennent contrebande que lorsqu'ils sont destinés aux troupes ennemies); 3º *Transit libre* (peaux, papiers, savons, porcelaines, etc., n'étant pas d'usage militaire). Cette dernière catégorie fut de plus en plus réduite, mais pendant longtemps, pour des raisons diplomatiques, elle contint bon nombre de produits dont les Allemands firent des stocks importants. C'est ainsi qu'ils purent en particulier recevoir du coton pour la fabrication de leurs poudres pendant plus d'une année, cet élément essentiel ayant figuré dans la non-contrebande jusqu'au 14 octobre 1915.

La raison de cette mansuétude s'explique par la nécessité de ne pas mécontenter les neutres, et surtout les Etats-Unis, autour desquels se joua une partie que, fort heureusement, nous avons enfin gagnée. Les Américains, à l'origine du conflit, n'étaient en somme attirés ni d'un côté ni de l'autre ; ils ne considéraient que leurs intérêts commerciaux, du reste considérables. Tout leur trafic avec les empires centraux se faisait par les neutres, comme les chiffres suivants le démontrent irréfutablement. En novembre 1913, il partait de New-York pour le Danemark 558.000 dollars de marchandises diverses ; en novembre 1914, cette exportation atteignait 7.161.000 dollars ! Il est difficile d'admettre que les Danois avaient vu croître leurs besoins dans une pareille proportion. Tout cet excédent passait en Allemagne. Pour les mêmes mois de novembre 1913 et novembre 1914, les départs de New-York pour la Norvège s'accroissaient de 477.000 à 2.318.000 dollars ; ceux de la Suède, de 377.000 à 2.858.000. Au 20 janvier 1915, 100.000 balles de coton destinées à Brême et Rotterdam étaient en route sur des bâtiments américains. On conçoit qu'une mesure trop radicale prise par l'Entente aurait gravement mécontenté les Etats-Unis et qu'il valait mieux temporiser, d'autant plus que nous étions les premiers bénéficiaires de l'importation américaine, notamment pour les armes, ce qui amenait du reste les protestations incessantes des Allemands.

Nos ennemis eurent d'ailleurs des difficultés croissantes avec nos futurs alliés dès qu'ils se mirent, eux aussi, à pratiquer le blocus et à déclarer des zones interdites. Par là, ils firent subir des pertes au commerce américain et soulevèrent d'autant plus vite l'opinion des Etats-Unis contre eux que leurs procédés étaient plus inhumains. Alors que les croiseurs de l'Entente, lorsqu'ils arrêtaient un bâtiment contrebandier, le conduisaient, vies et cargaison sauves, dans un port où le *Tribunal des Prises* décidait, les sous-marins allemands coulaient sans avertissement. On voit tout de suite la différence et combien le ton des notes diplomatiques américaines variait de l'un à l'autre cas.

L'Allemagne eut à répondre des 118 citoyens des Etats-Unis morts le 7 mai 1915 sur le *Lusitania*. Des communications s'échangent alors entre les deux pays, dans une atmosphère pleine d'orage. Le 24 mars 1916, c'est le *Sussex* qui entraîne à son tour dans l'abîme plusieurs personnalités américaines de marque. Enfin, de note en note, et de torpillage en torpillage, on en arriva au rappel de l'ambassadeur Gérard et, le 4 avril 1917, à la déclaration de guerre des Etats-Unis à l'Allemagne.

L'entrée en ligne de ce nouvel allié permit de resserrer le blocus et de le rendre plus opérant. Déjà en 1916 les importations détournées des empires centraux avaient diminué dans de fortes proportions. C'est ainsi que le coton, après son inscription sur la liste de contrebande, cessa d'affluer chez les nations scandinaves, et par suite en Allemagne. Alors que la Hollande, la Suède, la Norvège et le Danemark en avaient reçu dans la campagne 1914-15 *un million trois cent mille balles*, la campagne 1915-16 n'accusait plus que *cent quatorze mille deux cents balles*. En 1915 c'est à grand peine que l'Allemagne put trouver 12.000 tonnes de cuivre chez ses intermédiaires, au lieu des 150.000 tonnes qu'elle importait annuellement avant la guerre. Enfin ces achats perpétuels à l'étranger, sans contre-partie d'exportation, et dont le paiement devait se faire en or, appauvrirent le change de l'Allemagne d'une façon considérable. De 22,5 % à la fin de 1915, il avait atteint 40 % en mai 1917.

Le blocus des empires centraux a donc été un facteur important de la victoire, et une arme dont le maniement — par instants délicat — s'est avéré décisif au moment suprême. C'est à la marine alliée, à nos patrouilleurs, à nos infatigables marins que nous avons dû de posséder dans toute sa plénitude un avantage aussi capital.

Vedette automobile « Cornilleau ».

CHAPITRE II

Première phase de la guerre sous-marine ; le mémorandum allemand du 15 janvier 1915. — Les sous-marins allemands et leurs procédés d'attaque. — Situation dangereuse de l'Entente pendant la première période de la guerre sous-marine. — Organisation de la défense contre les sous-marins. — Les espérances allemandes, la guerre à outrance.

Première phase de la guerre sous-marine; le mémorandum allemand du 15 janvier 1915. — L'entrée en ligne de l'Angleterre obligea, comme nous l'avons vu, la flotte allemande à décliner une lutte par trop inégale, mais nos ennemis obstinés n'abandonnèrent pas toute idée d'opérations navales. La guerre de course terminée par la destruction fatale de leurs croiseurs, c'est aux sous-marins qu'ils vont demander de poursuivre à présent les bâtiments de commerce de l'Entente.

Dans quelles conditions juridiques allait pouvoir s'effectuer cette nouvelle forme de guerre? Pour s'en rendre compte, il n'y a qu'à parcourir l'Instruction Ministérielle du 19 décembre 1912 sur « l'application du droit maritime en cas de guerre ». Nous avons déjà dit que ce règlement officiel de la marine française reproduit presque textuellement les articles de la Convention de Londres du 29 février 1909. Les principes fondamentaux de cet accord, en ce qui concerne la guerre de course, étaient les suivants. Le blocus d'un pays ennemi entraîne le *droit de visite* des bâtiments naviguant dans les zones interdites, et éventuellement le *droit de capture*, si la cargaison renferme des marchandises prohibées. Le blocus doit être *effectif*, c'est-à-dire aux termes de la Déclaration de Paris de 1856 (1) « maintenu par une force suffisante pour interdire réellement l'accès du littoral à l'ennemi ». Un *Tribunal des Prises* juge si les opérations des bâtiments bloqueurs sont valables et fait interner ou relâcher suivant le cas les navires arrêtés.

Les opérations des croiseurs doivent donc se dérouler dans cet ordre : la *semonce* (coup de canon à blanc avertissant d'avoir à stopper en montrant le pavillon) ; la *visite* (un officier en armes accompagné de deux ou trois hommes vérifie les papiers du bord, s'assure de la provenance de la cargaison, de sa destination, de sa composition, passe en revue l'équipage et les passagers) ; enfin, s'il est besoin, la *capture* (procès-verbal dressé, pose de scellés aux ouvertures de la cale, mise à bord d'un équipage de conduite pour amener le bâtiment dans un port de la nation du capteur ou dans un port allié). Quant au *droit de destruction*, il n'est prévu qu'au cas où le croiseur ne peut conserver sa prise sans danger pour lui-même et sans compromettre le succès de ses opérations militaires. Mais, dans ce cas, il est naturellement prescrit de sauver toutes les personnes sans exception se trouvant à bord ainsi que les papiers destinés à soutenir devant le tribunal compétent la validité de la prise [art. 154 et 158 de l'instruction du 19 décembre 1912] (2). La destruction devait être du reste exceptionnelle et ne s'opérer qu'en cas de nécessité absolue.

Comment les sous-marins pouvaient-ils s'accommoder de ces règles ? Tout d'abord il était impossible qu'ils établissent un *blocus effectif*, pouvant « interdire réellement l'accès du littoral ennemi ». Ensuite, si pour eux les opérations de la visite étaient praticables, il n'en était pas de même de celles de la capture nécessitant la conduite du navire saisi dans un port national, et encore moins de la destruction avec le sauvetage obligé de toutes les personnes présentes à bord de la prise.

L'Allemagne, qui venait de proclamer à la face du monde par la voix de son chancelier que « nécessité n'a point de lois », n'allait pas

---

(1) Le 13 mars 1856 le Congrès de Paris, où furent représentées l'Autriche, l'Angleterre, la France, la Prusse, la Russie, la Sardaigne et la Turquie, abolit la course et définit le blocus.

(2) G. de Raulin, *Le Blocus*.

s'arrêter devant de pareilles vétilles. Elle avait du reste donné aux lois maritimes internationales, et cela dès le début de la guerre, de telles entorses qu'elle n'en était plus à une dérogation près.

L'entrée du *Gœben* et du *Breslau* dans les Dardanelles violait à la

Mise en place d'une mine à bord du sous-marin français *Atalante*.

fois : le traité de 1809, le traité de Paris de 1856, le traité de Londres de 1871 et, ironie des choses, celui de Berlin de 1878. D'autre part, la convention de La Haye de 1907 n'avait pas été observée par l'Allemagne dans plusieurs occasions : en armant dans les ports américains des paquebots en guerre ; en lançant dans la mer du Nord des mines flottantes ; enfin en utilisant les appareils de télégraphie sans fil placés à bord des navires réfugiés en Espagne pour donner des renseignements à ses espions. D'après ces précédents, il était permis de conclure que les Allemands ne s'embarrasseraient pas des « chiffons de papier » signés par eux à La Haye ou ailleurs.

C'est le 15 janvier 1915 que l'Allemagne, levant le masque, lança son fameux mémorandum instituant la guerre sous-marine. Elle possédait alors les bases de Zeebrugge et Ostende et se croyait en mesure d'employer efficacement ses sous-marins. Ceux-ci au reste s'étaient déjà exercés à l'attaque des navires marchands. L'*Amiral-Ganteaume*, qui transportait 2.500 réfugiés des régions envahies, avait été torpillé le 26 octobre 1914 à la hauteur du cap Gris-Nez. Le bâtiment ne sombra heureusement pas, mais 30 personnes furent tuées ou blessées par l'explosion.

Dans son mémorandum, l'Allemagne accusait naturellement ses ennemis de violer le droit des gens et la convention de Londres, et présentait ses propres mesures comme des représailles. Pendant toutes les hostilités on a vu ainsi apparaître l'hypocrisie germanique et les Allemands s'efforcer de prendre l'attitude d'un peuple contraint à suivre des adversaires qui, à les en croire, étaient les premiers à rendre la guerre inhumaine. Hélas, la véritable raison, il faut bien l'avouer, c'est que de nos jours la guerre met en jeu de tels intérêts, fait participer à la lutte de telles forces qu'aucun moyen de détruire l'ennemi ne peut être laissé de côté. Il n'est pas dans notre intention d'innocenter nos sauvages agresseurs, mais on doit constater que les temps modernes sont, sur ce point, terriblement différents des époques antérieures. Aux siècles passés, la guerre se faisait entre professionnels, et une certaine confraternité d'armes unissait les adversaires. L'objet du conflit était restreint à la possession de quelques provinces, dont l'opinion se trouvait assez souvent indifférente. Pendant que le soldat se battait au loin, et que l'affaire mettait en présence quelques milliers d'hommes, le paysan, l'artisan, le marchand continuaient leur trafic sans gêne aucune.

Une guerre de jadis, c'était en somme — à part le territoire même du combat — assez semblable aux expéditions coloniales d'à présent. Mais à l'heure actuelle, les choses ont bien changé. C'est la nation elle-même qui est en guerre, avec le redoutable enjeu de la vie ou de la mort du pays tout entier au terme de la partie. Qui, dans ces conditions, hésiterait à employer une arme, même cruelle, dont l'effet peut amener la victoire? Aussi, lorsqu'un des combattants met en usage un nouveau mode de destruction, l'autre est bien obligé de l'imiter. La lutte courtoise serait une folie et une véritable trahison des intérêts supérieurs de la Patrie. Faisons-en notre deuil, la chevalerie est bien morte. Nous vivons dans une époque impitoyable, où le conflit perpétuel d'intérêts, aussi bien entre hommes qu'entre nations, fait de la paix sur terre un symbole de plus en plus effacé.

Donc, le 15 janvier 1915 l'Allemagne proclama que, devant les incessantes violations du droit maritime commises par l'Entente, elle se voyait obligée de se livrer à des représailles. La Grande-Bretagne, prétendait ce factum, avait démesurément grossi la liste de la contrebande, effacé en fait toute distinction entre la *contrebande absolue* et la *contrebande conditionnelle*, et, par l'interdiction du trafic libre dans toute la mer du Nord, voulu « condamner, en l'affamant, toute la population allemande à la destruction ». Devant ces atteintes à ses « intérêts vitaux », l'Allemagne, en conséquence, « de même que l'Angleterre a « désigné la superficie maritime entre l'Ecosse et la Norvège comme « zone de guerre, déclare maintenant zone de guerre toutes les eaux « entourant la Grande-Bretagne et l'Irlande, y compris la Manche. « Elle commencera donc, le 18 février 1915, à agir dans ce sens contre « la navigation ennemie. Elle s'efforcera de détruire tout navire ennemi « qui sera trouvé dans cette zone de guerre, sans qu'il lui soit toujours « possible d'éviter le danger qui menace ainsi les personnes et les « navires neutres, et elle prévient de ne pas se fier, à l'avenir, à la sécu- « rité des équipages, passagers, marchandises, des navires en question. « L'Allemagne appelle en outre l'attention des neutres sur ce fait qu'il « y aurait lieu, pour leurs navires, d'éviter d'entrer dans cette zone « car, bien que les forces allemandes aient pour instructions de s'abste- « nir de toute violence contre les navires neutres, autant qu'ils pour- « ront être reconnus, l'ordre donné par le gouvernement anglais « d'arborer des pavillons neutres, et les contingences de la guerre « maritime pourraient être cause qu'ils devinssent victimes d'une « attaque dirigée contre l'ennemi. »

Cette pièce diplomatique est des plus curieuses à étudier de près.

C'est la déclaration officielle du blocus de l'Angleterre par l'Allemagne, en s'abritant derrière l'excuse traditionnelle que l'adversaire a commencé le premier. Ensuite, le point principal est la menace non déguisée adressée aux neutres. « Je vais être forcée, leur dit l'Allemagne, de détruire tous les bâtiments ennemis dans la zone que j'indique. Ne vous hasardez pas sur ce champ de bataille, où je ne puis pas répondre que les coups ne s'égareront pas. D'autant que les Anglais mettant de faux pavillons neutres, je ne m'attacherai pas à cette marque de reconnaissance. Un bon conseil : ne venez pas dans ces parages. »

C'était en effet le plus vif désir des Allemands de voir les neutres procéder d'eux-mêmes au blocus de l'Angleterre. Un tiers environ du transit se faisait sous pavillons neutres et l'abstention de ces derniers eût été un succès considérable. Joignant d'ailleurs l'exemple au précepte, les Allemands coulèrent, dès la première semaine cinq bâtiments neutres. Plus tard, dans le même but, ils dirigèrent à plusieurs reprises leurs efforts contre les nations non-belligérantes dont ils voulaient restreindre l'activité maritime. Successivement les Norvégiens, les Hollandais, les Espagnols devaient être l'objet de ces attaques.

Le premier effet de ce mémorandum, au point de vue diplomatique, fut une note des Etats-Unis qui ouvrait ainsi l'ère des difficultés entre la grande république américaine et les empires centraux. Cette note contenait l'avertissement de « bien réfléchir avant d'agir » et de considérer les conséquences possibles de la destruction d'un navire marchand ou de la mort d'un citoyen des Etats-Unis. Rappelant les fondements du Droit maritime, les Américains estimaient le blocus par sous-marins non effectif et la visite ou la capture impossibles avec ce genre de bâtiment de guerre. En conclusion, l'ambassadeur Gérard faisait connaître à Berlin que la mesure annoncée par le mémorandum germanique constituait « un acte tellement imprévu et sans précédent dans les guerres navales que le Gouvernement des Etats-Unis se refuse à croire que le Gouvernement Impérial allemand ait l'intention de commettre cet acte ».

Les Allemands encaissèrent cette cinglante réponse avec la sérénité de gens qui ne s'émeuvent pas pour si peu ; ils eurent même l'outrecuidance d'inviter les Etats-Unis à faire pression sur l'Angleterre pour obtenir la levée du blocus qui les inquiétait fort pour l'avenir. Ils se déclaraient prêts à abandonner leur idée de destruction par sous-marins si la « liberté des mers » était reconnue. On devine l'accueil que reçut une pareille proposition.

La destruction des navires de commerce par les sous-marins allemands commença après ces préliminaires. Elles se poursuivit avec des fortunes diverses, dont nous allons étudier les aspects successifs. Mais auparavant, il n'est pas inutile de voir quels étaient les moyens d'attaque dont disposaient nos ennemis.

Les sous-marins allemands et leurs procédés d'attaque. — Au mois de juillet 1914 l'Allemagne possédait 33 sous-marins en service, 3 en essais et 16 en construction, dont 6 destinés à des marines étrangères, qui furent immédiatement réquisitionnés. Sur ces 52 unités il y avait seulement 8 grands submersibles pouvant faire des croisières au large ; les autres représentaient plutôt des sous-marins défensifs. Ce genre de bâtiments était avant la guerre peu développé en Allemagne ; le grand-maître de la marine, l'amiral Tirpitz, n'en était que médiocrement partisan, et tous ses efforts s'étaient portés sur la « Hochsee Flotte », la flotte de haute mer, qu'il s'efforçait d'amener à rivaliser avec la marine anglaise elle-même. En ce qui regarde la France, la supériorité allemande était acquise depuis une dizaine d'années environ.

C'est en 1912 que fut constituée la première flottille de sous-marins allemands. A la fin de l'année suivante l'on séparait ce service de celui des torpilleurs, en créant une inspection générale autonome, chargée de surveiller les flottilles, l'école spéciale des officiers et équipages, les ateliers d'expérience et bassins d'essai. En janvier 1914, 123 officiers avaient reçu le brevet de commandant de sous-marins. On voit que, si le nombre des unités était encore restreint, l'organisation existait et pouvait s'adapter à des besoins beaucoup plus grands.

Les types de sous-marins allemands utilisables au 1er août 1914 peuvent se ranger dans les deux catégories suivantes :

1° *Sous-marins défensifs.* — Le prototype de cette série, le U-1, entré en service en 1906, avait 38 mètres de longueur, 2 m. 75 de largeur, 2 m. 75 de hauteur. Son déplacement était de 197 tonneaux en surface et 236 en plongée. La puissance des moteurs ne dépassait pas 400 chevaux pour les machines à gazoline de surface et 200 chevaux en plongée avec les accumulateurs électriques. Les vitesses correspondantes étaient 9 et 7 nœuds. L'armement comportait un tube lance-torpille de 450 millimètres avec un approvisionnement de 3 torpilles ; le rayon d'action était de 700 milles marins environ, l'équipage de 12 hommes. Ce bâtiment était un bâtiment d'essai.

Ensuite vinrent les *U-2*, *U-3*, *U-4* (1908 à 1909), 40 mètres de long, 3 m. 65 de large, 2 m. 75 de haut ; 230 tonneaux, 600 chevaux et 12 nœuds en surface, 300 tonneaux, 240 chevaux et 9 nœuds en plongée. Même armement que le *U-1*, mais 1.300 milles de rayon d'action et 15 hommes d'équipage.

U-5, *U-6*, *U-7* : entrés en service en 1910, 49 mètres sur 5 mètres et 3 mètres ; 350 tonneaux, 850 chevaux et 13 nœuds en surface ; 450 tonneaux, 500 chevaux et 9 nœuds en plongée. Un canon-revolver de 37 millimètres, deux tubes lance-torpilles de 450 millimètres, quatre torpilles ; 1.500 milles de rayon d'action, 25 hommes d'équipage.

U-9 à *U-16* (1910 à 1912) : 56 mètres sur 5 m. 80 et 3 m. 50 ; 450 tonneaux, 1.300 chevaux et 15 nœuds en surface ; 550 tonneaux, 700 chevaux et 9 nœuds en plongée. Un canon à tir rapide de 47 millimètres, trois tubes lance-torpilles de 450 millimètres, six torpilles ; 2.000 milles de rayon d'action, 29 hommes d'équipage.

Les sept premiers peuvent être considérés comme ayant en 1914 une valeur militaire médiocre. Ils servirent vraisemblablement d'école et n'effectuèrent que des croisières à proximité des côtes allemandes.

Le *U-9* s'est rendu célèbre par son exploit du 23 septembre 1914. Ce jour-là les trois croiseurs-cuirassés anglais *Cressy*, *Hogue* et *Aboukir* (12.000 tonneaux, deux pièces de 234 millimètres, douze de 152 millimètres, douze de 76 millimètres, 21 nœuds) croisaient dans la mer du Nord. Ils allaient à petite vitesse, sept nœuds environ, lorsque l'*Aboukir* fut torpillé. Les deux autres bâtiments eurent l'imprudence de stopper à proximité pour recueillir l'équipage et le *U-9* leur fit subir le même sort, successivement, à quelques minutes d'intervalle.

2º *Sous-marins offensifs.* — Cette série commence avec les *U-17*, *U-18* et *U-19* datant de 1913. Longueur 60 mètres, largeur 6 m. 60, hauteur 3 m. 35, 350 tonneaux, 1.400 chevaux et 14 nœuds en surface, 450 tonneaux, 500 chevaux et 8 nœuds en plongée. Armement : un canon de 76 millimètres ou de 88 millimètres, quatre tubes lance-torpilles de 450 millimètres, huit torpilles ; 2.000 milles de rayon d'action, 32 hommes d'équipage.

U-20 à *U-40* lancés en 1914 : 65 mètres sur 7 mètres et 3 m. 35, 650 tonneaux, 2.400 chevaux et 17 nœuds en surface ; 850 tonneaux, 1.100 chevaux et 10 nœuds en plongée. Deux canons de 76 millimètres ou de 88 millimètres, quatre tubes lance-torpilles de 550 millimètres, huit à dix torpilles, 2.000 milles de rayon d'action, 40 hommes d'équipage.

Ces bâtiments furent les premiers à exécuter des croisières prolongées, d'une durée moyenne de 15 à 20 jours. Leurs canons étaient du modèle Krupp spécia-

Mine à demi entrée dans son puits.

lement créé pour les sous-marins ; c'étaient des pièces à tir rapide mais plus courtes que les similaires des navires de surface et par suite d'une moins grande justesse aux portées extrêmes. Les torpilles de 550 millimètres étaient du système Schwartzkopf ; elles pesaient 950 kilos et contenaient 180 kilos de *trinitrotoluène*, explosif très puissant. Envoyées avec une vitesse initiale de 45 nœuds (83 kilomètres), qu'elles conservaient sur les 600 premiers mètres environ de leur parcours, elles avaient une portée maximum de 5.000 à 6.000 mètres.

U-41 à *U-55* : les renseignements sur cette série, en achèvement lors de la déclaration de guerre, sont moins précis. Ces bâtiments

avaient de 75 à 80 mètres de longueur, avec un déplacement de 850 tonneaux (surface) à 1.000 tonneaux (plongée). Leur vitesse atteignait 18 nœuds, réduits à 10 au-dessous de l'eau. L'armement en torpilles devait être celui de la série précédente, avec un approvisionnement de torpilles porté à 12. Quant aux pièces d'artillerie, les calibres en furent augmentés jusqu'à 105 millimètres pour certaines unités.

Voilà, vraisemblablement, avec quel matériel les Allemands commencèrent la lutte sous-marine. Voyons maintenant les procédés d'attaque de ces bateaux submersibles et les conclusions que nous en pouvons tirer.

Deux modes de combat s'offrent pour les sous-marins dont nous venons d'indiquer les caractéristiques principales : la *torpille* et le *canon*. Pour employer la torpille, il leur faut s'approcher en plongée à moins de 800 mètres de l'ennemi. Cette opération, relativement facile contre un navire stoppé ou marchant à faible vitesse, devient de plus en plus malaisée lorsque s'accroît la rapidité de déplacement du but. Le sous-marin immergé ne dépasse pas 8 à 10 nœuds, résultat obtenu aux essais, dont il faut retrancher encore un ou deux nœuds dans la pratique. Dans ces conditions il lui sera bien difficile de courir après sa proie pour peu que cette dernière marche sensiblement à la même allure, et il lui faudra attendre plutôt à l'affût sur les routes probables des navires visés. En outre, une fois sous l'eau, le sous-marin n'a plus pour organe de vision que son *périscope*, sorte de tube à coulisse portant un jeu de prismes qui renvoient sous les yeux du commandant; les images extérieures. Le périscope est d'un maniement dangereux ; il trace sur l'eau un sillon visible parfois d'assez loin, et qui indique la route de l'agresseur jusque-là reste caché. Enfin, dernière considération, le sous-marin ne possède qu'un approvisonnement limité de torpilles, qu'il doit d'autant plus ménager que ces engins sont longs à construire et à régler et que le ravitaillement ne peut par suite s'en faire sur une grande échelle.

Dans l'attaque au canon le sous-marin est en surface, et opère comme un bâtiment ordinaire. La stabilité de plate-forme est satisfaisante, car ces bateaux roulent peu, mais le *commandement*, c'est-à-dire la hauteur de la pièce au-dessus de l'eau est faible. Il en résulte que les vues sont assez limitées et que la mer devient vite gênante dès qu'elle grossit. Néanmoins l'attaque au canon présente de grands avantages : le sous-marin peut donner toute sa vitesse ; il possède des soutes assez garnies pour n'avoir pas à craindre de rester à court de munitions, et les ravitaillements sont faciles, tant dans les ports nationaux qu'au moyen des bases secondaires créées en pays neutres par le service d'espionnage. Un seul inconvénient, mais grave : le sous-marin peut difficilement soutenir une lutte d'artillerie même contre un adversaire inférieur en armement. En effet, dans ce cas la partie ne se trouve plus égale ; le navire de surface n'est pas absolument vulnérable sur toute son étendue ; bien des coups peuvent l'atteindre sans amener des avaries majeures, tandis que le moindre accroc fait à la coque du sous-marin empêche celui-ci de plonger. Avec la pression croissante de l'eau aux diverses profondeurs, une voie d'eau, même limitée, est trop grave pour qu'il affronte ce danger.

Ceci posé, qu'en pouvons-nous déduire ? D'abord que le sous-marin, tout en préférant l'emploi du canon, n'attaquera pas volontiers un adversaire armé pouvant lui répondre de même. Ses préférences seront pour l'inoffensif cargo, ou mieux encore le voilier, s'offrant sans riposte possible à ses coups. A plus forte raison il n'ira pas employer l'artillerie contre plusieurs bâtiments munis de canons et naviguant de conserve, même sans escorte. Il risquerait trop d'être coulé par le feu concentré de ses adversaires.

A la torpille, le sous-marin peut affronter n'importe quel navire, mais ceux à grande vitesse lui échapperont souvent. D'une statistique publiée par la Chambre de commerce de New-York en 1918, il résulte que sur 100 bateaux attaqués à la torpille, tous ceux marchant à 5 nœuds ont été coulés, ceux de 8 nœuds ont eu 80 % de pertes, à 10 nœuds 65 %, à 12 nœuds 50 %, à 15 nœuds 35 % et enfin les bâtiments donnant 18 nœuds n'ont été atteints que dans la proportion de 10 %. Au delà de 20 nœuds, en route libre et au large, on peut regarder l'attaque à la torpille comme d'une exécution très difficile.

Donc, en résumé, la tactique contre les sous-marins sera tout d'abord de les obliger à cesser l'emploi du canon et de les réduire à la torpille seulement. Si paradoxal que cela puisse paraître, un sous-marin forcé

de s'immerger est, sous certains rapports, placé en position désavan
tageuse et gêné dans son action.

Situation dangereuse de l'Entente pendant la première période de l.
guerre sous-marine. — Ce nouveau genre de lutte maritime trouva le
flottes de l'Entente absolument désarmées. Jusqu'alors la défense de
bâtiments de combat contre les sous-marins n'avait, en somme, pa
été étudiée d'une façon bien active. On admettait partout le dange
présenté par l'attaque de ces ennemis invisibles, on se rendait compt
que le blocus étroit d'une côte ennemie par des vaisseaux de haut bor
était devenu impossible, mais c'était à peu près tout. Les exercice
du temps de paix se trouvaient forcément limités à des simulacres, où
le danger d'abordage couru par les sous-marins obligeait à introduir
des conventions qui restreignaient considérablement les profits qu'on
en pouvait retirer. Les mesures offensives contre les submersibles, c'est
à-dire leur recherche et leur destruction par des bâtiments appropriés,
n'avaient fait l'objet d'aucune étude pratique. Quant à la protection
des navires de commerce, on n'avait pas envisagé un seul instant — e
ceci est à l'honneur de notre civilisation — que la guerre maritime pose-
rait un jour ce problème dans les termes où nous l'avons connu depuis

On conçoit sans peine que dans ces conditions, la riposte de
l'Entente n'a pas été immédiate. Les recherches nécessaires, les essais,
les tâtonnements, nous ont laissé à peu près désarmés pendant la première année. Heureusement que nos ennemis, de leur côté, n'étaient
pas entièrement prêts à agir avec l'intensité et l'énergie qu'ils déployèrent plus tard. Au début, leurs unités offensives ne se trouvaient pas
en nombre suffisant pour entretenir des croisières permanentes, et
ils avaient besoin d'instruire des équipages nouveaux. L'année 1915
sera donc une année d'activité moyenne, qui nous laissera un répit
précieux. En outre, les Allemands ne furent pas unanimes sur la
question de la guerre sous-marine : deux partis différents se disputèrent
longuement sur l'opportunité d'un tel moyen de combat. Ces atermoiements nous ont beaucoup servi.

La guerre sous-marine peut se diviser en deux phases successives : de 1914 à mai 1917 et de cette date à fin 1918. Dans la première

nous recevons les coups sans les rendre; la protection des navires de commerce est insuffisante et les pertes augmentent au point de rendre critique la situation de l'Entente. Ces résultats encouragent les Allemands jusqu'à les amener à placer tous leurs espoirs dans la guerre sous-marine. Croyant avoir enfin trouvé sur mer le moyen infaillible d'obtenir la victoire refusée à leurs armées, ils dédaignent l'opinion neutre, envisagent sans crainte l'hostilité possible des Etats-Unis et proclament la lutte à outrance. Tout d'abord l'efficacité de leurs sous-marins atteint un degré inquiétant, mais bientôt commence la deuxième phase : les marines de l'Entente ont mis au point leurs éléments de résistance et d'attaque, qu'ils continueront de perfectionner encore, et les pertes de bâtiments marchands vont progressivement décroître. Au milieu de 1918 la faillite allemande s'affirme. Les Américains venus à nos côtés, le blocus a pu être resserré et le ravitaillement des empires centraux par les neutres s'est tari. Une gêne très réelle se fait alors sentir chez nos ennemis, tant au point de vue alimentaire que pour les industries de guerre. Leurs machines manquent de lubrifiants ; certains métaux leur faisant défaut, les aciers deviennent médiocres; le règne des succédanés, ou *ersætze*, bat son plein. Par contre, nos armées sont pourvues d'un matériel de plus en plus considérable, et l'équilibre se rompt. Pour éviter la débâcle, l'Allemagne signe l'armistice du 11 novembre 1918.

Voyons à présent les étapes principales de la première phase. A la fin de 1914, les Allemands avaient suffisamment aménagé les ports belges pour que leurs sous-marins pussent s'y ravitailler. Ce fut l'époque des raids en Manche pour gêner les transports militaires anglais, raids d'essai, où les unités ennemies cherchaient leur tactique. Les marines anglaise et française créèrent aussitôt des flottilles de patrouilleurs et établirent, dès le mois d'octobre 1914, des champs de mines devant la côte flamande. Deux barrages en filets d'acier à larges mailles furent aussi installés, l'un en travers du Pas de Calais, l'autre entre Cherbourg et l'île de Wight.

Ces mesures obligèrent bientôt les sous-marins allemands à s'abstenir de fréquenter le détroit; ils allèrent croiser à l'entrée de la Manche et de la mer d'Irlande, en faisant le tour de l'Ecosse.

On commença également, en mars 1915, à placer des filets de protection devant nos principaux ports. Ce système fut progressivement appliqué aux bases navales militaires de Milo, Salonique, Corfou, Argostoli, Bizerte, plus tard Dakar et Agadir et aux ports du Havre, Marseille, Saint-Jean-de-Luz, point de concentration des navires de commerce. Les barrages comprenaient jusqu'à trois éléments : a) un *filet d'arrêt*, en mailles d'acier, fermant le lieu de mouillage des navires, et laissant pour les mouvements un passage pouvant être obturé par une porte mobile ; b) un *filet indicateur*, placé au large du précédent, à portée des bateaux de surveillance et destiné à avertir, par l'immersion brusque des bouées qu'un sous-marin vient de heurter le barrage ; c) un *filet à mines*, de mailles très larges, muni de mines explosant automatiquement au passage d'un sous-marin ; ce troisième filet n'existait pas partout et ne fut établi que plus tard dans les centres principaux.

En Méditerranée les premiers sous-marins parurent en avril 1915, mais du côté des Dardanelles. Lorsque l'Italie se déclara en faveur de l'Entente, au mois de mai, les Allemands envoyèrent plusieurs submersibles rejoindre ceux que l'Autriche possédait déjà à Cattaro et Pola. Quelques-uns firent le voyage par mer, en passant par Gibraltar, d'autres furent envoyés en pièces fractionnées par voie de terre et remontés dans l'arsenal de Pola. Il fallut quatre mois environ pour organiser cette flottille sous-marine, dont les croisières commerciales ne débutèrent qu'en septembre. Ses premières victimes furent des bâtiments rencontrés sur la côte d'Afrique, dans les parages d'Oran. Du 1er au 20 octobre, les navires français *Provincia, Sainte-Marguerite, Antoine* et *Amiral-Hamelin*, étaient coulés, tous par le canon. Car à cette époque où la besogne leur était vraiment par trop commode, les sous-marins n'avaient pas besoin d'employer la torpille. Ils émergeaient à courte distance de l'inoffensif cargo et l'avertissaient d'avoir à stopper. S'il obéissait, les Allemands le visitaient, prenaient à bord ce qui pouvait leur convenir, faisaient évacuer l'équipage dans les embarcations et s'en allaient ensuite, mais en laissant derrière eux des bombes à retardement qui détruisaient promptement le navire. Si le cargo essayait d'échapper, le sous-marin ouvrait le feu aussitôt et le coulait.

Ce dernier mode était fort goûté par nos ennemis, à cause du spectacle des malheureux matelots essayant de mettre leurs canots à la mer. Quand les croisières allemandes furent tout à fait bien organisées, elles comprirent des opérateurs spéciaux, qui prenaient alors des « films » pour cinématographe. Les bons bourgeois de Berlin ou de Munich

Chalutier armé d'une pièce de 75 millimètres à l'avant, et d'un 47 millimètres à l'arrière.

pouvaient ensuite assister dans un fauteuil aux exploits « glorieux » de leurs marins.

Cependant, l'on s'efforçait de réunir les éléments nécessaires à la défense. Le plus urgent était de constituer des flottilles de patrouilleurs, aussi nombreuses que possible, afin de sillonner les parages dangereux et d'y rendre moins faciles les opérations des sous-marins. Les premiers bâtiments auxquels on s'adressa furent les chalutiers à vapeur, employés à la pêche, qu'on réquisitionna en presque totalité. Ces excellents bateaux, tenant admirablement la mer, rendirent les plus signalés services. Eux et leurs équipages furent de toutes les affaires, exécutèrent toutes les corvées, sans grâce ni merci. On les trouva bons pour les missions les plus diverses : patrouillage, dragage de mines, escorte de convois. Leur métier était pénible, la vie à bord très dure pendant la mauvaise saison, mais honneur leur soit rendu après la peine. Ils se sont placés au premier rang dans la guerre sous-marine.

A la fin de 1914, la marine française en comptait 88 ; ils étaient 301 en décembre 1915. On en fit des escadrilles de douze à quatorze unités, commandées par des capitaines de frégate. Un des chalutiers de chaque escadrille était ordinairement sous les ordres d'un lieutenant de vaisseau ; les autres avaient des capitaines au long cours mobilisés comme enseignes de vaisseau auxiliaires ou des premiers-maîtres (adjudants). Les équipages comprenaient un assez grand nombre de réservistes, dont quelques-uns naviguaient déjà sur ces bateaux en temps de paix et avaient été conservés à la réquisition, mesure qu'on aurait dû généraliser.

Les dimensions de ces chalutiers variaient de 30 à 50 mètres de longueur, avec un tonnage de 200 à 500 tonnes et une vitesse, malheureusement un peu faible, de 8 à 10 nœuds. Ils étaient, en général, armés de deux pièces de canon, calibres 75 millimètres ou quelquefois 100 millimètres.

Les escadrilles étaient groupées en *divisions de patrouille,* commandées par des capitaines de vaisseau. Dès le mois de mai 1915, il fut ainsi formé quatre divisions dans l'Océan et deux dans la Méditerranée,

A côté des chalutiers, l'on s'efforça de trouver d'autres bâtiments aptes aux différents emplois de la guerre. En France, le fond du sac se trouva bien vite atteint et il fallut envoyer à l'étranger des missions chargées de procéder à des achats. Ici nous retrouvons une conséquence néfaste du mauvais état de notre marine ; avec plus de ressources nous aurions évité ces dépenses d'autant plus onéreuses que, contrairement aux débours faits dans l'industrie nationale, l'argent ainsi sorti des frontières est totalement perdu pour nous.

En particulier, il est fort à regretter que la navigation de plaisance n'ait pas été plus développée en France, car les yachts furent une ressource précieuse. Les grands yachts eurent l'honneur de battre des guidons de commandement, voire même des pavillons d'amiraux. Tels furent l'*Ariane,* à M. G. Menier (division de Syrie, contre-amiral), l'*Eros,* à M. H. de Rothschild (patrouilles de la Méditerranée, contre-amiral), la *Bacchante,* à M. G. Menier (division des patrouilles de Provence, capitaine de vaisseau), l'*Ara,* à M. Herriot (division de chasse de Bretagne, capitaine de frégate), etc., etc. Les unités plus petites se virent employées à l'escorte, à la patrouille, au dragage des mines. Il n'est pas jusqu'aux canots automobiles dont le concours ne se révélât très précieux. Actuellement le Yacht-Club de France, notre grande Société d'encouragement au sport nautique, peut étaler dans

Yacht armé de deux pièces de 75 millimètres.

ses salons du boulevard Haussmann toute une série de photographies de yachts ayant la *flamme de guerre* (1). Si la France avait possédé une flotte de plaisance plus importante, combien de services auraient rendu ces bons et solides bâtiments à la première heure de la guerre sous-marine ! Qu'on y réfléchisse, et que l'on ne considère plus chez nous le yachting comme une distraction d'oisifs, un inutile sport de milliar-daire. Encourager la navigation de plaisance est au contraire la meil-leure façon de propager dans tous les milieux les idées maritimes. Quant aux dépenses que l'entretien d'un yacht occasionne, l'on se fait trop souvent à ce sujet dans le public profane des idées fausses, qui éloignent d'un sport aussi attrayant bien des personnes auquel il est

(1) Les bâtiments de guerre ont comme signe distinctif une étroite et longue banderole tricolore hissée au mât principal. Cet insigne, qui leur est exclusivement réservé, s'appelle la « flamme de guerre ».

accessible. Très élevé en effet pour les grandes unités, le coût d'un yacht décroît bien vite avec la taille, jusqu'à tomber rapidement au-dessous de celui qu'exige par exemple une voiture automobile. Or il n'est pas besoin de posséder un cinq cents tonneaux pour pouvoir offrir à son pays un bateau utile en cas de guerre. Toute embarcation à moteur mécanique est bonne, et celle qui peut porter un canon de 75 millimètres devient un patrouilleur. Les voiliers eux-mêmes sont très utiles car ils constituent, avec les appareils microphoniques, des « écouteurs » parfaits.

L'organisation de ces divisions de chalutiers, l'importance de plus en plus grande que prenait la nouvelle forme de lutte maritime amena promptement le ministère à envisager dans son ensemble le problème de la guerre sous-marine. Il y avait deux genres de mesures à prendre : *mesures défensives*, pour garantir les bâtiments marchands, *mesures offensives* en vue d'attaquer et de détruire les sous-marins. C'est tout d'abord les premières qu'on va étudier, car elles présentent un caractère d'urgence affirmé chaque mois par la liste des pertes. Voici, en chiffres ronds, le tonnage coulé, par trimestre :

1914. — Octobre, novembre, décembre : 300.000 tonnes (en y comprenant les pertes par mines et les captures des corsaires).

1915. — Janvier, février, mars : 320.000 tonnes ; avril, mai, juin : 380.000 tonnes ; juillet, août, septembre : 500.000 tonnes.

Pour arrêter cette progression, et devant le nombre considérable des attaques au canon, un premier moyen s'offre à l'esprit : armer les bâtiments de commerce. En septembre 1915, on commence par donner des canons de 47 millimètres à tous les transports de troupes ; puis, en novembre, une décision ministérielle affecte une pièce à tous les cargos de ravitaillement. L'artillerie employée consistait en 47 millimètres et 65 millimètres empruntés aux torpilleurs, et en canons de toutes provenances, 65 millimètres de côte et 75 millimètres de campagne français, 57 millimètres et 47 millimètres japonais ou italiens. La grande difficulté à vaincre était de se procurer ce matériel d'artillerie, non prévu en temps de paix, et cela dans une période où les usines travaillaient jour et nuit pour l'armée de terre sans pouvoir rien distraire de leur activité en faveur de la marine.

On se rendra compte de la situation quand on saura qu'en octobre 1915 vingt et un navires de commerce seulement possédaient un unique canon de 47 millimètres (1). Cette pénurie de matériel n'était pas le seul obstacle : la question diplomatique venait encore poser devant les neutres le principe même de l'armement des bateaux marchands.

L'Allemagne avait naturellement élevé les plus amères protestations à ce sujet, car l'enjeu de la partie en valait la peine. Si les neutres admettaient, comme elle le désirait, que tout bâtiment portant un canon devenait par cela même un navire de guerre, le commerce de l'Entente était paralysé net. Obligés de ne stationner dans les ports étrangers que vingt-quatre heures au plus, nos bâtiments ne pourraient y effectuer aucune opération. S'ils abandonnaient leur artillerie, ils retombaient sous la coupe des sous-marins, qui les détruiraient à plaisir.

L'abolition de la guerre de course en 1856 avait bien supprimé la faculté d'armer en guerre un navire de commerce, mais elle n'avait pas retiré à ceux-ci le droit de posséder des moyens de défense. Nos rôles d'équipage français contenaient toujours une colonne intitulée : *nombre, espèce et valeur des armes et munitions embarquées*, dans laquelle était inscrit, le cas échéant, l'armement placé à bord après permission du chef de service de la marine, conformément à l'ordonnance du 12 juillet 1847, toujours en vigueur. Bien avant les hostilités, des bateaux de commerce, faisant des voyages dans certaines régions ou se livrant à des explorations, avaient reçu un armement, ce qui constituait autant de précédents en notre faveur.

Néanmoins les Etats-Unis déclarèrent tout d'abord vouloir interdire leurs ports aux navires armés, puis ils autorisèrent un armement *défensif*, caractérisé par le petit nombre des canons, tous de faible calibre, la quantité restreinte des munitions, et l'absence de pièce placée sur l'avant, « en chasse ». Les réclamations allemandes se faisant toujours plus énergiques, le gouvernement des Etats-Unis adressa aux alliés un mémorandum, dans lequel il proposait la suppression de tout armement des navires de commerce contre l'engagement des

---

(1) G. de Raulin, *Le Blocus*.

empires centraux de ne plus torpiller sans avertissement préalable. L'Entente refusa, et les choses en restèrent là. Une dernière tentative de l'Allemagne eut lieu le 10 février 1916 par l'envoi d'une note protestant contre l'armement *offensif* des alliés et citant de nombreux cas d'attaque des sous-marins par les navires de commerce armés. Aux termes de cette réclamation, 19 « agressions » de ce genre auraient eu lieu entre le 11 août 1915 et le 17 janvier 1916. Les pauvres sous-marins ne pouvaient plus canonner ni torpiller en sécurité !

Cette dernière manœuvre resta sans effet et l'armement des navires de commerce prit peu à peu son entier développement.

L'artillerie disparate qu'on avait employée tout d'abord présentait de nombreux inconvénients, pour l'instruction du personnel comme pour le ravitaillement en munitions. Au mois de mars 1916, une décision ministérielle vint unifier les calibres. Le 47 millimètres et même le 65 millimètres étant devenus insuffisants contre les 88 millimètres qui armaient les sous-marins, on adopta le 90 millimètres de côte sur affût de bord. Cette pièce n'était pas parfaite, et elle nécessitait la construction d'affûts spéciaux permettant au pointeur de *suivre le but* avec l'appareil de visée, ce qui est une obligation du tir des petites pièces à la mer. Mais on n'avait pas le choix, le 90 millimètres était le seul canon dont on pouvait disposer en nombre à ce moment. On en installa 1.300, tous cédés par le ministère de la guerre, et, en janvier 1917, l'armement des navires de commerce français put être fixé comme il suit :

1º *Vapeurs de 500 tonneaux de jauge brute* (1) *et au-dessus :* 2 pièces de 90 millimètres, une à l'avant, une à l'arrière ;

2º *Voiliers de plus de 500 tonneaux de jauge brute :* 2 pièces de 90 millimètres, toutes deux à l'arrière ;

3º *Bâtiments de moins de 500 tonneaux :* 1 ou 2 pièces de 47 millimètres, 57 millimètres ou 65 millimètres.

Ce programme fut réalisé en trois étapes : mise à bord de tous les vapeurs d'un canon, remplacement des canons de calibres trop faibles,

---

(1) La jauge *brute* est celle correspondant au volume de la coque sans aucune déduction ; la jauge *nette* ne comprend que le volume des cales pouvant recevoir les marchandises.

armement de tous les bâtiments au-dessus de 500 tonneaux avec deux pièces de calibre égal ou supérieur à 90 millimètres. Ce n'est qu'en mars 1917 que la première étape a pu être considérée comme achevée ! On voit quelles occasions d'attaque au canon les sous-marins possédaient encore, et c'est ce qui explique l'accroissement incessant des pertes qu'ils nous firent subir jusqu'en juillet 1917.

Au 31 décembre 1917 la situation était meilleure. En ce qui concerne les navires au-dessus de 500 tonneaux :

520 vapeurs étaient armés, dont 242 avec 2 canons ;

65 voiliers étaient armés, dont 62 avec 2 canons.

Pour ceux inférieurs à 500 tonneaux :

49 vapeurs étaient armés, dont 8 avec 2 canons ;

141 voiliers étaient armés, dont 17 avec 2 canons.

Pour surveiller cette organisation militaire des navires de commerce, assurer le bon entretien du matériel et l'instruction du personnel embarqué, le ministère de la marine dut créer des services qui finirent par constituer, au début de 1917, l'A. M. B. C. (armement militaire des bâtiments de commerce). Cette organisation avait lieu dans chaque arrondissement maritime avec centres commandés par des officiers dans les ports de commerce. Ces centres surveillaient la mise à bord du matériel, son entretien, ses réparations, le ravitaillement en munitions et l'instruction des canonniers. Des cours de tir étaient faits aux officiers de la marine marchande, avec exercices pratiques de réglage à la mer. Enfin une école de canonnage fut installée à Lorient pour fournir aux navires de commerce armés des pointeurs brevetés.

Toute cette organisation s'échelonna entre 1915 et 1916 et ne fut pas en plein rendement avant juillet 1917.

En dehors de cet élément de protection individuelle, la marine s'ingénia à garantir la sécurité de l'ensemble du trafic commercial. Ici, il faut avouer que les mesures ne furent tout d'abord pas très heureuses et que la véritable solution, les convois escortés, n'intervint qu'après de longs tâtonnements.

Pendant l'année 1915 il n'y eut pas de plan d'ensemble ; les patrouilleurs, encore en très petit nombre, agissaient suivant les circonstances. Au début de mars 1916, une conférence réunit à Malte les amiraux alliés. La situation avait empiré : les sous-marins coulaient depuis juillet 1915 de 500.000 à 530.000 tonnes par trimestre, et les pertes totales depuis le commencement de la guerre atteignaient déjà près de *trois millions de tonnes.*

Il fut alors décidé de répartir la Méditerranée en onze zones de surveillance, quatre réservées à la France, quatre à l'Angleterre, trois à l'Italie. Dans le Nord, l'action de toutes les forces réunies en Manche fut placée sous un commandement unique, en liaison étroite avec les autorités anglaises. Celles-ci se chargèrent en outre de la surveillance de l'Atlantique. Le 10 juin 1916 l'Etat-major général de la marine française avait organisé, conformément aux résolutions prises avec nos alliés, les patrouilles maritimes et aériennes, ces dernières toutes récemment créées d'après le programme d'aviation du 23 janvier 1916.

Nous ne pouvions faire davantage avec les moyens dont nous disposions alors, et sur le papier cela se présentait assez bien. Dans la réalité, il n'en était plus tout à fait de même. Le sous-marin n'avait pas grand chose à craindre de ces patrouilleurs, qu'il pouvait éviter à volonté en s'immergeant. Les paquebots armés en croiseurs auxiliaires, qui sillonnaient la mer en tous sens, apercevaient parfois un ennemi. Celui-ci, trompé par leur silhouette, ouvrait le feu, mais toujours à grande distance, car les Allemands étaient vite devenus très méfiants. Dès la première riposte bien ajustée, l'agresseur plongeait et disparaissait dans la direction qu'il voulait choisir. Le patrouilleur n'avait plus qu'à reprendre sa route, et tout était dit. A quelques milles plus loin, rien n'empêchait le torpillage, ou même l'attaque au canon, de se produire.

Il manquait alors à nos patrouilleurs ce qu'ils ne possédèrent que plus tard : un appareil microphonique leur permettant de relever la route suivie par le sous-marin en plongée. Tant que cet instrument — qui constitua la base de l'offensive — ne fut pas réalisé, le bâtiment chasseur de sous-marin n'exista pas réellement et nos chalutiers étaient trop aisément dépistés par la disparition des ennemis sous les eaux.

On crut améliorer le système des zones surveillées en instituant les *routes patrouillées*, dont la Conférence interalliée de mars 1916 avait d'ailleurs posé le principe. Voici en quoi cela consistait. Les navires de commerce étaient *invités* — retenons ce terme — à suivre certaines

Convoi de bâtiments de commerce escorté par un dirigeable et par des chalutiers.

routes indiquées par les services de la marine dans les ports. Ces routes devaient être l'objet d'une surveillance étroite de la part des patrouilleurs et offrir ainsi une sécurité relative aux cargos. Ici l'erreur était flagrante et elle nous a coûté fort cher. Pour que les patrouilleurs pussent assurer une protection efficace, il aurait fallu qu'ils fussent assez nombreux pour jalonner la route à quelques mille mètres les uns des autres. Ainsi on aurait évité, sinon le torpillage, du moins l'attaque au canon. Mais ce procédé aurait exigé un nombre de patrouilleurs dont nous n'avons jamais disposé à aucune période de la guerre. On en était donc réduit à faire passer sur les routes surveillées, des

« râteaux » de patrouille aussi serrés et aussi fréquents que possible, mais dont la présence était plus nuisible qu'utile. Les sous-marins, vite au courant du système, dirigeaient leurs croisières en coupant les routes probables jusqu'au moment où ils rencontraient soit le râteau des patrouilleurs, soit un bâtiment isolé. A ce moment, certains d'être bien placés, ils n'avaient plus qu'à attendre à l'affût.

Voici à l'appui de ce qui précède quelques exemples relevés sur mon carnet de souvenirs personnels. C'est au début de juillet 1916 que fut appliqué la méthode entre Alger et Marseille. La route devait être patrouillée de la côte d'Afrique aux Baléares (400 kilomètres environ) par les *douze* chalutiers de l'escadrille d'Alger, quelques torpilleurs et croiseurs auxiliaires. Le 16 juillet, puis le 19, et enfin le 20, trois attaques au canon eurent lieu au même point, juste sur la route, sans aucun doute par le même sous-marin. Le 21 juillet, un peu plus loin, mais toujours sur la route, le vapeur anglais' *Yama* était coulé à coup de canon deux heures après le passage du *Golo II*, croiseur auxiliaire, et de cinq chalutiers. Les sous-marins allaient d'ailleurs jusqu'à se ravitailler sur les routes : le vapeur *Alsace* ne rencontra-t-il pas un jour trois sous-marins paisiblement accostés le long d'un bâtiment suédois? L'un d'entre eux se détacha, courut sur l'*Alsace* et échangea avec ce bâtiment cinquante coups de canon environ.

Cette période fut la plus cruelle de toute la guerre pour les capitaines du commerce, en particulier ceux des paquebots. Rappelonsnous que les routes n'étant pas obligatoires, le capitaine ne recevait pas un ordre formel qui l'eût couvert. La circulaire ministérielle de juillet 1916 disait seulement : « les autorités maritimes doivent s'employer à faire fréquenter les routes ». Alors se posait une terrible interrogation pour ceux qui avaient devant leur conscience charge de vies humaines et vis-à-vis de leurs armateurs la responsabilité d'un matériel précieux.

Devaient-ils s'aventurer sur ces routes dangereuses, où les sousmarins se trouvaient certainement, ou bien s'inspirer des renseignements recueillis pour faire un trajet plus sûr? Ce dernier parti aurait été le plus sage sans une redoutable éventualité : celle de rencontrer un sous-marin égaré en dehors des routes. Etre torpillé sur le chemin recommandé n'était qu'un accident, se faire couler en dehors de la zone surveillée serait devenu une faute grave. Voilà au milieu de quelles incertitudes, avec un armement d'abord inexistant, puis rudimentaire, nos capitaines du commerce ont navigué pendant un an, d'avril 1916 à mai 1917, époque où la conférence des amiraux alliés réunie à Corfou, se rendant à l'évidence, supprima enfin les routes patrouillées.

Une mesure qui augmenta beaucoup la sécurité des bâtiments fut l'installation à bord de la T.S.F. ou télégraphie sans fil. Les navires de l'Etat en étaient pourvus dès le temps de paix, mais ceux de commerce, à part de rares paquebots, ne la possédaient pas. Or, la faculté pour un bâtiment isolé de recevoir des renseignements sur la présence des sous-marins et de pouvoir demander éventuellement du secours, est très précieuse. Mais là encore la difficulté fut de se procurer du matériel. Les usines fabriquant les appareils électriques n'étaient pas nombreuses et ne possédaient qu'un personnel restreint. En outre, les armateurs ne se montrèrent pas disposés à faire la dépense nécessaire, et l'Etat dut se substituer à eux pour les commandes. On décida de munir tous les bâtiments au-dessus de 500 tonneaux d'un poste de T.S.F., et 275 appareils furent demandés d'urgence aux spécialistes. Ce n'est qu'en 1917 que les livraisons s'effectuèrent et que le nombre des opérateurs fournis par l'école de radiotélégraphie se trouva suffisant pour installer des postes sur les bâtiments de commerce. Cette amélioration notable fut d'une grande ressource ; les navires n'étaient plus isolés et bénéficiaient des indications recueillies dans toute l'étendue de la portée des appareils. Un sous-marin signalé voyait se créer aussitôt dans un grand rayon autour de lui une zone que les bâtiments évitaient soigneusement. En cas d'attaque, les patrouilleurs voisins pouvaient intervenir, parfois à temps pour sauver le navire, ou du moins assez vite pour la sécurité de l'équipage.

L'emploi de la T.S.F. amena des incidents curieux. En voici un, dont je fus témoin, où le tragique apparaît sous une forme saisissante. Au mois de mars 1917, le croiseur auxiliaire *Golo II* patrouillait la route Philippeville au 40ᵉ degré de latitude Nord, lorsqu'un radio émanant d'un vapeur anglais demanda du secours. Il était cinq heures du soir. La position signalée par le bâtiment attaqué se trouvait à environ 90 milles marins (167 kilomètres). Le *Golo II* s'élança dans la direction indiquée à sa plus grande vitesse, soit quinze nœuds. Il lui fallait donc six heures pour se rendre sur le lieu du combat. Car c'était un véritable engagement qui se livrait ainsi en pleine mer, et les officiers du croiseur purent en suivre toutes les phases.

Le premier signal du bâtiment anglais avait été : « S. O. S. (1), steamer X..... attaqué par sous-marin. » A quoi le *Golo II* avait répondu : « Venons à votre secours ». Quelques minutes plus tard : « S. O. S. Sous-marin ouvre le feu, nous répondons avec notre canon. » Puis, successivement, à intervalles de plus en plus rapprochés, on reçut les angoissants détails suivants : « Second officier tué sur la passerelle, nous continuons le tir, faisons route au Nord-Ouest, huit nœuds » — « Canonnier et servant gravement blessés, notre tir continue » — « Pièce désemparée, nous cessons de tirer ». Et enfin, à 5 h. 45 : « Plusieurs obus à la flottaison, machine stoppée, nous coulons. Le sous-marin se rapproche. » Et ce fut le dernier radio que reçut le *Golo II*. On se rend compte de l'impatience de tous à bord du croiseur, et combien on s'efforçait de pousser les feux pour activer la marche. A onze heures du soir seulement, l'on se trouvait sur le lieu du combat. Il faisait un temps superbe et l'on eut la chance de tomber juste sur les embarcations des survivants, que l'on put ainsi recueillir après quelques heures de navigation. Pendant le sauvetage, autre alerte radiotélégraphique : le sous-marin était là — fort près au dire des opérateurs de T. S. F. du *Golo II* — et il envoyait tranquillement lui-même une longue dépêche chiffrée. A qui ? probablement à quelque mystérieux correspondant, aux Baléares ou sur un bâtiment soi-disant neutre. On ne s'attarda pas, naturellement à écouter cette communication, et le *Golo II* s'en fut rapidement débarquer passagers et blessés à Philippeville. Sans la radiotélégraphie, aucun de ces malheureux n'eût certainement survécu. Le lendemain il s'éleva un fort coup de vent,

----

(1) Les trois lettres S.O.S., en langage de télégraphie sans fil, signifient « demande de secours immédiat ».

auquel leurs embarcations surchargées n'auraient pas résisté. Ils se trouvaient en outre à une distance telle de toute côte que leur perte était assurée, à moins d'une rencontre heureuse. Or le combat les avait écartés de la route et ils ne se trouvaient plus sur le passage des bâtiments. Ils ont dû la vie à leur appareil de T. S. F. et c'est par centaines que l'on pourrait citer des exemples analogues.

A la fin de 1916, on essaya d'améliorer le fâcheux système des routes patrouillées. Les bâtiments de surveillance étant toujours en nombre insuffisant, l'on s'avisa de fractionner les routes *en parcours de jour et parcours de nuit*. Les patrouilleurs ne croisaient que dans les premiers et l'on s'en remettait à l'obscurité pour la protection des seconds. C'était une gêne pour le commerce; les heures de départ et d'arrivée se réglaient difficilement, et certains bâtiments de vitesse insuffisante ou retardés par le temps ne réussissaient pas à se plier à cette méthode. Au demeurant, celle-ci faisait mensuellement faillite à chaque pleine lune.

Le principe même était erroné et aucune modification n'y pouvait rien. Chaque patrouilleur créait autour de lui une zone de protection relative, trop restreinte pour assurer la sécurité sur tout son parcours. Aussi ce fut le temps béni des sous-marins, dont les succès ne se comptèrent plus. En 1916 un document officiel de l'armée navale française citait un sous-marin ayant coulé en quinze jours *quarante-trois bâtiments !* Des parages, comme le cap Bougaroni sur la côte d'Algérie, furent à juste titre surnommés les « cimetières de navires ». Le tonnage détruit par mois passa de 100.000 tonnes à 350.000 tonnes à la fin de l'année 1916. La période critique de la guerre, celle où la victoire indécise se maintint en suspens entre les deux partis, s'ouvrit.

Organisation de la défense contre les sous-marins. — Nous avons dit que la guerre sous-marine s'est faite sous deux formes : défensive d'abord par une série de moyens destinés à protéger les bâtiments, et offensive ensuite lorsque les ressources et la création d'engins nouveaux permirent d'entreprendre avec succès la chasse et la destruction des agresseurs. La phase défensive a été la première, mais s'est naturellement continuée jusqu'à la fin des hostilités en perfectionnant les moyens d'action, et c'est l'efficacité des méthodes d'attaque et de défense réunies qui nous a donné l'avantage.

A la période que nous étudions à présent, au début de 1917, les procédés défensifs n'ont pas atteint à beaucoup près tout leur développement, mais nous allons les énumérer cependant, au risque d'anticiper, afin de les grouper et de pouvoir dans un chapitre ultérieur étudier à fond l'offensive.

La base de la défensive a consisté dans l'*organisation des convois escortés*, venant compléter l'*armement des bâtiments de commerce*, que nous avons exposé plus haut. A cette mesure primordiale est venu s'ajouter le *camouflage des navires*, l'emploi des *appareils fumigènes* et celui du *protecteur Otter* contre les mines. L'emploi de plus en plus étendu de celles-ci par les sous-marins a développé également le *dragage*. Nous allons passer en revue ces différents modes de sécurité.

Convois escortés. — L'idée de grouper les navires de commerce et de les faire accompagner par les patrouilleurs était à la fois féconde et rationnelle. On obtenait ainsi un double résultat : d'abord assurer aux navires marchands la sécurité maximum, et ensuite obliger les sous-marins à venir affronter les bâtiments d'escorte. Le danger croissait donc pour l'assaillant de toute la distance qui existe entre l'engagement avec un cargo isolé, muni d'un canon ou deux et la lutte contre plusieurs unités bien armées, montées par des équipages militaires exercés. Finies les parties de cache-cache avec les patrouilleurs et les canonnades de tout repos. A présent il faudra s'avancer en plongée, jouer du périscope, apprécier la route du convoi, et arriver en bonne position à quelques centaines de mètres pour lancer la torpille. Le fait seul d'en être réduit à ce mode de combat constitue une infériorité pour le sous-marin, si on se souvient de ce que nous avons dit de ses procédés d'attaque. La torpille n'est pas aussi précise que l'obus, a une portée bien inférieure et, chose capitale, le sous-marin n'en possède qu'une dizaine au plus. Il ne peut donc les prodiguer et son rendement s'en trouve fort amoindri. En outre une torpille est un organisme complexe, long à construire et délicat à régler, si bien que vers la fin des hostilités les Allemands commenceront à en manquer et ne délivreront souvent à leurs submersibles que des engins mal réglés, insuffisants, sortes d'*eœrstze* donnant des mécomptes.

On voit tous les avantages qui découlent de cette idée fort simple,

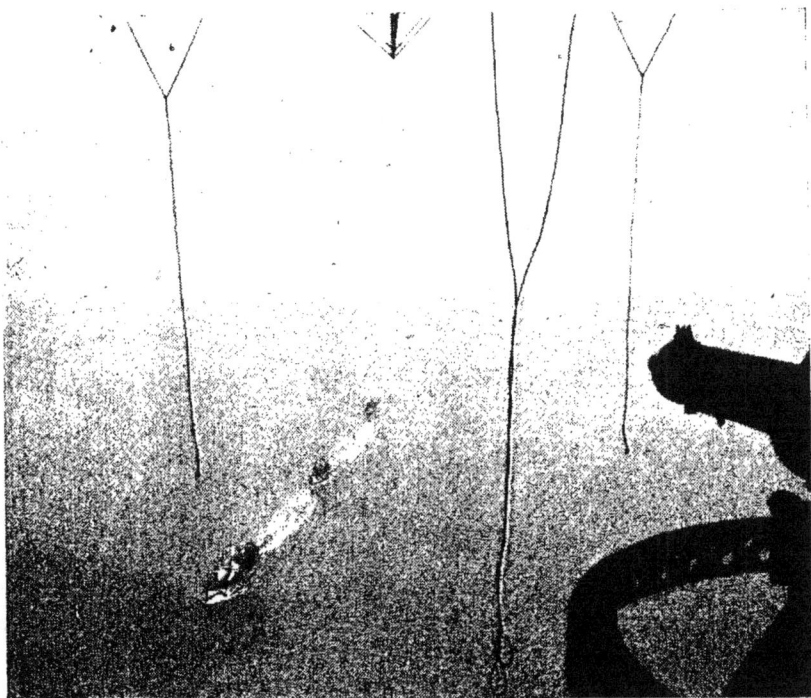

Vue d'un convoi prise de l'arrière d'un dirigeable.

la réunion en convois escortés, dont l'application fut si malheureusement retardée. Il est indéniable que c'est à son adoption définitive et à son organisation raisonnée que nous avons dû le succès, pour la plus grande partie. En juillet 1918, lorsque la méthode était entièrement au point et que les convois de troupes arrivaient sans accident des Etats-Unis à nos ports, on vit Hindenburg lui-même reconnaître publiquement que « l'attaque d'un de ces convois était devenue l'équivalent d'un suicide pour le sous-marin qui la tentait ».

Cependant tout d'abord il y eut une période de tâtonnements, aggravée par le nombre insuffisant des escorteurs. Entre avril et juin 1917 l'ennemi coulait encore 5,45 % des bâtiments, alors formés en longues files de 10 à 12 unités, accompagnées parfois d'un seul patrouilleur. Mais dès le mois d'août 1917, cette proportion baissait à 4 % ; entre septembre et novembre elle n'atteignait plus que 2,11 % ; et enfin au mois de juin 1918 on était arrivé à 1,21 %. Dans la même période le nombre des sous-marins coulés au cours de leurs attaques avait triplé.

Les convois se formaient en réunissant des bâtiments ayant autant que possible des vitesses semblables. Les paquebots marchaient à 13 ou 14 nœuds sous l'escorte de contre-torpilleurs ou de grands patrouilleurs (canonnières et sloops) ; les cargos ordinaires allaient à 8 ou 10 nœuds au plus, avec des chalutiers. Enfin les caboteurs furent, lorsque l'on posséda des vedettes, escortés le long des côtes par ces petits bâtiments ou par les chalutiers de faibles dimensions, à des vitesses de 5 à 7 nœuds.

L'escorte d'un bâtiment isolé — cas particulier mais encore assez fréquent — se faisait de la façon suivante : le cargo suivait une route réglée d'avance, et ordinairement *en lacets*, afin de rendre difficile la mise en position du sous-marin, tandis que l'escorteur se conformait au mouvement, en se plaçant sur l'un ou l'autre des flancs, à une distance de 800 à 1.000 mètres, et à 45° sur l'arrière du navire à protéger.

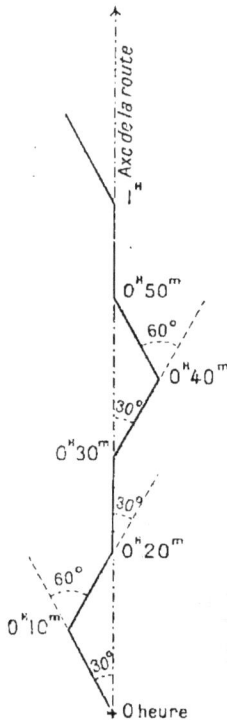

Route en zig-zag.

Parcours suivi en une heure, se répétant les heures suivantes pendant tout le trajet.

Voici par exemple les ordres donnés le 5 mai 1918 pour l'escorte du vapeur *Arcturus* par le torpilleur 369 et la vedette V-57 : « Appareillage à 6 h. 30. Postes à prendre : 369 à 45° bâbord arrière, V-57 à tribord à droite. Vitesse : 12 nœuds. Route en zig-zag n° 6. »

Cette route est représentée par le croquis ci-joint. Pour les convois de plusieurs bâtiments, les formations variaient suivant les cas et le nombre des escorteurs. Ordinairement les cargos étaient placés sur plusieurs lignes parallèles, de façon à raccourcir la longueur du « train »

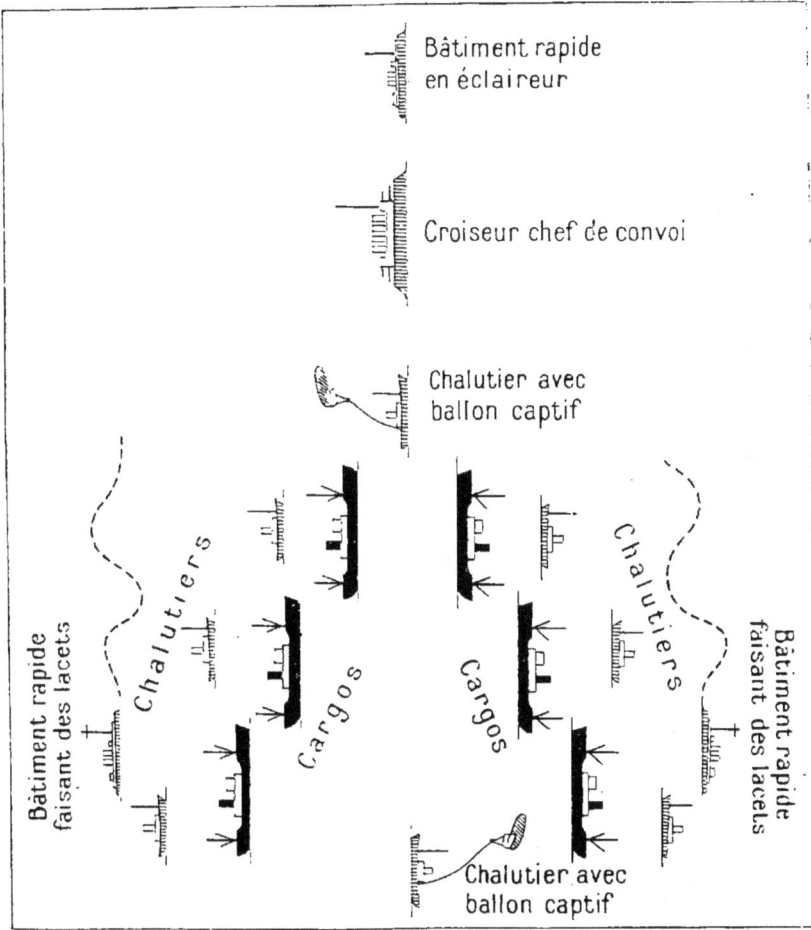

Bâtiment rapide
en éclaireur

Croiseur chef de convoi

Chalutier avec
ballon captif

Chalutiers

Cargos

Chalutiers

Cargos

Bâtiment rapide
faisant des lacets

Bâtiment rapide
faisant des lacets

Chalutier avec
ballon captif

Schéma d'une organisation complète de convoi.

et à faciliter la surveillance. A la fin, quand l'organisation fut au point, un convoi dans des parages dangereux se présentait sous la forme du schéma ci-joint :

En avant-garde un bâtiment rapide, contre-torpilleur ou canonnière explorant la route à 2 ou 3 milles. En tête du convoi, le croiseur portant l'officier chef du convoi. Derrière lui un chalutier avec un ballon captif, ou « saucisse », dans la nacelle duquel sont deux observateurs relevés à intervalles réguliers. Le convoi lui-même est formé en deux colonnes marchant de préférence en « ligne de relèvement » (1). Les flancs sont protégés par deux lignes de chalutiers marchant à 6 ou 800 mètres des cargos. Plus en dehors, à une distance égale, des bâtiments rapides font des allées et venues en lacets, battant une zone de 300 à 400 mètres de large. L'arrière-garde est constituée par un chalutier porteur de ballon, qui surveille l'intérieur de la formation.

On se rend compte qu'un convoi ainsi escorté est d'une attaque bien difficile pour un sous-marin. Obligé de plonger de loin pour ne pas être vu par les ballons, celui-ci aura de la peine à gagner un poste de lancement, car l'usage du périscope est dangereux avec ces nombreux observateurs aux aguets. On songe tout de suite au mot de « suicide » prononcé par le vieux maréchal allemand.

L'organisation de ces convois, les instructions à donner aux capitaines, les itinéraires à fixer, tout cela nécessita bientôt la création du *Service des Routes*. Dans chaque port un officier, capitaine de corvette ou lieutenant de vaisseau, fut chargé de ces détails importants. Le chef du convoi, appartenant toujours à la marine de l'Etat, dirigeait l'exécution des ordres et prenait les initiatives voulues suivant les circonstances. La télégraphie sans fil lui apportait une aide inestimable, chaque sous-marin aperçu étant signalé immédiatement par des radiogrammes envoyés sous la forme conventionnelle : « Allo, tant de degrés de longitude, tant de degrés de latitude, tel jour, telle heure. » Le chef du convoi pointait l'indication sur une carte réservée à cet effet, et traçait autour du point obtenu un cercle d'un rayon égal à la distance (2) qu'avait pu parcourir le sous-marin depuis le moment où il avait été vu jusqu'au moment de la réception de « l'allo ». On obte-

---

(1) Dans la *ligne de relèvement*, chaque navire marche parallèlement à celui qui le précède mais en déboîtant à droite ou à gauche, de façon à « relever » celui-ci à un certain degré de la boussole, qui est le même pour tous les navires. (Voir schéma, page 100).

(2) L'expérience avait conduit à fixer la vitesse moyenne des sous-marins à 6 milles marins à l'heure.

naît ainsi une zone où le sous-marin se trouvait certainement et au besoin le chef du convoi modifiait la route suivie pour éviter sa rencontre. Par suite la croisière d'un sous-marin devenait de plus en plus difficile, chacune de ses apparitions donnant lieu à un « allo » qui permettait de relever sa route. Or, il était impossible à ces croiseurs submersibles de ne pas être vus fréquemment soit par un navire, soit par un guetteur de sémaphore, car ils naviguaient naturellement en surface et devaient, pour fixer leur position, reconnaître eux-mêmes certains points des côtes. Plus tard, les patrouilles aériennes devaient leur apporter à ce sujet un obstacle de plus.

L'organisation que nous venons d'exposer ne fut guère réalisée pleinement avant 1918, et les premiers convois ne présentaient pas une sécurité aussi grande. Néanmoins le fait seul d'être réunis augmentait beaucoup la capacité de résistance des bâtiments de commerce.

C'est ainsi qu'en février 1918, dans la Manche, le vapeur français *Germaine* faisait partie d'un convoi lorsqu'un canonnier de veille signala un sous-marin se dirigeant vers un bâtiment voisin. Le capitaine de la *Germaine* fit ouvrir le feu et changea sa route en courant sur l'agresseur. Celui-ci, canonné par trois navires du convoi, ne put prononcer son attaque et s'éloigna.

Pareillement, en janvier de la même année, le vapeur français *Neptune* vit un périscope émerger dans son sillage à différentes reprises, mais deux autres bâtiments du convoi ayant tiré en même temps que lui sur cet objectif, le sous-marin n'insista pas et disparut.

L'armement des bâtiments de commerce, sur les détails duquel nous ne reviendrons pas, a donné lieu à nombre de rencontres, où le vieux sang français ne s'est pas démenti. Ici ce sont des bâtiments isolés dont nous allons raconter les exploits.

Le 23 octobre 1917, le vapeur *Trégastel* se trouvait dans la Manche par mauvais temps, avec grains de Nord-Ouest et grosse mer. Tout à coup un sous-marin en demi-plongée, le kiosque entier hors de l'eau, est signalé droit devant. Le *Trégastel* commence le feu, et, dès le premier coup de canon, le sous-marin s'immerge. Il ne peut entamer une lutte d'artillerie par ce temps défavorable et cherche à torpiller le bâtiment français. Bientôt on le voit reparaître, mais cette fois à bâbord. Le capitaine au cabotage Grandsart, commandant le *Trégastel* manœuvre habilement : il met le cap droit sur l'ennemi et recommence la canonnade. Deuxième immersion du sous-marin, qui sort à nouveau quelques instants plus tard, mais à tribord. Le *Trégastel* recommence sa manœuvre avec le même succès. En l'espace d'une heure, le sous-marin se montra ainsi quatre fois, tantôt d'un bord, tantôt de l'autre, et à chaque apparition le brave petit vapeur — car le *Trégastel* est un modeste côtier — ne cherchant pas à fuir, court sus à l'agresseur, le canon tonnant. Enfin, dégoûté, n'ayant pu se mettre en position de lancement, le sous-marin abandonne l'attaque.

Voici à présent un combat de nuit. Le vapeur français *Draa* se trouvait le 28 février 1918 non loin de la côte occidentale d'Afrique, lorsqu'à deux heures du matin il fut attaqué au canon. La lune éclairait suffisamment pour que la vue s'étendît assez loin, mais l'assaillant s'était placé de manière à rester dans l'ombre. Lui-même devait au contraire bien voir la silhouette du *Draa*, car ses obus, encadrant le but, tombaient avec une grande précision. Le bâtiment français commença par augmenter de vitesse et par faire des zig-zags pour dérégler le tir de l'ennemi. En même temps, il ouvrit le feu en pointant sa pièce dans la direction des lueurs produites par les canons adverses et en calculant la distance par l'intervalle qui s'écoulait entre ces lueurs de départ et l'arrivée des obus. Le combat dura trois quarts d'heure, et il est à penser que le tir du *Draa* devint bientôt précis, car le sous-marin disparut brusquement, laissant le vapeur français continuer sa route.

Les moindres bâtiments eux-mêmes résistaient lorsqu'ils étaient armés. C'est ainsi que le 21 mars 1918 la petite goélette française de 128 tonneaux *Vigilante*, pourvue d'une modeste pièce de 47 millimètres, rencontra en Manche un sous-marin, qui la canonna de 4.000 mètres de distance. L'équipage courut aux postes de combat et ces braves n'hésitèrent pas à accepter une lutte aussi disproportionnée. Leur riposte est aussi habile qu'énergique : au quinzième coup le sous-marin est touché, car on a vu nettement exploser un obus à son bord. Il cesse d'ailleurs de tirer et gagne le large. Mais une demi-heure plus tard, ayant sans doute réparé son avarie, il revient à la charge. La *Vigilante* relève ce nouveau défi et la canonnade recommence. Cette

Canonnière camouflée, employée à la chasse des sous-marins et à l'escorte des convois.

fois l'ennemi n'est plus qu'à 3.000 mètres, mais il a augmenté sa vitesse et tourne autour de la goélette en essayant de gêner son tir. C'est en vain, car au soixantième coup on voit le sous-marin, entouré d'un nuage de fumée, rompre le combat et s'éloigner en toute hâte. La valeureuse petite goélette, restée maîtresse du champ de bataille, continua fièrement sa route. Elle avait à son bord les naufragés d'un cargo anglais torpillé pendant la nuit précédente.

Nous devons hautement proclamer que, durant toute la guerre, nos bâtiments de commerce se défendirent toujours avec une extrême vigueur. Les défaillances furent tout à fait exceptionnelles dans la marine marchande française et les actions d'éclat, par contre, si nombreuses qu'on ne put toutes les récompenser. En particulier, les paquebots de la Méditerranée eurent des engagements nombreux, dont ils sortirent à leur avantage, puisque de toute la guerre *un seul* d'entre eux fut coulé à la torpille près du cap Creuz. Là aussi il y eut mainte action glorieuse, et l'on se souviendra longtemps des multiples combats soutenus par la *Marsa*, la *Manouba*, la *Ville-de-Madrid* et l'*Alsace*, dont les capitaines reçurent la Légion d'honneur et la Croix de guerre.

Camouflage des bâtiments. — Dans le courant de 1917 l'on songea à compléter les mesures de protection en appliquant aux bâtiments le « camouflage », qui avait donné de si brillants résultats sur le front de terre. On sait quelles ressources furent tirées de cette méthode pour dissimuler aux avions de reconnaissance l'artillerie, les camions, les installations permanentes de toutes sortes. Sur le terrain nos artistes avaient eu à résoudre un problème assez simple ; il ne s'agissait que de noyer l'objectif à protéger dans les teintes naturelles voisines, en créant des tons neutres par la méthode des couleurs complémentaires. En mer, il en allait tout autrement et la solution était beaucoup plus difficile. On se lança d'abord dans une voie erronée en cherchant, comme sur terre, à obtenir l'*invisibilité*. En grandes taches capricieuses les verts tendres avoisinaient les jaunes pâles, les roses se joignaient aux bleus de ciels. Des navires offraient même l'aspect de certaines toiles dues à l'école « pointilliste ». Tout cela ne produisit pas grand'chose et n'apporta guère d'amélioration à ce qu'avait donné dès avant la guerre l'adoption du gris uniforme adopté par la marine de l'Etat. C'est que sur mer l'éclairage est perpétuellement variable, d'une heure à l'autre avec le mouvement du soleil, à chaque instant si des nuages courent dans le ciel. La nébulosité intervient et la lumière ne joue pas dans les parages embrumés du Nord comme à travers la clarté perpétuelle des Tropiques. Aussi tel bâtiment, convenablement maquillé pour une région donnée, devenait en d'autres lieux plus visible qu'avec la peinture habituelle. De la Méditerranée à la Manche, il aurait fallu modifier les teintes. Entre la nuit et le jour, même différence, et on remarqua notamment que les navires-hôpitaux, entièrement blancs avec une large bande verte, se trouvaient moins apparents que d'autres en certaines circonstances. Ce résultat imprévu était d'autant plus piquant à constater que la peinture de ces navires avait été étudiée pour qu'ils fussent facilement reconnaissables de très loin.

On se rendit vite compte de l'erreur, et on dirigea les études vers une autre direction. Des artistes décorateurs eurent la mission d'aller voir sur place la solution à adopter et leurs rapports donnèrent lieu à d'intéressantes remarques. C'est ainsi que M. G..., artiste peintre, au cours d'une sortie sur le sous-marin *Nivose*, fut appelé à formuler l'observation suivante, après l'inspection de la mer au moyen du périscope :

« ... l'expression graphique d'une vague peut s'exprimer par trois lignes se joignant au sommet et formant deux angles, dont la couleur sera claire pour représenter la surface éclairée, et sombre pour l'ombre de la lame. Ce dessin présente l'extrémité d'une pyramide sans base sous un certain éclairage. Une série de ces pyramides enchevêtrées les unes dans les autres dans un ordre décroissant jusqu'à une ligne horizontale figure l'aspect de la mer sous un certain éclairage. ... Si l'on imagine sur cette mer un navire à coque transparente, on

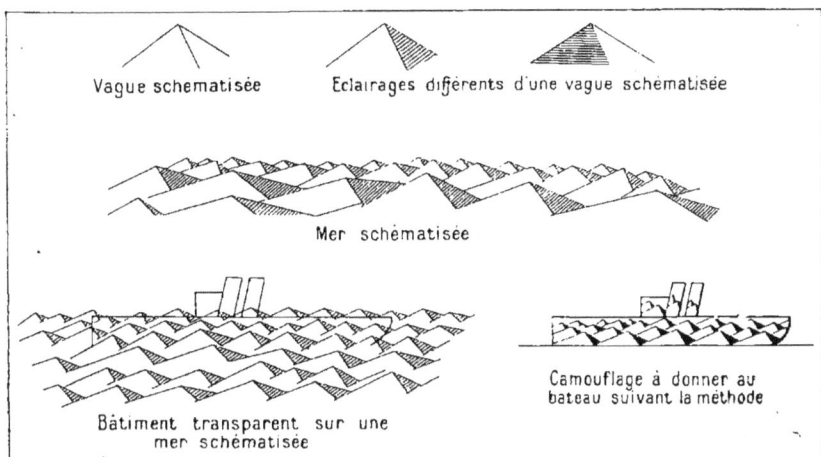

Vague schematisée Eclairages différents d'une vague schématisée

Mer schématisée

Bâtiment transparent sur une mer schématisée

Camouflage à donner au bateau suivant la méthode

verrait le schéma des vagues se continuer à travers et si nous figurons alors sur la coque réelle les lignes brisées de la figuration schématique des flots, le navire ainsi maquillé se confondra dans une certaine mesure avec les vagues. »

Cette méthode était séduisante, et elle fut appliquée sur certaines canonnières avec un résultat meilleur que les essais précédents d'invisibilité, sans toutefois apporter encore la solution voulue. Pourtant les études se dirigeaient à présent dans un sens plus rationnel et le véritable principe du camouflage allait bientôt s'affirmer. Que s'agissait-il en somme d'obtenir ? Rendre difficile le rôle des sous-marins de plus en plus réduits au seul emploi de la torpille. Or, quel est leur mode d'attaque avec cette arme ? rappelons-le en deux mots. Il leur faut s'immerger, estimer la vitesse ainsi que *la direction suivie* par le but et faire ensuite eux-mêmes une route convenable les conduisant à bonne portée de lancement, c'est-à-dire par le travers et à quelques cents mètres de l'objectif. Donc, le point essentiel pour le sous-marin est d'apprécier avant tout vers quel endroit se dirige le bâtiment visé, ou, pour employer le langage maritime correct « quel cap il fait ». Une erreur au début de la manœuvre se répare difficilement, car on doit montrer le périscope le moins possible, et l'on voit à combien peu tient le succès d'une attaque.

Ceci posé, il ne restait plus qu'à abandonner la recherche inutile et décevante de l'invisibilité. Renonçant à conquérir l'anneau de Gygès, nos artistes décorateurs entreprirent de transformer l'aspect des bâtiments. Par des oppositions violentes de noir et de blanc, par des lignes continues à travers la coque, les superstructures, les embarcations, les cheminées, ils créèrent de « faux horizons » de fausses « formes fuyantes » et obtinrent ces étranges navires qui provoquaient l'ahurissement des badauds dans les ports.

Le succès fut cette fois complet. Les essais prouvèrent que, dans bien des cas, il était fort difficile d'estimer la direction prise par ces bâtiments. On relève des erreurs d'appréciation curieuses dans un rapport de mission du peintre G... : « ... Etant à la pointe de Pen-Château (près du Pouliguen) nous avons pu observer le résultat suivant. Le vapeur *Puerto-Rico* faisait route pour rentrer en Loire, présentant le côté bâbord. Dès qu'on put le voir par bâbord arrière, il donna spontanément l'illusion qu'il avait le cap sur la terre, changeant ainsi sa route d'une *centaine de degrés*... Le commandant du *Puerto-Rico*, qui trouve son camouflage excellent, a observé également qu'il fallait à lui et à ses officiers au moins dix minutes pour se décider sur l'orientation de certains bateaux camouflés. »

Ces appréciations sont d'autant plus convaincantes qu'elles émanent de personnes placées à terre ou à bord de bâtiments élevés. Qu'on se représente la difficulté pour un commandant de sous-marin, obligé de se déterminer d'après un coup rapide de périscope à fleur d'eau.

A côté de la peinture de la coque, d'autres éléments pouvaient être employés à provoquer les erreurs d'estimation : tels sont les mâts, les cheminées, les superstructures. En effet, non seulement ces détails du gréement constituent des points de reconnaissance familiers aux yeux des marins, mais ils sont les seuls visibles à certaines heures, au crépuscule par exemple, lorsque le bâtiment se silhouette en noir sur l'horizon. Par une disposition judicieuse de ces parties du navire, on créa de « fausses perspectives ». Les mâts furent désaxés, c'est-à-dire placés en abord, sur les côtés et non au milieu ; les cheminées, inversées, s'inclinèrent sur l'avant ; les embarcations, non plus alignées horizontalement, mais rangées en ligne oblique, donnèrent l'impression de courir vers un « point de fuite » (1) nettement à gauche.

Ainsi complété, le camouflage rendit les plus signalés services et l'on ne saura jamais le nombre des attaques manquées par les sous-marins allemands trompés de cette manière. Mais nos ennemis, s'ils ne nous ont point fait de confidences à ce sujet, ont avoué néanmoins la gêne causée par le camouflage, en maquillant eux-mêmes un bateau selon nos méthodes pour exercer l'œil de leurs officiers à l'école des sous-marins de Kiel.

Organisé complètement au cours de l'année 1918, le service du camouflage a perfectionné ses méthodes jusqu'à la fin des hostilités. Il est à souhaiter que les études continuent à se poursuivre et qu'on ne néglige pas à l'avenir un tel moyen de défense contre les attaques sous-marines.

Les appareils fumigènes. — L'idée de produire à volonté des nuages de fumée opaques afin de se dérober à la vue de l'ennemi est fort ancienne. Dans l'armée de terre, le « pot à fumée » figurait déjà dans le matériel des sapeurs au XVIIe siècle. Pendant la guerre récente on fit également usage du procédé en employant des obus spéciaux, dont l'éclatement formait un rideau en avant des positions ennemies.

Sur mer ce fut une innovation due à la guerre sous-marine, mais l'idée était tellement naturelle qu'on la vit éclore dès la fin de 1915. Des expériences faites à Toulon amenèrent l'adoption de deux appareils fumigènes, l'un fixe restant à bord, l'autre consistant en une sorte de bouée, qu'on jette à la mer, où elle se met à répandre un lourd nuage d'épaisse fumée noire.

---

(1) Le *point de fuite*, en perspective, est le point de l'horizon vers lequel semblent concourir les droites parallèles, exemple : les arbres bordant une route qui paraissent finir par se rencontrer dans le lointain.

Le premier appareil (engin Verdier) est formé d'une bouteille de gaz liquéfié, surmontée d'un entonnoir, le tout placé sur un trépied et présentant assez exactement l'aspect d'un « pluviomètre ». En ouvrant un robinet, le gaz se détend et produit dans un certain rayon un refroidissement de l'atmosphère, qui détermine un brouillard artificiel blanc laiteux. Le navire est bientôt enveloppé de cette sorte de brume et le sous-marin se trouve gêné pour prononcer son attaque. L'appareil Verdier restant à bord, le nuage produit marche avec le navire, mais par cela même le procédé convient parfaitement aux voiliers ou aux vapeurs de faible vitesse.

Le second appareil (système Berger) est une bouée cylindrique contenant une amorce au phosphore de calcium et un composé fumigène. L'introduction de l'eau fait enflammer l'amorce, qui communique ensuite le feu à la composition spéciale. Un torrent de fumée noire, opaque et pesante, se répand aussitôt, et le vent aidant, couvre bientôt un espace suffisant pour que le navire attaqué puisse, à l'abri de cet obstacle, prendre une direction convenable à sa sécurité sans être aperçu. Le nuage restant cette fois à peu près immobile, ce système est très utile aux vapeurs doués d'une vitesse suffisante pour qu'une avance, même légère, leur permette d'échapper au sous-marin.

Un exemple des services rendus par ces appareils nous est fourni par le vapeur français *Thibet*. Au cours d'une traversée de France à la côte occidentale d'Afrique, ce bâtiment fut attaqué dans l'Atlantique, le 21 février 1918, à midi.

Bien qu'il fût en surface, le sous-marin n'avait pas été vu, à cause de la distance. A peine distinguait-on la ligne mince de sa silhouette sur l'horizon, et les lueurs accompagnant les coups de canon qu'il adressait au *Thibet*.

Sur le navire français, les canonniers étaient à leurs pièces; aussi la riposte fut-elle immédiate. En même temps, le capitaine faisait modifier la route et augmenter la vitesse. Malgré cela le sous-marin, appuyant la chasse, gagnait du terrain et son tir devenait inquiétant.

Deux engins fumigènes furent jetés à la mer, suivis bientôt de trois autres. La brise étant faible et venant de l'arrière, le nuage de fumée

Nuage artificiel produit par un appareil fumigène et permettant au bâtiment attaqué de se dérober.

protégea très efficacement le *Thibet*. Le sous-marin, après quelques derniers obus, abandonna la poursuite.

Les mines et le dragage. — Pendant la grande guerre de 1914-1918, l'emploi des mines sous-marines par les deux partis en présence a été considérable. Les empires centraux en semaient devant nos ports, le long des côtes, à tous les points de passage de nos bâtiments et l'Entente cherchait à gêner les mouvements des sous-marins en établissant dans certains parages des « champs de mines » d'une étendue inusitée jusqu'alors.

Avant d'étudier les moyens d'annihiler ces engins redoutables, voyons leur fonctionnement. Nous prendrons pour exemple une mine allemande.

Ces appareils sont essentiellement constitués par un flotteur en tôle de 3 à 5 millimètres d'épaisseur, ayant une forme cylindrique, terminée par deux hémisphères de 0 m. 85 de diamètre. La charge d'explosif contenue dans cette enveloppe varie de 140 à 200 kilogrammes de *tolite*. La mine repose par l'intermédiaire de quatre montants verticaux sur un plateau-

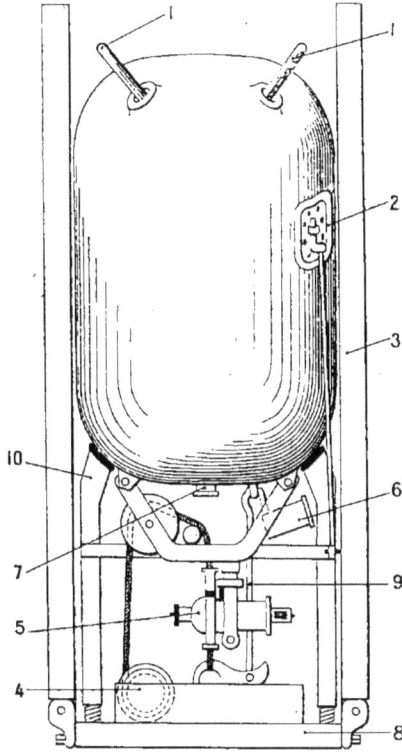

Mine allemande.

1. Antennes; 2. Conjoncteur; 3. Bras-guide; 4. Tambour de l'orin; 5. Régulateur d'immersion; 6. Piston; 7. Bouchon du détonateur; 8. Plateau-ancre; 9. Crochet de retenue; 10. Montants-supports.

ancre ou *crapaud* en fonte, qui porte le tambour d'enroulement du câble (*orin*) et quatre bras-guides à rabattement. Une griffe retient la mine au crapaud par l'entremise d'un croc, que commande un piston-retardateur à glycérine. Le câble, ou orin en fils d'acier, de 140 mètres à 250 mètres de longueur et d'un diamètre de 9 à 15 millimètres, passe à sa sortie du tambour d'enroulement sur deux poulies fixées à la mine et revient s'amarrer au crapaud, après avoir traversé l'appareil *régulateur d'immersion*.

Le système d'inflammation est constitué par quatre piles à deux électrodes, zinc et charbon, fixées sur une armature en bronze à l'intérieur de l'enveloppe. Deux fils conducteurs partent de chaque pile et viennent rejoindre les bornes du *conjoncteur*, dont nous verrons le rôle plus loin. A chaque pile correspond une antenne, saillant à l'extérieur, et formée d'un tube en plomb contenant une fiole de verre remplie de bichromate de potasse.

Le détonateur, dont la déflagration doit enflammer la charge, est placé à la partie inférieure de la mine. Il est constitué par un cylindre, renfermant l'amorce au fulminate de mercure, qui repose sur un support en ébonite. Deux fils conducteurs traversent ce support ; d'une part ils touchent l'amorce, de l'autre ils s'appuient aux bornes du conjoncteur.

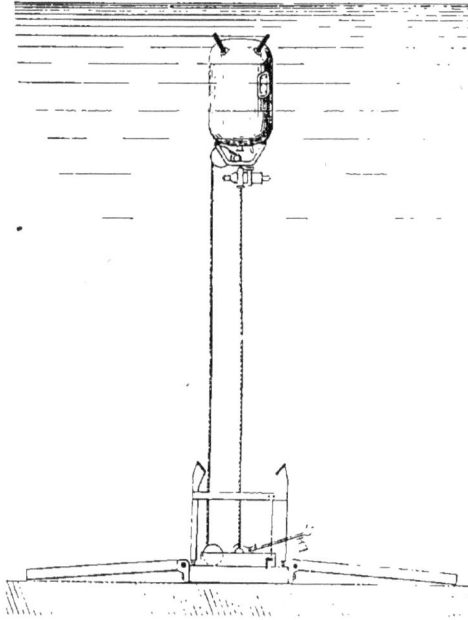

Mine allemande à son poste de mouillage.

La mine a abandonné le plateau-ancre sur le fond, et s'est élevée à la profondeur voulue en déroulant l'orin. Ce mouvement a fait tomber la clavette du conjoncteur et la mine est armée.

Ce dernier organe est un appareil de sûreté, dont le fonctionnement est analogue à celui d'un interrupteur pour la lumière électrique. Un piston mobile d'ébonite est enfermé dans une boîte en bronze, où il peut coulisser sous la pression d'un ressort à boudin qui tend à l'enfoncer. Deux lamelles en laiton sont fixées au piston, et deux plaques de contact reposent au fond de la boîte. Lorsque le piston, sous l'action du ressort, vient s'appuyer sur ce fond, les lamelles touchent les plaques de contact et le circuit est établi entre les piles et le détonateur. La mine est alors armée. Si le piston est ramené en arrière et maintenu à cette position par une clavette extérieure, les piles sont isolées du détonateur et la mine est inoffensive.

On voit à présent comment s'opère l'explosion de la mine. Un choc contre une des antennes amène le bris de la fiole qu'elle contient, et le bichromate de potasse se répand dans la pile correspondante. Le courant électrique naît et gagne le détonateur, où il enflamme l'amorce et par suite la charge entière.

Voyons à présent le mécanisme de mouillage et de mise à poste de la mine. Pour être efficace celle-ci doit être placée à une profondeur convenable et rester à l'endroit jugé propice pour son action. Le bâtiment mouilleur envoie la mine, son crapaud et son câble-orin à la mer, et voici alors ce qui se produit.

Tout d'abord l'ensemble reste bien sagement au fond pendant une heure environ, afin que les opérateurs ne risquent pas d'être eux-mêmes victimes de leurs propres engins. Au bout de ce temps le piston retardateur laisse ouvrir la griffe de retenue et libère la mine de son crapaud. Pendant que celui-ci demeure sur place en rabattant ses bras-guides, la mine remonte en déroulant le câble. Le régulateur d'immersion, constitué par un piston hydrostatique réglé pour une pression donnée, laisse filer le câble jusqu'au moment où cette pression — qui a été calculée en fonction de la profondeur voulue — étant atteinte, le régulateur coince le câble et arrête le mouvement. La mine est alors à son poste, ordinairement à 2 m. 50 ou 3 mètres au-dessous de la surface des eaux.

Lors de l'abandon du crapaud, la clavette qui retenait au dehors le piston du conjoncteur est tombée, le piston a gagné le fond de la boîte et établi le circuit électrique du système d'inflammation. La mine est armée, et explosera au choc venant briser l'une des antennes.

Pour effectuer le mouillage de leurs mines, les Allemands avaient dû créer des sous-marins spéciaux, qu'ils dénommèrent *U-C*. La première série (*U-C* 1 à *U-C* 15) avait 33 m. 50 de longueur, 3 m. 50 de largeur et 3 m. 50 de hauteur ; le déplacement était de 182 tonneaux en surface, avec une vitesse de 6 nœuds, en plongée 205 tonneaux et 4 nœuds. Le rayon d'action atteignait 1.800 milles marins, dont 45 milles pouvant être parcourus en immersion. Quinze hommes formaient l'équipage. Il y avait à bord douze mines, disposées deux par deux dans six puits placés à l'avant.

La série suivante (*U-C* 16 à *U-C* 79) avait 18 mines en six puits à l'avant, et un canon de 88 millimètres à l'arrière. Ces bâtiments opéraient la nuit, en surface, ou plus rarement le jour en plongée.

Arrivé à l'endroit voulu, le sous-marin ouvrait le panneau inférieur des puits et laissait couler ses engins. Les mines n'étaient pas ordinairement mouillées au même endroit, mais réparties en deux ou trois groupes. Comme un puits était toujours vidé à fond, le nombre des mines mouillées au même point se trouvait un multiple de 2 ou de 3, suivant le type de l'*U-C* opérant. Le plus souvent les mines étaient placées en travers de la route probable des bâtiments, et dans ce cas elles gisaient à 100 mètres environ d'intervalle. Lorsqu'elles étaient mouillées dans le sens de la route, il y avait alors jusqu'à un demi-mille marin (900 mètres) de l'une à l'autre. Enfin, lorsque le sous-marin vidait exceptionnellement tous ses puits en une seule fois, il dessinait une sorte de V coupant à deux reprises la route des navires. C'était le cas dans les « chenaux de sécurité », dont nous parlerons plus loin.

D'après leur construction même, les mines ne pouvaient pas être mouillées dans des fonds excédant beaucoup 100 mètres. Au delà, le crapaud n'aurait pas assuré à l'engin u... fixité suffisante, et la mine se serait montrée incapable de soulever le poids d'un câble trop long. Cette constatation ne restreignait d'ailleurs pas l'emploi des mines dans le Nord, car la Manche, la mer du Nord tout entière, les atterrages de nos côtes de Bretagne et de Gascogne offrent des profondeurs inférieures à cent mètres. La marée, avec ses différences de niveau de 10 à 30 mètres environ, n'était qu'une gêne et non un obstacle absolu. En Méditerranée, mer aux grandes profondeurs, où l'on trouve des sondes de 500 et 800 mètres à quelques milles du rivage, les zones dangereuses se trouvaient moins étendues. Mais, en résumé, c'était surtout aux abords immédiats des ports que le danger se présentait.

Chalutiers armés en dragueurs de mines.

Pour nettoyer ces fâcheux immondices déposés à nos seuils, il n'y avait que le coup de balai fréquent, c'est-à-dire le *dragage*. Des bâtiments appropriés remorquaient derrière eux des dragues et parcouraient inlassablement les eaux fréquentées par les navires. En particulier, devant chaque port il était entretenu un ou plusieurs « chenaux de sécurité », routes parcourues à l'exclusion de toutes autres, et soigneusement visitées à tout instant par les dragueurs. Ces chenaux avaient une largeur de mille à quinze cents mètres, et une longueur suffisante pour conduire les bâtiments au delà des fonds de cent mètres.

Le matériel de dragage a été créé entièrement pendant la guerre. A l'exception des quatre bâtiments construits spécialement dans ce but, *Herse, Pioche, Charrue, Râteau* — il est regrettable qu'on s'en soit tenu à ces quatre spécimens — les dragueurs employés furent des chalutiers, des yachts ou des remorqueurs. Quant aux dragues, le modèle qui finit par prévaloir est dû aux remarquables travaux de l'amiral Ronarc'h, le chef de cette valeureuse brigade de fusiliers-marins qui s'immortalisa à Dixmude (1).

La drague D. O. (drague ordinaire) est constituée par une remorque en acier, de 160 mètres de longueur, qui s'enroule sur un guindeau

---

(1) Nous n'avons pas voulu faire figurer dans cet ouvrage les exploits accomplis par nos marins *à terre*, nombre d'excellentes publications ayant déjà paru à ce sujet. Rappelons seulement qu'outre l'héroïque brigade des fusiliers, il y eut aux armées des canonniers marins, servant leurs pièces lourdes, des matelots employés aux projecteurs, aux auto-mitrailleuses, etc., dont les services furent hautement appréciés.

placé à bord du dragueur et passe dans un jeu de rouleaux avant de s'immerger. Cette remorque finit en *patte d'oie* à deux branches, auxquelles sont suspendus, d'une part le *panneau de plongée* destiné à

Mise à l'eau du prisme divergent.

maintenir l'immersion voulue, et d'autre part les deux *brins de drague* de 200 mètres. Ceux-ci portent à leur extrémité un *prisme de divergence* triangulaire en bois, dont le but est d'assurer l'écartement des brins de drague. Chaque prisme est supporté par un flotteur en tôle.

Le long des brins, et aussi sur la remorque, sont placées, de distance en distance, des cisailles ayant pour objet de couper les câbles des mines.

L'écartement entre les brins, à la hauteur des prismes, est de 200 mètres ; l'immersion, toujours réglée à la plus grande profondeur possible, varie de 6 mètres à 35 mètres.

Le grand avantage de cette drague réside dans la possibilité de pouvoir la remorquer avec un seul bâtiment. Les systèmes étrangers,

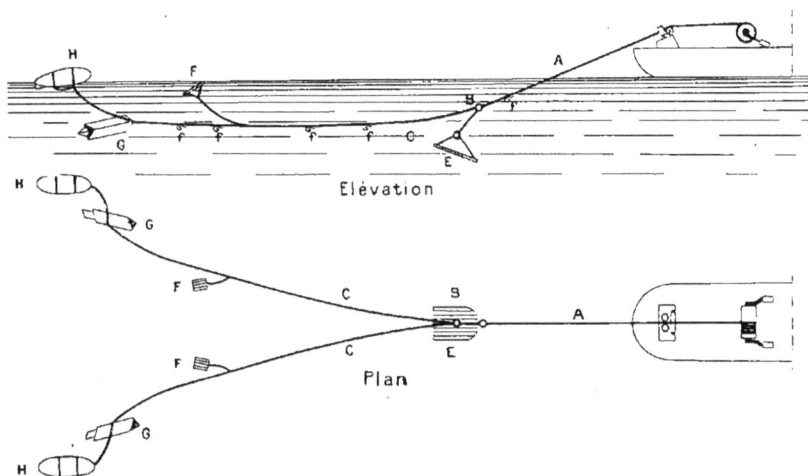

Drague type D. O.

A. Remorque; B. Patte d'oie à deux branches; C. Brins de drague; E. Panneau de plongée; F. Panneau releveur; G. Prismes divergents; H. Flotteurs; I. Cisailles.

qui exigent deux dragueurs, sont à cause de cela bien inférieurs comme rendement. La pénurie de bateaux pouvant remplir ces indispensables fonctions a rendu cette propriété de la drague D. O. excessivement précieuse.

Le dragueur passant sur un champ de mines, les brins de drague cueillent en route les câbles-orins des mines, qui glissent au long du brin jusqu'aux prochaines cisailles. Celles-ci sont de deux types : dans le type *à lames,* le câble s'engage entre les mâchoires de la cisaille et déclanche une lame mobile qui le sectionne ; avec le type T, dû à l'ingénieur du génie maritime Tossizza, c'est une cartouche dont l'explosion fait agir le couperet.

La mine libérée remonte en surface brusquement en faisant hors de l'eau un léger bond à cause de sa grande flottabilité. Des petits bâtiments accompagnent les dragueurs pour détruire ces mines rendues flottantes, soit en les coulant à coup de fusil, soit en les recueillant avec des filets pour les mener dans un endroit écarté, où l'on pourra les désarmer ou les faire sauter.

Le dragage s'effectue toujours en groupes, formés de plusieurs

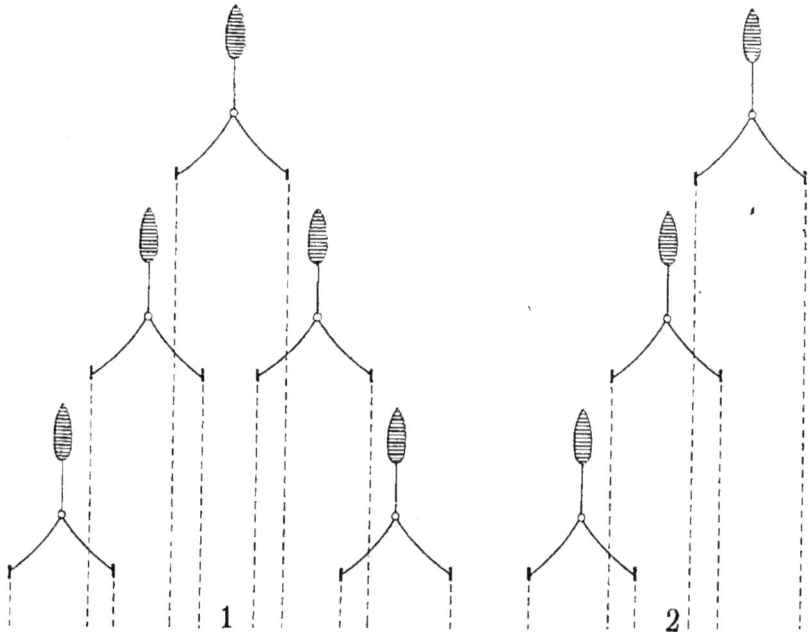

1. Dragueurs en angle de chasse. — 2. Dragueurs en ligne de relèvement.

sections comprenant chacune 5 dragueurs. Une section est en général commandée par un officier. Les dragueurs font leurs parcours dans une formation en V (angle de chasse) ou oblique (ligne de relèvement), les surfaces explorées mordant les unes sur les autres de façon à ne laisser aucun endroit suspect après le passage.

Le métier de dragueur aura été, entre tous, pénible et obscur. Perpétuellement en route, peinant sans arrêt dans leur dur labourage, toujours sous le coup d'une explosion, les équipages de ces bâtiments méritent hautement que justice leur soit rendue. Nous avons vu la belle page qu'ils inscrivirent dans leurs annales aux Dardanelles. Il en est d'autres encore, moins connues. Combien ont disparu, soudain englobés dans une formidable commotion soulevant l'eau à quarante mètres de hauteur ! Quels drames quotidiens dans cette lutte incessante contre les plus redoutables machines créées par l'infernal génie des hommes !

Parfois les cisailles ne fonctionnent pas ; le câble reste pris dans la mâchoire, et il faut manœuvrer de longues minutes pour dégager la drague, à côté de cette mine qui peut sauter au moindre choc. En pareil cas l'on a vu des actes d'héroïsme incroyables. Tel est le cas du quartier-maître Le Navenant qui, le 27 mai 1917, n'hésita pas à

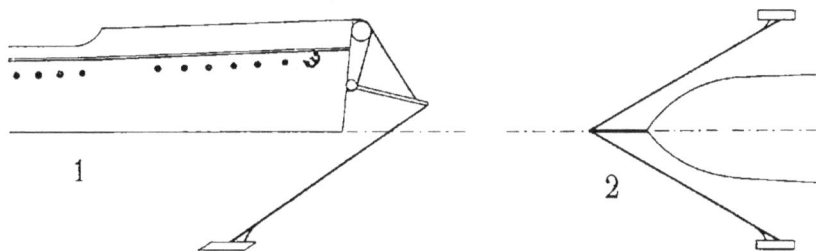

Drague Otter. — 1, élévation ; 2, plan.

se laisser glisser le long du brin de drague pour aller sectionner avec une scie à main le câble d'une mine. Les promeneurs qui voyaient à la nuit rentrer les dragueurs ne se doutaient souvent pas des épreuves par lesquelles venaient de passer ces hommes à l'allure placide ne faisant pas devant le public profane figure de combattants.

En 1917 apparut un modèle intéressant de drague pouvant être placée à bord de chaque bâtiment de commerce. C'est l'appareil Otter, dû à un officier de la marine anglaise. Il consiste essentiellement en un espar métallique rabattable, placé à l'avant du navire, et d'où partent deux brins de drague divergents au moyen de plateaux. Une mine placée sur la route du bâtiment est prise par le brin et court alors jusqu'à l'extrémité, où une cisaille coupe le câble. Les essais faits en Angleterre et en France dans des champs de mines d'exercice ayant donné de bons résultats, l'appareil Otter fut installé, au cours de l'année 1918, à bord de quelques unités de notre flotte. La fin des hostilités arriva avant que ce système ait pris un grand développement, mais il est néanmoins à noter dans cet exposé des moyens défensifs employés au cours de la grande guerre.

En terminant nous devons dire quelques mots des mesures de sau-

Mise à l'eau d'un flotteur.

vetage. Dès les premiers transports de troupes, en 1915, l'on reconnut l'imperfection des ceintures individuelles du modèle ordinaire. Ces engins ont un grand défaut : d'abord de porter le nom de « ceinture », ce qui engage les non-initiés à les mettre à la taille, où ils sont plus dangereux qu'utiles, ensuite de nécessiter un apprentissage pour les endosser convenablement. Un appareil de sauvetage doit assurer la flottabilité de la partie supérieure du corps, épaules et tête, et non celle du bassin, qu'il n'y a aucun intérêt à maintenir hors de l'eau. C'est cependant ce dernier résultat qu'obtenaient ceux qui mettaient leur ceinture... à la ceinture. Ils flottaient, certes, mais avec la tête immergée, tandis que la « partie opposée » restait fâcheusement en émersion.

Déroulement d'un brin de drague montrant une cisaille.

On créa donc les *brassières* en kapok, avec adjonction de *collets pneumatiques* entourant le cou et s'opposant à la déplorable position citée plus haut. Dix-huit mille collets et quatre-vingt mille brassières furent confectionnés, et chaque personne embarquée se vit pourvue de moyens de sauvetage individuels efficaces. En outre, on augmenta le nombre des radeaux, dont le type adopté fut du système Flessier, constitué par des cylindres métalliques creux, entourés d'une armature en bois. Les bâtiments purent loger sur le pont un nombre suffisant de ces appareils, moins encombrants et plus faciles à mettre à l'eau que les embarcations. Le nombre de celles-ci fut néanmoins augmenté. Des exercices « d'évacuation » étaient faits avant chaque départ ; tout passager connaissait le radeau ou le canot qui devait le recevoir et conservait pendant tout le voyage sa brassière individuelle. Grâce à ces précautions, le nombre des pertes humaines diminua dans d'assez grandes proportions.

Les espérances allemandes, la guerre à outrance. — Revenons maintenant un peu en arrière, à l'époque où les mesures défensives que nous avons exposées n'étaient qu'en projet ou en cours d'exécution.

L'année 1915 avait été surtout une période d'expériences pour les sous-marins allemands, tandis qu'une lutte diplomatique très serrée, dont nous avons signalé les phases principales, se jouait entre les empires centraux, l'Entente et les neutres. Les destructions de bâtiments oscillaient autour de 100.000 tonnes par mois, chiffre insuffisant pour créer un danger réel aux puissances maîtresses de la mer, aussi bien que pour enflammer l'espérance du grand public allemand. Au reste, celui-ci était alors tout à ses victoires terrestres : il voyait ses armées occuper la Belgique et les plus riches provinces françaises, il ignorait complètement la défaite de la Marne et croyait aveuglément à l'invincibilité du soldat teuton.

Seuls, les dirigeants, au courant de la situation réelle, envisageaient l'avenir avec plus d'inquiétude. Deux courants se partageaient l'opinion des hautes sphères ; le parti militaire, épousant les idées de l'état-major général de la marine et de l'amiral Tirpitz, poussait au développement de la guerre sous-marine, à la construction d'unités submersibles plus puissantes et plus nombreuses ; les politiques, avec le chancelier Bethmann-Hollweg, craignaient l'intervention des Etats-Unis et voyaient avec regret se tourner vers l'adversaire la sympathie des neutres.

Ce dernier parti eut d'abord l'avantage et l'amiral Tirpitz démissionna en mars 1916. Mais les militaires avaient alors une telle influence que cet échec momentané ne retarda qu'à peine le triomphe définitif de leurs idées. Ils trouvaient du reste dans la haine folle de l'Angleterre, que tous les Allemands professaient à ce moment, un appoint précieux. L'idée que la guerre sous-marine était la seule façon

d'atteindre — et d'abattre à genoux — cet ennemi détesté, devait
à la fin emporter toute opposition.

La construction des sous-marins fut poussée avec la plus grande
activité. Au 31 décembre 1915, il y avait en service 56 unités submer-

Le prisme et le flotteur mouillés, le brin de drague se déroule.

sibles, reste des 80 achevés au cours de l'année, et dont 24 n'étaient
jamais revenus à leur base. Dans ces 56 sous-marins sont compris
les 15 *U-C* mouilleurs de mines de la première série ; il y avait en
outre sur chantiers 150 unités nouvelles, dont la moitié environ du
second type *U-C*.

La guerre de mines prit bientôt une grande intensité, et une période
difficile s'ouvrit pour nos dragueurs, en nombre encore trop restreint.
Au mois de septembre 1916 les sous-marins allemands, jusque-là
contenus par le barrage anglais établi devant Zeebrugge, trouvèrent
des fissures dans cet obstacle et reparurent en Manche. On vit même

un sous-marin aller aux Etats-Unis et couler, à fin de démonstration pour l'opinion publique américaine, quelques navires anglais aux atterrages de New-York. Quant à la Méditerranée, c'était alors pour nos ennemis la mer aux belles randonnées fructueuses et aux retours triomphants à Cattaro, avec de nombreuses « pièces au tableau ».

Ces succès venaient à l'appui du fameux mémoire remis le 12 février 1916 au chancelier par l'amiral von Holtzendorff, chef d'état-major général de la marine, dans lequel on lisait la phrase suivante : « La nouvelle guerre sous-marine dispose de tels moyens d'action que, même en tenant compte des moyens de défense accrus de l'ennemi, on peut s'en promettre des résultats extraordinaires, et on peut avoir la certitude que l'Angleterre verra son tonnage à ce point réduit que, dans un avenir prochain, *au plus tard dans six mois*, elle sera contrainte à signer la paix. »

Ce rapport fut communiqué par le chancelier, le 29 mars suivant, à une commission du Reichstag siégeant à huis clos. A l'unanimité, devant cette parole du haut commandement militaire, qui était alors texte d'évangile pour tout bon Allemand, il fut décidé que la guerre sous-marine serait poursuivie énergiquement par tous les moyens possibles.

Le tonnage détruit subit alors une progression constante bien faite pour encourager les empires centraux. On en peut juger par les relevés trimestriels suivants :

1915 — Octobre, novembre, décembre	480.000	tonnes
1916 — Janvier, février, mars	525.000	»
Avril, mai, juin	525.000	»
Juillet, août, septembre	600.000	»
Octobre, novembre, décembre	1.200.000	»

C'étaient plus de *cinq millions de tonnes* envoyés au fond de l'eau depuis le début de la guerre, et le pavillon anglais était naturellement le plus atteint. Les publicistes allemands constataient avec plaisir que la marine marchande **britannique** « se trouvait ramenée au tonnage qu'elle possédait quinze ans avant la guerre », ce qui ouvrait de vastes horizons à l'ambitieuse flotte de Hambourg et de Brême, demeurée à l'abri dans ses ports, intacte pour les luttes commerciales futures.

ZONES DE BLOCUS ALLEMAND

— Zone interdite le 6 Février 1917
--- Zone interdite le 21 Novembre 1917

Atlantique M du Nord

	Latitude	Longitude
A	51°35 N	2°57 E
B	52.40	4.25 E
C	54.45	3.40 E
D	56.	4. E
E	56.	4.50 E
F	10 m. du phare d'Udsire	E
G	62.	0. E
H	62.	5. W
I	3 m 5 pointe S. iles Feroë	
J	62.	10. W
K	61.	15. W
L	57.	30. W
M	47.	30. W
N	43° et à 20 m de la côte espagnole	

Açores

a	44.	27°45 W
b	44.	34. W
c	42.30	37. W
d	37.	37. W
e	30.	26. W
f	34.	20. W
g	39.	17. W

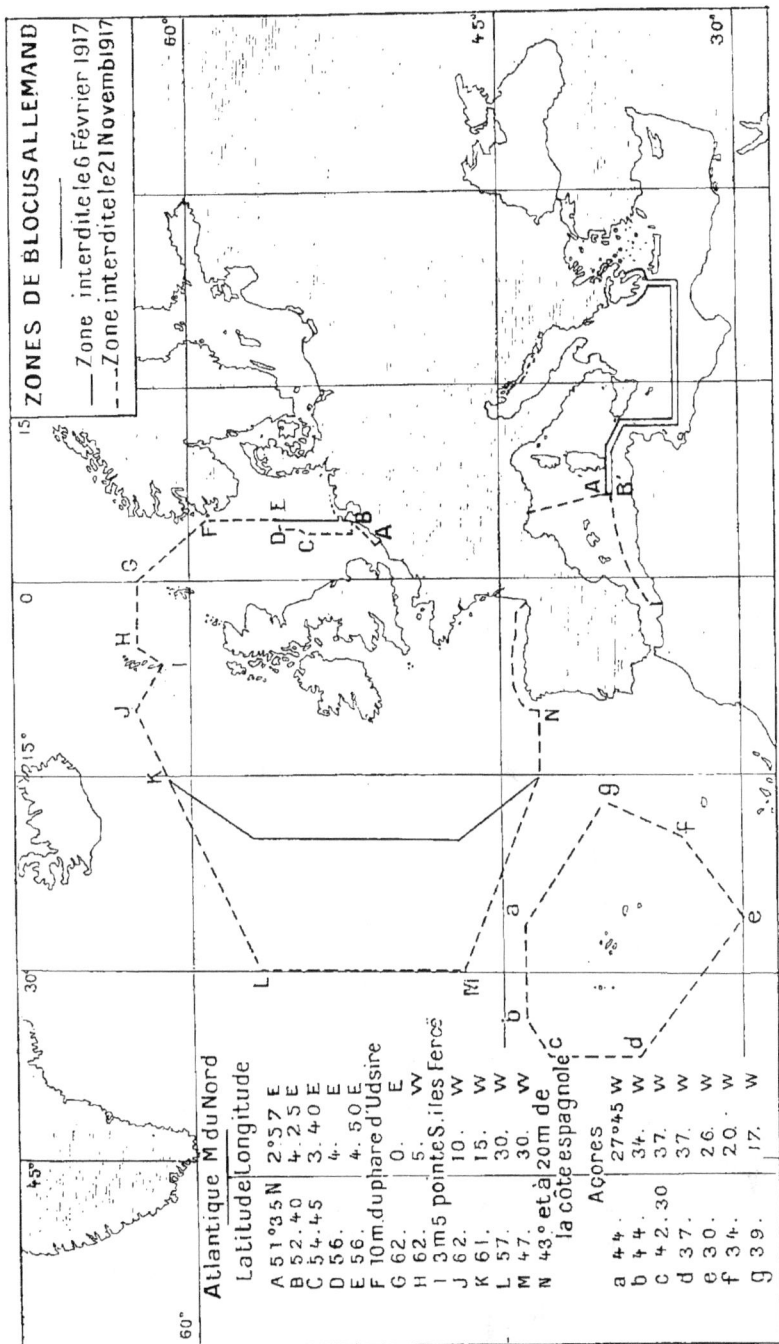

Carte des zones interdites par les empires centraux, suivant leurs déclarations des 6 février et 21 novembre 1917.

Le 31 janvier 1917, l'Allemagne se décida enfin à proclamer la guerre sous-marine à outrance. «A partir du 1er février, publia-t-elle officiellement, on s'opposera sans plus, par toutes les armes, à tout trafic maritime dans les eaux prohibées désignées ci-après, autour de la Grande-Bretagne, de la France, de l'Italie et de la Méditerranée orientale. Les navires neutres qui naviguent dans les eaux bloquées le feront à leurs risques et périls... » Suivait la carte des zones interdites dont nous donnons un spécimen page 107.

C'était une déclaration de guerre à outrance à tout l'univers, neutres compris. Acceptant d'un cœur léger l'entrée en lutte inévitable des Etats-Unis, nos ennemis mettaient tous leurs espoirs dans la destruction des navires marchands. Et le résultat sembla d'abord conforme à leurs prévisions. Dans le premier trimestre de 1917, ils coulèrent *un million sept cent vingt mille tonnes ;* dans le deuxième trimestre *deux millions deux cent quarante mille !* Le mois d'avril à lui seul s'inscrivit dans ce total pour 890.000 tonnes, battant ainsi tous les records précédents.

Le peuple allemand tout entier fit sien l'ordre du jour lancé le 1er février à la marine par Guillaume II : « Je compte que l'arme des sous-marins brisera la volonté guerrière de nos ennemis. » Et presque journellement les radiogrammes envoyés à travers l'espace au monde entier par la station de Nauen, continrent des allusions au triomphe de l'Allemagne sur mer.

Le 21 février 1917, on apprend ainsi que «Capelle a dit au Reichstag que la guerre sous-marine avait dépassé tous les espoirs. La navigation a cessé dans la mer du Nord. Il semble qu'aucun sous-marin n'ait été coulé. L'Amirauté britannique n'a aucun plan pour faire face à la guerre sous-marine. Les équipages des sous-marins sont enthousiasmés... »

Le 28 février, Nauen lance, pour cette fois, une vérité incontestable en disant : « Le peuple allemand croit que les sous-marins amèneront la fin de la guerre. »

Puis, le 22 mars, arrive le cynique mépris de tout droit, que l'Allemand affirme au moment où il se croit certain du succès : « ... tout navire rencontré dans la zone dangereuse sera coulé; les vieilles règles du droit international ne s'appliquent plus à la guerre moderne. »

Jouant de la popularité du vainqueur de Tannenberg, un radio du 25 mars mêle son nom à l'action des sous-marins : — « ... La guerre sous-marine est un facteur des plans de Hindenburg, c'est une partie organique de l'ensemble des opérations allemandes... »

Enfin avril apporte sa magnifique floraison de torpillages et Nauen proclame alors : « Les communications du sous-secrétariat d'Etat à la marine à la commission principale du Reichstag sur la guerre sous-marine se résument ainsi : grand succès, faibles pertes. La presse ennemie n'ose pas publier le tonnage des navires coulés. Notre campagne cause chez nos adversaires la pénurie de denrées alimentaires, de charbon, minerai, etc... »

Pour une fois le communiqué allemand n'était pas exagéré. « Grand succès... », malheureusement oui. « Faibles pertes... » sans doute, car dans toute l'année 1916 on n'avait coulé que 26 sous-marins — à peu près le même chiffre qu'en 1915, malgré l'accroissement du nombre de ceux-ci — et 91 nouveaux submersibles venaient d'entrer en service. Quant à l'affirmation que la presse de l'Entente n'osait publier le chiffre des pertes, il faudrait ignorer le système de « bourrage de crânes » cher à nos journaux pour en douter un seul instant. Au reste, pour cette fois les publicistes français avaient une excuse : on s'intéresse si peu à la marine en France, on ignore tellement l'importance des questions maritimes. Pourquoi ennuyer le lecteur avec ces histoires de bâtiments torpillés ?

Ce qui était plus regrettable que le reste, c'est que la dernière partie du radio Nauen se trouvait également exacte : « Notre campagne cause chez nos adversaires la pénurie de denrées alimentaires, de charbons, de minerai, etc... »

En haut lieu, où l'on était mieux renseigné que le public, l'angoisse se révélait profonde. J'ai entendu un intendant général de l'armée exposer à cette époque devant un de mes chefs toutes les craintes qu'il avait d'un manque possible de blé, les arrivages d'Amérique ne se faisant plus régulièrement. Et l'on se demandait alors ce que dirait la population civile devant un rationnement inévitable.

Au grand quartier général de l'armée française, la question primordiale était le ravitaillement en essence de pétrole. Plus d'essence, c'était les avions maintenus au sol, les camions automobiles devenus inutiles, les tracteurs d'artillerie lourde cloués sur place et les tanks remisés à leurs dépôts. Or nous ne recevions pas une goutte du précieux combustible en dehors des transports par mer !

Nous étions donc bien arrivés, en avril 1917, au point culminant de la guerre. Les sous-marins allemands accroissant leur dernier chiffre de destruction mensuel — ou même s'en tenant simplement à ce niveau — c'était la défaite pour l'Entente.

Heureusement les mesures défensives dont nous avons parlé commençaient à produire leur effet, et les moyens offensifs que nous allons voir à présent entrèrent en jeu. La courbe des exploits maritimes allemands a connu son maximum. Elle va maintenant décroître d'une façon continue et ce sera la Victoire.

Exercice du canon dans un centre d'instruction.

CHAPITRE III

Deuxième phase de la guerre sous-marine : l'offensive de l'Entente. — Sloops, canonnières, chasseurs et vedettes. — Grenades, appareils d'écoute, filets. — La tactique de chasse. — La flotte aérienne : hydravions, dirigeables, ballons captifs. — Bâtiments déguisés et armements clandestins. — L'attaque des bases ennemies ; nos contre-torpilleurs et nos sous-marins. — Le remplacement des navires coulés.

Deuxième phase de la guerre sous-marine ; l'offensive de l'Entente. — Les marines alliées ont commencé de posséder les moyens nécessaires pour mener la guerre sous-marine à peu près au moment où les Allemands décidèrent de pousser celle-ci à outrance. Nous avons vu quel énorme matériel exigeait la simple protection défensive des bâtiments de commerce, et l'on peut s'imaginer les difficultés rencontrées pour se le procurer, en un temps où les matières premières étaient rares, ainsi que les usines et la main-d'œuvre, et où nos arsenaux maritimes travaillaient à plein pour l'armée de terre. Car il est à remarquer que la marine, en dépit de ses besoins pressants, continua jusqu'à la fin des hostilités à produire dans ses ateliers du matériel et des munitions qui ne lui étaient pas destinés. Nos ennemis avaient certainement moins d'obstacles à surmonter dans la construction de leurs sous-marins que nous dans celle des patrouilleurs, dragueurs, escorteurs et autres bâtiments indispensables. Cependant les empires centraux n'arrivèrent pas à temps, et leur effort suprême, qui aurait sans doute été décisif six mois plus tôt, se heurta à une résistance de plus en plus grande, finalement supérieure à l'attaque.

Un appoint considérable, dont on ne saurait exagérer l'importance, nous arriva tout d'abord. A la suite de la déclaration allemande du 31 janvier 1917, les Etats-Unis rompirent toute relation diplomatique avec les empires centraux, prélude à la déclaration de guerre attendue, qui eut lieu au mois de mars suivant. Nous avions un allié de plus, et aussi un neutre de moins — et le plus important — ce qui nous permit tout d'abord de resserrer le blocus, jusque-là resté entr'ouvert pour ménager le commerce américain. Dès le 6 avril, les Etats-Unis étudient les moyens de diminuer les sources de ravitaillement de l'Allemagne (1), et ils proposent bientôt après le système du « contingentement ». La méthode est basée sur l'observation des quantités de denrées alimentaires importées par les neutres voisins des empires centraux, d'après les statistiques relevées dans les cinq années précédant la guerre. Ces nations n'étaient autorisées à recevoir les mêmes articles que jusqu'à concurrence de ces chiffres, après quoi la barrière se fermait. Cette solution était d'autant plus élégante qu'elle rendait impossible toute réclamation des intéressés. Protester contre une pareille mesure aurait signifié que l'excédent demandé était destiné à d'autres consommateurs. Aussi, personne n'éleva la voix, et le 31 août l'exportation de toute marchandise d'Amérique à destination des neutres fut placée sous le contrôle des Etats-Unis.

A cela, les Allemands ripostèrent d'abord par l'extension des zones « bloquées », dont ils élargirent les limites le 21 novembre 1917. En fait ce n'était qu'un geste à l'adresse des neutres, car il y avait beau temps que leurs sous-marins coulaient tout navire rencontré sans se soucier de sa position géographique.

Les Etats-Unis entamèrent alors des négociations avec la Norvège, le Danemark et la Suède, afin de fournir à ces nations des denrées en échange de tonnage, chaque bâtiment neutre naviguant pour le compte des Alliés donnant droit à ravitaillement pour son pavillon.

Le 27 avril 1918, l'Allemagne essaya de détruire le bon effet de ces accords en déclarant que tout navire neutre devrait avant le départ faire contrôler sa cargaison et recevoir un sauf-conduit du consul alle-

---

(1) G. de Raulin, *Le Blocus*.

mand, sous peine d'être considéré comme participant aux opérations de guerre de l'ennemi. Cette prétention d'instituer à l'étranger une surveillance officielle était absolument contraire au droit des gens comme au principe de la souveraineté de tout pays, maître chez lui, suivant l'adage « comme le charbonnier ». Mais l'Allemagne n'y regardait pas de si près.

Son outrecuidance lui resta d'ailleurs pour compte, car le gouvernement français rendit aussitôt un décret par lequel tout bâtiment neutre se plaçant sous le contrôle de l'ennemi en acceptant un sauf-conduit, serait regardé comme naviguant dans l'intérêt de l'Allemagne. Le blocus ne tarda pas à être complet, et les empires centraux connurent la disette. Ç'eût été l'occasion pour, eux de rééditer leurs plaintes de 1914, à juste titre cette fois, mais leur intérêt n'était pas alors d'étaler leurs souffrances et ils se tinrent cois.

En ce qui concerne les opérations, le nombre des unités spéciales de notre flotte permit bientôt de les pousser d'une façon active. Le 7 mars 1917, une addition fut apportée au programme élaboré l'année précédente, qui avait prévu 553 bâtiments. On y ajouta 11 avisos, 42 canonnières, 96 patrouilleurs et 94 bateaux divers. Les patrouilles furent réorganisées le 16 mars sur les bases suivantes : 3 divisions, sous les ordres d'un officier général, pour la Manche et l'Océan ; 2 divisions en Méditerranée occidentale, une pour les côtes de Provence et Corse, l'autre pour l'Algérie.

On ne devait pas s'en tenir là, et, dès le 12 octobre 1917, cinq nouvelles escadrilles étaient projetées. A la fin de cette année, nous avions en service 713 bâtiments nouveaux, dont 166 employés dans les différents fronts de mer à la surveillance et au dragage, 333 dans les patrouilles de l'Océan et de la Manche, 214 dans celles de la Méditerranée. En outre 44 unités étaient en armement et 298 en cours d'achat ou de construction. Cela formait un total de 1.055 navires affectés spécialement à la lutte contre les sous-marins et à la protection du commerce ; ce nombre devait atteindre 1.200 au cours de 1918.

Un pareil effectif demandait une organisation centrale. Le décret du 18 juin 1917 l'institua sous le nom de *Direction générale de la guerre sous-marine* (D. G. S. M.). Tous les services concourant au combat contre les submersibles relevaient de cette direction, qui avait à sa tête un officier général. Parmi ces services nous devons mentionner celui des Renseignements, qui prit bientôt une grande extension. Il était chargé de centraliser toutes les indications recueillies sur les sous-marins ennemis par les navires de commerce en cours de navigation, les patrouilleurs, notre contre-espionnage et autres sources d'informations. Après quoi, il était publié chaque jour, à des heures déterminées et par le moyen de postes radiotélégraphiques spéciaux, des *Avis de guerre*, qui indiquaient les positions des sous-marins, les zones dangereuses, et toute nouvelle utile de ce genre. Les bâtiments à la mer recevaient par leur T. S. F. ces avis, soit en langage chiffré, soit en clair, selon leur importance.

Une liaison était établie entre le Bureau des renseignements français et les bureaux alliés, particulièrement celui de l'Angleterre. Nous avons déjà parlé de l'importance de ces indications pour les chefs de convois. Avec le développement des patrouilles, tant aériennes que maritimes, les sous-marins furent surveillés de plus en plus près, et leur route, à la fin de 1918, était suivie si exactement que leur passage en un point donné pouvait être attendu presque à coup sûr. On *déroutait* alors les convois ou les navires isolés de cette direction, et l'on y envoyait au contraire les bâtiments de chasse et patrouilleurs. Ainsi nos ennemis rencontraient moins d'occasions favorables qu'autrefois et devaient se montrer eux-mêmes plus prudents ; les rôles tendaient à se renverser, le chasseur devenait gibier.

Il fallait aussi arriver à la coordination des efforts entre toutes les marines de l'Entente. Une conférence tenue à Paris le 29 novembre 1917 décida de constituer un *Conseil Naval Interallié*, destiné à entretenir les rapports nécessaires d'un pays à l'autre, et à développer les procédés de guerre sous-marine par la mise en commun des recherches et la communication réciproque des inventions nouvelles. En outre ce Conseil devait étudier la meilleure utilisation des flottes commerciales, la réparation du tonnage avarié, les constructions neuves, etc., toutes mesures que nous verrons plus en détail et qui, sans constituer, à proprement parler, des méthodes offensives ni défensives, n'ont pas laissé d'avoir une grande influence sur le résultat final.

La conséquence de toutes ces décisions fut que la guerre sous-marine s'organisa, au cours de 1917, sur les principes suivants :

1° *Protection du commerce*, par les méthodes défensives que nous avons exposées, dont le perfectionnement fut poursuivi avec ténacité jusqu'à la fin de la guerre ;

2° *Chasse et destruction des sous-marins*, au moyen des bâtiments spéciaux, des engins, et de la tactique décrits plus loin, tout ennemi sorti de sa base devant être signalé aussitôt et poursuivi sans relâche en vue de sa destruction, ou tout au moins afin de l'annihiler par le souci de sa propre sécurité ;

3° *Attaque des bases sous-marines ennemies*, avec blocus étroit de ces bases par sous-marins alliés à l'affût, contre-torpilleurs en patrouille, surveillance aérienne d'hydravions et dirigeables, l'emploi de barrages, champ de mines, filets remorqués et autres obstacles devant en outre rendre aussi périlleuses que possible la sortie et la rentrée des unités ennemies.

Il existait dès lors une doctrine de guerre sous-marine, et cela seul accroissait beaucoup le rendement de nos moyens. Au lieu d'efforts dispersés dans des directions pas toujours très heureuses, tout converge à présent vers le même but : présenter au sous-marin des obstacles successifs et des dangers à chaque pas renouvelés.

Depuis le moment où, fraîchement ravitaillé, son équipage reposé, il va partir en croisière, jusqu'à l'heure du retour avec des soutes vides, des vivres épuisés et des hommes recrus de fatigue, le sous-marin ne doit pas avoir un instant de répit.

Nous allons voir quels furent les types de bâtiments, les engins et la tactique employés pour obtenir ce résultat.

Sloops, canonnières, chasseurs et vedettes. — Les premiers navires construits en vue de la guerre sous-marine ont été les *sloops*, dénomination anglaise qui date de la marine à voiles et n'a aucun rapport avec le genre de construction dont il s'agit ici. Ils avaient un déplacement de 1.250 tonnes avec les caractéristiques suivantes : longueur, 77 m. 80 ; largeur, 10 m. 21 ; creux ou profondeur, 5 m. 48 ; tirant d'eau, 3 m. 53. Ils atteignaient 17 nœuds, avec 2.800 chevaux et portaient un

armement de 2 pièces de 14 centimètres et deux canons de 47 millimètres contre avions ; l'équipage était de 80 hommes. Neuf unités
semblables furent mises en service; on leur donna les noms des
étoiles : *Aldébaran, Altaïr, Bellatrix*, etc... C'étaient des bâtiments de
haute mer, ayant de bonnes qualités nautiques, et susceptibles de
patrouiller au large ou d'escorter des convois tels que ceux des paquebots. Mais, en ce qui concerne la chasse aux sous-marins, ils étaient
trop grands et par suite trop vulnérables à la torpille. Autre défaut :
leur silhouette, semblable à celle d'un petit croiseur, les faisait reconnaître de loin. Ce reproche peut être du reste adressé à beaucoup de
nos navires de chasse du début ; on aurait dit que les constructeurs
s'ingéniaient alors à conserver l'allure « navire de guerre », quand c'est
le modeste aspect d'un cargo qu'il eût fallu posséder. Pour la police
et la recherche des malfaiteurs l'agent de la sûreté vaut cependant
mieux que le gendarme en grande tenue. Dans la suite, on s'efforça
de revenir à des silhouettes plus discrètes, mais à la période primitive on employa comme patrouilleurs des navires vraiment identi-
fiables à trop grande distance, perdant ainsi le bénéfice considérable
de la surprise.

Lorsque l'organisation de la guerre fut meilleure, les sloops servirent surtout à la grande patrouille ou à l'escorte de convois importants; la chasse proprement dite fut dévolue à des unités nouvelles
mieux appropriées. Néanmoins ces navires ont rendu des services et
assumèrent des tâches difficiles. Un d'entre eux a péri dans des circonstances que nous allons rappeler succinctement, car elles sont
intéressantes à plusieurs points de vue.

Le 2 octobre 1916, le sloop *Rigel*, commandé par le capitaine de
frégate Vandier, croisait au large de la côte d'Afrique, à cinquante
milles d'Alger environ. Il surveillait le secteur où la présence du sous-
marin allemand *U-35* avait été signalée. Cet *U-35* était bien connu depuis qu'au mois de juillet il s'était rendu à Carthagène sous le prétexte
d'apporter au roi d'Espagne une lettre autographe de Guillaume II.
En réalité, il s'agissait d'impressionner les Espagnols, de fournir un ar-
gument aux germanophiles, et par la même occasion de prendre contact
avec les organisations d'espionnage si nombreuses dans la péninsule.

Le commandant de l'*U-35* avait également une certaine notoriété ; il était d'origine française et se nommait Arnauld de la Perrière. On le considérait comme excellent marin, très capable et audacieux ; nous allons du reste le voir opérer avec une habileté et une hardiesse peu communes.

Le *Rigel* faisait route à 12 nœuds, par mer calme, avec ciel clair

La *Bellatrix*, type de sloop de 1.250 tonnes.

donnant des vues étendues. Un voilier étant à quelque distance, le sloop se dirigeait sur lui pour le reconnaître, lorsqu'à 8 h. 55, sans qu'aucun périscope ait été aperçu, une torpille surgit tout à coup à 200 mètres seulement du bord. Le voilier était-il complice ? Ce n'est pas impossible, bien que le sous-marin ait pu utiliser sa présence à son insu. Quoi qu'il en soit, le commandant Vandier n'eut pas le temps d'éviter la rencontre, malgré sa manœuvre immédiate, et la torpille atteignit en plein le *Rigel*. Le sloop ne coula pas et prit seulement une légère inclinaison à tribord ; le feu fut ouvert aussitôt sur le point d'où était parti la torpille, mais sans effet. Quelques instants plus tard, on aperçut une masse sombre qui sembla être l'assaillant et la pièce de 14 centimètres de l'avant tira quelques coups dans cette direction. Mais si l'on réfléchit qu'une simple immersion à trois mètres de profondeur mettait le sous-marin à l'abri des projectiles (1), on se rend compte que le tir était forcément inefficace.

Les cloisons étanches tenant bon, les machines pouvant encore tourner, le *Rigel* mit en route à 8 nœuds, après s'être redressé par une introduction d'eau convenable dans les réservoirs placés du bord opposé à la partie atteinte. En même temps il lançait des appels par télégraphie sans fil.

A 10 h. 30 arrivèrent les premiers secours. Les chalutiers *Fier* et *Héron* (8e escadrille, Alger), qui patrouillaient non loin de là, se rendirent aussitôt sur les lieux. Le *Fier* prit le *Rigel* à la remorque et le *Héron* se tint à proximité pour surveiller le sous-marin. Une heure plus tard, les contre-torpilleurs *Catapulte* et *Arquebuse* étaient là, et se mirent à patrouiller dans le voisinage, car on soupçonnait l'agresseur d'être resté tout proche. C'était en effet ce qui s'était produit. Confiant dans son invisibilité, le *U-35* guettait une occasion d'achever le *Rigel*.

Elle se produisit à 1 h. 30 de l'après-midi. Une deuxième torpille s'élança vers l'arrière du sloop, qui tenta vainement encore de l'éviter. Gêné par la remorque, moins manœuvrant par suite de ses avaries, le *Rigel* ne put s'écarter et le coup l'atteignit à l'arrière. Presque toute la poupe sauta, sept hommes furent tués et un officier blessé.

Malgré cette seconde voie d'eau, le sloop resta encore à flot, ce qui fait honneur à sa construction et à son compartimentage. Le *Fier* lâcha la remorque et se joignit au *Héron*, à la *Catapulte* et à l'*Arquebuse* pour courir sur le sous-marin. Vaine poursuite, l'agresseur reste invisible, et probablement s'éloigne cette fois.

D'autres navires vinrent à la rescousse. Les canonnières *Bouffonne, Diligente, Friponne* et la *Bellatrix*, semblable au *Rigel*, arrivèrent

---

(1) Depuis cette époque les perfectionnements de l'artillerie permettent d'atteindre un but immergé au moyen d'*obus à trajectoire sous-marine.*

à 3 heures. On tenta de ramener le sloop blessé à Alger, en remorque de la *Bellatrix*. Mais les avaries étaient trop graves. A dix heures il fallut évacuer l'équipage du *Rigel* sur le *Héron*, et à 10 h. 25, le sloop coula.

Nous pouvons remarquer dans cet événement l'impuissance des navires de surface, tels qu'ils étaient armés à cette époque, contre un sous-marin bien commandé. Malgré la présence de deux chalutiers

Le *Bouclier*, torpilleur d'escadre de 700 tonnes.

et de deux contre-torpilleurs, faisant une veille active, le cherchant dans le lieu même où il se trouve certainement, l'agresseur demeure caché et suit la route de sa victime attendant l'instant propice pour une nouvelle attaque. C'est qu'alors aucun indice ne permettait de repérer un sous-marin immergé, et la recherche se faisait au hasard. On comprend dans ces conditions le peu de sécurité que pouvaient donner les râteaux de patrouilles sur les routes « surveillées ».

Après les sloops vinrent les canonnières de 350 tonnes, qui reçurent les noms des anciennes corvettes et frégates à voiles de notre marine : *Diligente*, *Surveillante*, *Gracieuse*, *Bouffonne*, *Espiègle*, *Boudeuse*, *Alerte*, etc... Ces bâtiments avaient 60 mètres de longueur, 7 mètres de largeur et 2 m. 40 de tirant d'eau maximum à l'arrière. L'armement consistait en deux canons de 100 millimètres, modèle 1881 modifié. La vitesse était d'environ 15 nœuds et demi aux essais. Comme appareils de propulsion, la plus grande diversité régnait : on voyait des canonnières munies de deux moteurs Diesel de 400 chevaux à pétrole, d'autres à bord desquelles se trouvaient des machines d'anciens torpilleurs condamnés. La nécessité avait imposé ces solutions, dont quelques-unes constituèrent de véritables tours de force mécaniques.

Les canonnières ont fait un dur métier pendant toute la guerre ; elles avaient des qualités nautiques médiocres et roulaient beaucoup ; la vie y était assez pénible. On en construisit 22, dont 6 à Brest, 7 à Lorient, 3 à Rochefort, les autres dans les chantiers civils de Port-de-Bouc, La Seyne, Bordeaux et Nantes.

C'est par ces deux types de bâtiments, sloops et canonnières, que l'on inaugura la flotte contre sous-marins. Les imperfections se corrigèrent en partie dans les types suivants, et l'armement fut l'objet d'heureuses innovations. Mais tous les bâtiments construits en France pendant la guerre se sont ressentis des conditions très difficiles dans lesquelles ils furent conçus et exécutés. Matériaux, main-d'œuvre, usines, tout manquait ou se trouvait déjà accaparé pour les besoins de l'armée. Nos constructions navales arrivèrent néanmoins à une production qui se chiffrait en 1918 à *cinq mille tonnes par mois*, et devant l'immensité de cet effort les critiques de détail seraient mal venues. On ne peut que désirer voir à présent l'étude des bateaux de faible déplacement se poursuivre en tenant compte de l'expérience acquise au cours des hostilités.

Sept programmes successifs s'échelonnèrent de novembre 1915 à 1918. Les cinq premiers ont été exécutés ; les programmes VI et VII ne le furent pas complètement, l'armistice du 11 novembre 1918 ayant permis d'annuler certaines commandes qui n'étaient pas en cours d'exécution.

Ces programmes portaient sur les types et le nombre d'unités ci-après :

12 canonnières de 320 à 350 tonneaux ;

11 avisos de 570 à 650 tonneaux ;

66 patrouilleurs de 360 à 677 tonneaux ;

47 petits patrouilleurs côtiers de 80 à 154 tonneaux ;

38 remorqueurs de 275 à 677 tonneaux ;

 8 vedettes « Cornilleau » de 40 tonneaux ;

12 vedettes « Despujols » de 26 tonneaux ;

12 dragueurs de mine de 360 tonneaux ;

 2 mouilleurs de mines.

Sur le programme VII, en outre, les bâtiments suivants n'ont pas pris part aux opérations :

 2 dragueurs de 360 tonneaux, à pétrole (*Mathurin* et *Troupier*) ;

43 avisos de 700 tonneaux (30 seront achevés et serviront de cargos);

 5 canonnières de 500 tonneaux ;

 4 dragueurs de 370 tonneaux ;

15 chasseurs de sous-marins de 130 tonneaux ;

13 patrouilleurs divers, transformés à l'armistice en bateaux frigorifiques pour le transport de la viande, ou en cargos côtiers.

Cette énumération, que nous avons tenu à faire, montre quel fut le travail produit par nos chantiers, mais ne donne pas cependant une idée de tous les problèmes de construction qu'il nous a fallu résoudre. Un bâtiment, même de moyen ou petit tonnage, comporte une foule d'instruments et de machines diverses, ayant tous et toutes une utilité de premier ordre. Tuyautages, pompes, réservoirs, chaînes, roues de gouvernail, fanaux, bous-

Vedette automobile « Cornilleau ».

soles, sont autant d'organes indispensables figurant à l'inventaire de tout bateau, quel que soit son déplacement. On peut s'imaginer la quantité de ces accessoires — difficiles à réunir — que nécessita la mise en service de cette flottille nombreuse.

Dans les parties essentielles, même difficulté. Les machines à vapeur durent d'abord être commandées en Angleterre, nos usines n'étant pas en état de les fournir. Les livraisons se firent souvent avec des retards. Quant aux moteurs à pétrole, dont beaucoup des petites unités étaient pourvues, il fallut tout acheter à l'étranger ! Voilà encore une conséquence douloureuse de notre indifférence en matière maritime. Dans ce pays de France, où l'automobilisme a en quelque sorte vu le jour, où les voitures sillonnent les routes sans arrêt, on ne trouve pas de moteurs marins. Certes, on peut toujours appliquer à un canot un moteur de voiture, malgré la mauvaise utilisation qui en découle, mais quand il s'agit d'un bateau de cent tonnes, il faut bien s'adresser à une machine étudiée pour la mer et la propulsion avec une hélice. En dehors de quelques maisons importantes produisant des moteurs à combustion interne type Diesel de grande puissance, il n'existait pas d'usines où l'on pût aller se procurer des machines de 100 à 300 HP, comme les vedettes et petits patrouilleurs en demandaient. Force fut donc d'importer à grands frais des moteurs marins, en particulier des Etats-Unis, qui furent notre grand fournisseur. Espérons que désormais nos firmes nationales se souviendront qu'on peut utiliser le pétrole autre part que sur les routes.

Lorsque les Américains entrèrent dans la lutte, ils nous cédèrent même des bateaux complets. En particulier leur type de chasseur, les « 100 feet submarine chaser » se trouva particulièrement réussi. Ces jolis petits bâtiments avaient les dimensions suivantes : longueur 33 mètres, largeur 4 m. 60, tirant d'eau maximum arrière 2 mètres ; ils déplaçaient 60 tonneaux.

L'appareil moteur comprenait 3 moteurs «Standard» de 250 HP, à explosion, à 4 temps, utilisant l'essence de pétrole. La vitesse fournie en service courant était de 17 à 18 nœuds avec toute la puissance, de 12 à 13 nœuds économiquement avec deux moteurs. Les soutes à combustible permettaient de franchir 800 milles marins (1.480 kilomètres) à 12 nœuds. L'armement était constitué à l'origine par deux pièces de 57 millimètres, une à l'avant, l'autre à l'arrière, remplacées plus tard par un unique 75 millimètres français en chasse. Pour l'attaque d'un sous-marin en plongée, il y avait 8 grenades et 1 mine disposées à l'arrière sur des rails de lancement.

Le poste de T. S. F. avait une portée d'émission de 100 milles
marins environ (185 kilomètres).

L'équipage comprenait 18 à 20 hommes, dont deux « officiers
mariniers » — dénomination des sous-officiers dans la marine de

Passerelle du chasseur C 22 et pièce de 56 millimètres avant.

l'Etat — l'un patron du bord, l'autre chargé des machines, tous deux
du grade de « second maître » ou sergent. Les chasseurs étaient réunis
en groupes, ordinairement de quatre unités, sous les ordres d'un officier, enseigne de vaisseau. Plusieurs groupes formaient une escadrille,
commandée par un lieutenant de vaisseau (1).

Les qualités nautiques de ces petits bâtiments étaient très satis-
faisantes. On en aura une idée en apprenant qu'ils sont venus d'Amé-

(1) Rappelons ici la concordance des grades de la marine avec ceux de l'armée de terre :
enseigne de vaisseau de 2e classe, sous-lieutenant ; enseigne de vaisseau de 1re classe, lieutenant ; lieutenant de vaisseau, capitaine ; capitaine de corvette, chef de bataillon ; capitaine de
frégate, lieutenant-colonel ; capitaine de vaisseau, colonel ; contre-amiral, général de brigade ;
vice-amiral, général de division ; amiral, maréchal de France.

rique en Europe par leurs moyens, simplement escortés par des remorqueurs portant leur ravitaillement et les prenant en remorque de temps à autre pour épargner le combustible et ménager les moteurs. Ceux d'entre eux qui effectuèrent les premiers cette traversée, dans l'hiver de 1918, eurent des péripéties dont le récit suivant peut fournir un aperçu.

Le 9 janvier 1918 partait des Etats-Unis un convoi de chasseurs, au nombre desquels était le C..., commandé par le second maître Puluhen. Nous allons suivre le rapport de mer de ce dernier. Dès le départ la mer grossit ; le C... est en remorque et les avaries commencent. Tantôt c'est un des points d'attache qui faiblit, tantôt le câble lui-même qui se rompt. Traîné au milieu des lames déferlantes, le chasseur embarque fréquemment des paquets de mer, dont l'un arrache une caisse contenant 400 kilos de charbon et plusieurs fûts d'essence arrimés sur le pont. Le 12 janvier, la mer est complètement démontée, le convoi est dispersé ; à 6 heures la remorque casse définitivement et le remorqueur s'éloigne en manœuvrant pour sa propre sécurité. Puluhen fait mettre les moteurs en route, mais cette opération est difficile dans les conditions où l'on se trouve. L'eau embarquée a rempli les fonds du bateau et gêne le fonctionnement des machines. Enfin à 8 heures, le moteur central part et l'on fait route en suivant les lames. Au large on aperçoit encore quelques unités du convoi, mais chacune d'elles a fort à faire pour son compte et il ne faut pas espérer de secours. Vers 11 h. 30, il n'y a plus personne en vue.

Du 13 au 15 janvier, le chasseur lutte contre le mauvais temps, et aussi contre ses moteurs, dont les arrêts sont fréquents. De temps à autre, l'on a connaissance des bâtiments du convoi, mais à partir du 16 janvier, le C... reste seul et sa dure épreuve commence. Puluhen et ses dix-sept hommes sont maintenant isolés au milieu de l'Atlantique, dans une saison mauvaise, et sur un bateau de 60 tonneaux, dont les moteurs stopperont bientôt faute de combustible.

L'huile de graissage manque cependant avant l'essence. On utilise d'abord l'huile à manger, puis lorsqu'il n'en reste plus qu'une dizaine de litres on la conserve précieusement pour le moteur auxiliaire actionnant la pompe. Le bâtiment, fatigué, délié, commence à faire de l'eau et l'on doit à tout prix s'assurer les moyens d'épuisement.

Insuffisamment lubréfiées, plusieurs pièces ont chauffé, et le 17 janvier, les moteurs s'arrêtent, cette fois définitivement. Chose plus grave, la dynamo est également immobilisée, et la télégraphie sans fil ne fonctionne plus. Il n'y a donc qu'à compter sur la rencontre d'un bâtiment

Chasseur de sous-marin de 60 tonneaux, le « C 18 ».

pour sauver l'équipage. C'est ici que le second maître Puluhen montra qu'il était un marin énergique, à la hauteur de toutes les circonstances. Pendant les trente-deux jours que son bâtiment va dériver sur l'Océan, au gré du vent et de la mer, il prendra les mesures les plus opportunes, fera preuve de décision, de fermeté et de qualités professionnelles remarquables. Tout l'équipage du chasseur lui apportera du reste le concours le plus dévoué.

En premier lieu, les vivres et l'eau douce sont rationnées au plus strict minimum. Puis, le temps ayant molli, Puluhen fait confectionner une voilure de fortune avec les couvertures, drap de lits et tentes du bord. On arrive ainsi à faire route dans la direction de l'Est, parfois à trois ou quatre nœuds de vitesse, dans les circonstances favorables.

Le charbon de cuisine est bientôt épuisé ; l'on est obligé de quêter dans toutes les parties du bâtiment le bois dont on peut sans inconvénient disposer pour le fourneau. On brûle aussi des vaigrages, des épontilles, des portes d'armoire.

Comme bien on le pense, l'horizon était surveillé attentivement ; quatre fois on aperçut des navires, mais fort éloignés, et les signaux de détresse demeurèrent sans réponse. Enfin, le 8 février, voici un vapeur qui fait route droit sur le chasseur. On amène le canot afin de se porter à la rencontre de ce secours tant espéré quand, déception suprême, le navire tourne brusquement et prend la fuite à grande vitesse. Trompé par l'allure suspecte du chasseur, il avait cru se trouver en présence d'un sous-marin maquillé en voilier.

La navigation reprit, après cet incident. Dix jours encore, Puluhen et ses hommes errèrent sur les flots, jusqu'au moment où, le 18 février 1918, la terre fut enfin en vue. C'étaient les Açores. Cette fois, pour éviter toute méprise, deux hommes du C... allèrent dans le canot jusqu'à l'île prochaine, faire reconnaître l'identité de leur bâtiment. Un remorqueur vint ensuite, qui ramena le chasseur dans le port de la Horta. Après un repos mérité, Puluhen fit partie d'un nouveau convoi, qui arriva sans accident à Gibraltar, puis à Marseille.

Avec ces petits bâtiments, nous entrons dans la classe des unités dont l'action devait se faire sentir très efficacement le long des côtes. Par leur nombre, leur mobilité, leur faculté d'appareiller à toute heure au premier signal, les chasseurs et autres unités similaires, rendirent l'approche du littoral impossible aux sous-marins. Ils furent aidés dans cette tâche par l'aviation et l'aérostation maritimes, et nous verrons plus loin l'emploi raisonné de ces organisations.

Les premières vedettes qui parurent en France furent celles, commandées aux chantiers anglais, qu'on appelait communément « canadiennes ». Elles avaient 23 mètres de long, et possédaient deux moteurs « Standard » de 250 HP, du même type que ceux des chasseurs. En Angleterre, on fit un nombre considérable de ces unités — cinq mille, a-t-on dit — et il en fut cédé environ deux cents au gouvernement français.

L'armement consistait en une pièce de canon de 65 millimètres —

plus tard remplacée par un 75 millimètres — à l'avant, et un dispositif de lancement de grenades à l'arrière. La vitesse de ces vedettes pouvait atteindre 18 à 20 nœuds aux essais, par beau temps, et 12 à 14 en service courant. Leurs qualités nautiques étaient suffisantes pour un service côtier.

C'est au commencement de 1917 qu'on se mit en France à construire des vedettes, mais l'état de nos chantiers et le défaut de moteurs limita beaucoup notre production. On fit seulement 8 « Cornilleau » et 12 « Despujols » portant le nom des concessionnaires du marché passé avec la marine.

Les « Cornilleau » avaient 26 m. 30 de longueur sur 4 mètres de large et 1 m. 30 de tirant d'eau, avec un déplacement prévu de 40 tonneaux. La propulsion était assurée par deux moteurs américains «Wolverine» de six cylindres, donnant 180 HP à 400 tours. La vitesse obtenue fut malheureusement un peu faible, car elle ne dépassa pas 13 nœuds et demi. L'armement consistait en un canon de 75 millimètres sur affût marin à l'avant, une mitrailleuse à l'arrière et des grenades sous-marines. Ces vedettes avaient des qualités nautiques médiocres ; elles furent employées à diverses missions : escortes côtières, destruction de mines flottantes, patrouilles en liaison avec les avions. On constitua un groupe de quatre unités, sous les ordres d'un enseigne de vaisseau, qui opéra sur les côtes de Provence et de Corse. Les autres « Cornilleau » servirent dans les centres d'aviation maritime. Chacune d'elles avait un équipage de huit hommes, commandé par un second maître.

Les « Despujols » ne déplaçaient que 25 tonneaux et étaient construites en vue d'une grande vitesse. Malheureusement leurs moteurs du type « aviation » étaient beaucoup trop délicats, et les résultats obtenus ne répondirent pas à toutes les exigences du service. Néanmoins ces vedettes furent utiles pour la surveillance côtière.

L'avantage primordial que présentaient ces petites unités dans la lutte contre les sous-marins, c'est l'impuissance de ceux-ci envers d'aussi minuscules adversaires. A la torpille, il n'y avait rien à faire : le but était trop mobile, de trop faibles dimensions, et d'un tirant d'eau insuffisant. De plus, comme disent les chasseurs, « le gibier ne valait vraiment pas la cartouche ». Quant au duel d'artillerie, les vedettes allant en groupe, rapides, manœuvrantes, n'offraient pas une cible commode à quatre ou cinq mille mètres, tandis qu'à la même distance leurs obus de 75 millimètres à la mélinite étaient fort dangereux pour un sous-marin.

Donc, à proximité des côtes, et sauf le cas de gros temps, les submersibles allemands avaient à redouter la rencontre des vedettes, chasseurs et autres éléments de « poussière navale ». Cette crainte les conduisit à la sagesse, selon l'adage connu, et les routes côtières devinrent assez sûres pour que l'on pût y diriger certains convois.

Beaucoup d'autres types de bâtiments furent créés au cours de la guerre, en dehors des chasseurs et vedettes. Leur description nécessiterait un ouvrage complet et nous entraînerait trop loin. Signalons seulement les petits patrouilleurs de 112 tonnes, type *Ajonc,* mûs par des moteurs Wolverine de 220 HP, et ceux de 80 tonnes construits dans nos arsenaux, avec des moteurs Fiat, à huile lourde, de 325 HP. Ces unités ne furent terminées qu'en juillet 1918, mais eurent le temps de rendre des services appréciables dans la défense côtière.

Nous allons voir à présent les appareils spéciaux, dont la mise au point, obtenue après de longs essais, amena un changement complet dans la lutte contre les sous-marins. Aux procédés inefficaces, dont l'épisode du *Rigel* nous a fourni un exemple frappant, va succéder maintenant une méthode de combat rationnelle d'une puissance incontestable.

Grenades, appareils d'écoute, filets. — L'artillerie ne peut rien contre un sous-marin en plongée. Lancés sous de faibles angles, les obus ricochent à l'arrivée, sans pénétrer beaucoup la masse liquide. On admet généralement qu'une profondeur de 3 mètres est suffisante pour garantir de tous les projectiles. Les perfectionnements en cours de réalisation à l'heure actuelle ne changeront que peu cet état de chose. Si demain nos canonniers possèdent la faculté d'atteindre un objectif sous l'eau, cela modifiera seulement la limite de sécurité ci-dessus indiquée, sans la supprimer complètement. Devant les nouveaux obus à trajectoire sous-marine, les submersibles seront gênés considé-rablement pour leurs attaques à la torpille, toute apparition de péri-scope devant les soumettre à un feu désormais dangereux, mais ils continueront d'être à l'abri du canon aux grandes profondeurs.

Pendant les hostilités de 1914-18, la question d'atteindre un sous-marin immergé ne se posait d'ailleurs pas, en ce qui regardait l'artil-lerie. Celle-ci restait limitée au tir contre adversaires en surface, ou contre les périscopes, avec l'espoir d'aveugler le sous-marin plutôt que de le détruire. Il fallait donc employer un autre procédé, et l'on eut recours aux *grenades*.

Les premières furent celles dues au lieute-nant de vaisseau Guiraud. Elles ont la forme d'un parallélépipède, clos à la partie supérieure par un couvercle plat débordant, qui supporte le mécanisme de mise à feu, constitué par un piston hydrostatique réglable pour plusieurs profondeurs au moyen d'une vis maintenue par un ressort à boudin. Une clavette de sûreté permet de rendre la grenade inoffensive. La

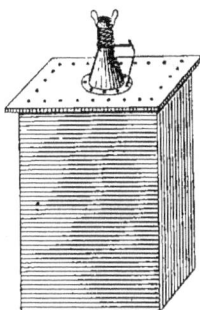

Grenade Guiraud.

charge est formée de 40 kilos de fulmi-coton humide, avec amorce de 200 grammes de coton-poudre sec, munie d'une étoupille au ful-minate de mercure.

La grenade, étant lancée à la mer, descend jusqu'à la profondeur de réglage du piston hydrostatique. A ce moment, celui-ci se déclanche et frappe l'étoupille, dont la déflagration amène l'explosion de la charge.. Le rayon d'efficacité des grenades Guiraud atteignait environ 25 mètres, mais pour produire une avarie majeure à un sous-marin il fallait presque le contact. On augmenta d'abord la quantité d'explosif, et l'on en vint ensuite à créer de véritables mines ou bombes, ayant jusqu'à 200 kilos de fulmi-coton et possédant une puissance beaucoup supérieure.

La grenade Guiraud conserva néanmoins sa place dans l'armement des petites unités, à cause de son faible poids et de sa facilité d'emploi sans dispositif de lancement. Une simple planche suffisait en effet au jet de cet engin.

Les modèles de mines contre submersibles ont été très nombreux, chaque nation alliée en ayant produit. Mais le principe de tous ces appareils était identique et reposait sur une mise à feu à la profondeur voulue. Voici une solution française du problème, dont la simplicité est remarquable.

Les *bombes à flotteur* consistent en une enveloppe cylindrique, terminée par deux calottes sphériques, pouvant contenir de 100 à 200 kilos d'explosif. Au sommet se trouve une tige, sur laquelle est placé librement un rouleau creux formant flotteur. Lorsque la bombe est lancée, ce flotteur reste à la surface et déroule, sous l'entraînement de la bombe, le fil d'acier qui l'entoure. La tension de ce fil, quand il est entièrement déroulé, amène une secousse, qui arrache le « rugueux » d'une étoupille à friction et provoque l'explosion. Celle-ci a donc lieu rigoureusement à la profondeur mesurée par la longueur du fil.

Ces profondeurs d'éclatement étaient soumises à deux conditions : permettre d'atteindre le sous-marin et ne pas occasionner d'avaries au bâtiment lanceur de grenades. La première était impérative, puisqu'elle constituait le but offensif de l'engin. On la réalisa en permettant le réglage des appareils de mise à feu entre 10 et 50 mètres, ce qui représente les limites entre lesquelles peut naviguer un sous-marin lorsqu'il cherche à s'échapper. Quant à la seconde, il n'y avait pas d'autre moyen à employer que de procéder au lancement en vitesse, de façon à s'éloigner suffisamment au moment de l'explosion. Pour les navires rapides, cela n'offrait aucune difficulté, mais lorsque nos chalutiers de 8 nœuds envoyaient leurs grenades, ils recevaient une secousse très désagréable, dont ils se consolaient en espérant que l'ennemi était encore plus mal placé. Pour jeter « confortablement » ces appareils dangereux, il fallait pouvoir donner 12 à 13 nœuds au minimum.

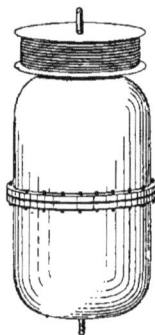

Bombe à flotteur.

Grenades, mines ou bombes, tous ces projectiles spéciaux ont été un élément de premier ordre dans la guerre aux sous-marins. On peut affirmer que la majeure partie des submersibles détruits l'ont été par ce procédé. Malheureusement, il ne laissait aucune preuve indéniable du résultat obtenu ; la fameuse « tache d'huile » répandue par le sous-marin coulé n'était pas un indice certain, car elle pouvait provenir d'une évacuation normale au moment de la plongée.

Durant toutes les hostilités d'ailleurs, il a été en général très difficile de constater au moment même si l'attaque contre un sous-marin avait ou non réussi. Lorsque le lieu du combat n'offrait pas une trop grande profondeur, l'on pouvait venir après coup voir si une épave gisait bien à l'endroit indiqué. Mais dans la plupart des cas l'on en était réduit aux conjectures. Le peu de valeur des indices observés à la surface après le combat a été maintes fois démontré. Le premier maître Leroux, commandant du chalutier *Ailly* qui, le 16 mai 1918, coula au canon un sous-marin en Méditerranée — et cela d'une façon indiscutable, puisque cinq Allemands furent recueillis — nous a souvent dit que, sans la présence de ces prisonniers, il n'aurait jamais cru à son succès. A l'endroit où le sous-marin avait sombré, il n'y avait ni dégagement de bulles d'air, ni nappe d'huile, à peine un mince filet graisseux, comme on en rencontre fréquemment en mer.

On voit d'après cet exemple frappant combien il a toujours été délicat de se prononcer sur ces engagements qui, dans l'une comme dans l'autre alternative, s'achevaient par la disparition de l'ennemi.

L'emploi des grenades date presque du début de la guerre, mais il n'a été réellement efficace qu'après la réalisation des *appareils d'écoute*.

L'impossibilité pour un bâtiment de surface de suivre la route d'un sous-marin immergé avait été reconnue bien avant la guerre. Le sillage tracé sur l'eau lorsque le submersible marche à peu de profondeur en donnant toute sa vitesse, disparaît vite avec une plongée plus grande et un ralentissement d'allure. On songea donc à remplacer la vision par l'audition, et les études furent dirigées dans la voie des appareils microphoniques.

Beaucoup de ces appareils furent inventés au cours de la guerre, tant à l'étranger qu'en France. Notre marine en expérimenta un grand nombre et les études se poursuivirent, au reste, pendant toutes les hostilités. Deux *écouteurs* furent seuls à donner satisfaction, le tube C, d'invention américaine, et le système dû au lieutenant de vaisseau français G. Walser, qui y travailla dès l'année 1915.

Le tube C se compose essentiellement d'un bloc de caoutchouc parallélépipédique, entouré latéralement d'une gaine de métal, qui exerce une certaine compression sur ses faces en laissant les deux extrémités au libre contact de l'eau. A cette gaine est soudé un tube de 6 mètres de longueur, dans lequel passe un conduit allant des écouteurs à un appareil noyé dans le bloc de caoutchouc. Ce dernier dispositif a pour but de transformer les légères vibrations communiquées au bloc par les ondes sonores qui viennent le frapper à travers la masse liquide en bruit susceptible d'être perçu par l'homme de veille placé aux écouteurs. Le maximum d'intensité du son est obtenu quand le bloc de caoutchouc — qui peut s'orienter à volonté au moyen du tube — est normal à la direction d'où vient le bruit qu'on cherche à repérer.

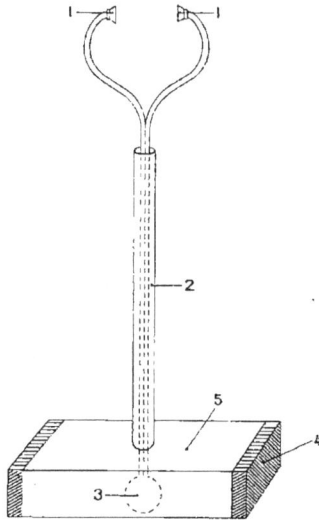

Tube C.
1. Écouteurs; 2. Tube; 3. Appareil renforçateur; 4. Bloc de caoutchouc; 5. Gaine métallique.

Le tube C était très sensible et permettait de déceler la présence d'un sous-marin à 6.000 ou 8.000 mètres de distance. Mais il présentait par contre deux inconvénients : en raison de sa sensibilité même on ne pouvait l'employer qu'en stoppant les machines du bâtiment écouteur, et il ne fournissait qu'une indication approchée sur la direction d'où provenaient les ondes sonores reçues. On se rend compte, en effet, qu'il était malaisé de déterminer avec exactitude la position du bloc caoutchouté correspondant au maximum de vibrations ressenties. De chaque côté de cette position théorique existait une zone de plusieurs degrés dans laquelle le bruit entendu ne variait guère. Malgré ces défauts, le tube C rendit de grands services, surtout lorsqu'il fut complété par l'écouteur Walser.

Cet appareil consiste essentiellement en une calotte sphérique ajustée à la carène du bâtiment et remplissant pour les ondes sonores le rôle d'une lentille dans un instrument d'optique. Les ondes sonores qui viennent frapper extérieurement cette calotte sont déviées et ramenées toutes en un point situé à l'intérieur du bâtiment, comme les rayons lumineux viennent se rejoindre au foyer de la lentille dans une lunette. Ce point change naturellement avec la direction primitive des ondes sonores, chaque direction aboutissant à un foyer nouveau. La ligne joignant tous ces foyers — leur *lieu géométrique* — est un cercle situé à une certaine distance de la calotte sphérique. Si à présent on fait promener un cornet acoustique sur ce cercle, il percevra un bruit d'autant plus distinctement qu'il se rapprochera du « foyer » correspondant à sa direction d'émission.

Pratiquement, on a appliqué ce principe aux chasseurs de sous-marins en découpant dans leur coque, de chaque côté de la quille, un cercle de 1 m. 50 de diamètre environ, qu'on a remplacé par une calotte sphérique percée de trous, dans lesquels sont logées deux plaquettes parallèles en acier formant boîte de résonance. L'ensemble de ces boîtes, aussi rapprochées que possible, augmente la sensibilité de l'appareil. A l'intérieur, au-dessus de chacune des calottes sphériques, se trouve un cornet microphonique, soutenu par un bras de levier, qui lui fait parcourir le cercle des foyers sonores sous l'action d'un tambour mû à bras. Entre les deux appareils est assis l'opérateur, coiffé à la manière des téléphonistes avec les deux écouteurs venant des cornets. Lorsqu'un bruit vient frapper son oreille, il fait mouvoir par l'entremise du tambour le

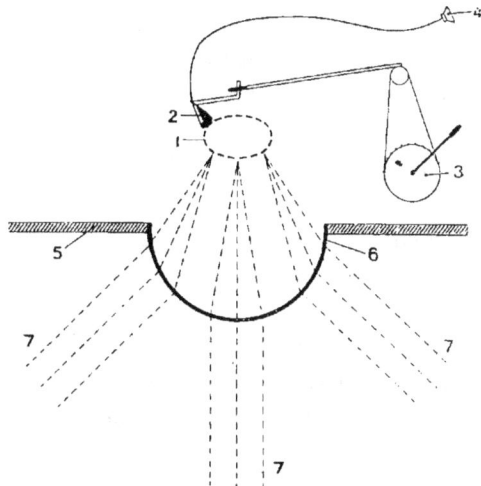

Appareil Walser.

1. Lieu géométrique des foyers sonores ; 2. Cornet microphonique ; 3. Tambour gradué ; 4. Écouteur ; 5. Carène du bâtiment ; 6. Calotte sphérique ; 7. Ondes sonores.

cornet correspondant à ce côté jusqu'au moment où l'impression auditive semble passer par son maximum. Il lit alors sur le tambour l'indication de l'angle que fait la direction suivie par le bâtiment avec celle de la source sonore, et il transmet le renseignement au commandant par le porte-voix.

On peut donc se diriger droit sur le lieu indiqué en modifiant la route dans le sens convenable d'un angle égal à celui indiqué par l'écouteur. Le bruit venant alors frapper dans les mêmes conditions les deux calottes sphériques extérieures, l'opérateur entendra également de l'une et l'autre oreille. Enfin, si le bâtiment vient à passer sur le point même où gît l'émission des ondes sonores, au-dessus du sous-marin par conséquent, la sensation de l'écouteur sera non seulement la même de chaque côté, mais elle restera identique quelle que soit la position des cornets. On aura beau manœuvrer le tambour, le bruit semblera venir « de partout », sans aucune direction précise.

Ce remarquable appareil offre l'avantage précieux de pouvoir être encore employé lorsque le bâtiment qui le supporte marche à petite vitesse. On peut en effet détacher en quelque sorte, ou mieux encore isoler, le bruit particulier de l'hélice voisine des ondes sonores étrangères.

Ce fut pendant l'année 1916 que le commandant Walser procéda aux études préliminaires de son écouteur. Les premières expériences eurent lieu le 31 mars 1917 à bord du yacht *Henriette II* et obtinrent un succès très encourageant. La mise au point nécessita encore quelques mois et ce n'est qu'au milieu de l'année 1917 que l'on se mit à doter les chalutiers et patrouilleurs de l'appareil Walser. Là encore il y eut des difficultés nombreuses à surmonter, tant pour la construction des organes d'écoute que pour l'installation à bord des différentes unités. Il fallait en effet mettre les bâtiments à sec pour découper dans leur coque l'emplacement des calottes sphériques, ce qui nécessitait leur passage au bassin, avec une indisponibilité d'assez longue durée.

Lorsqu'en 1918 le nombre des patrouilleurs dotés de cet appareil fut suffisant, des groupes d'écoute se constituèrent et les sous-marins repérés en plongée et en surface eurent alors une tâche fort difficile.

D'autres dispositifs vinrent encore renforcer ces moyens d'attaque du submersible en plongée. Nous citerons seulement les *filets indicateurs*, d'une conception très ingénieuse, bien que fort simple. Ce sont

Aviso la *Somme*. Canon de 100 millimètres.

des pièces de 100 mètres environ de longueur, à mailles très larges, reliées à chaque extrémité à une bouée en liège. Le corps du filet est disposé pour rester vertical à une profondeur convenable, établissant un barrage approprié. Lorsqu'un sous-marin est repéré en plongée, un certain nombre de bâtiments disposent rapidement en cercle leurs filets indicateurs autour du point signalé. Cherchant à s'échapper, le sous-marin se prendra dans les mailles d'une pièce et l'entraînera avec lui.

Ce léger réseau n'est pas suffisant pour paralyser un poisson de cette taille, et son but est tout autre. Le submersible va continuer sa course, s'apercevant à peine de cette entrave insignifiante, mais à la surface, remorquées par leurs orins tenus lâches, les deux bouées vont marquer la route de l'ennemi invisible et les grenades auront beau jeu.

D'autres filets, ceux-là fixes et formant obstacles, ont été mis en usage dès les premiers jours de la guerre, et nous en avons parlé en exposant les mesures défensives prises à l'origine. Des améliorations notables rendirent offensifs, en quelque sorte, ces engins par l'adjonction de bombes, qui éclataient dès qu'un submersible venait heurter le filet. C'est aux lieutenants de vaisseau de Quillacq et Fromaget que sont dus ces nouveaux types de filets-barrages.

La lutte contre les sous-marins devait s'inspirer plus complètement encore des procédés ordinaires de la pêche en utilisant le chalutage au large. Dans certains parages, tels que le Pas de Calais, la mer du Nord, le canal d'Otrante, des équipes de « trawlers », ou chalutiers, marchant en ligne, traînaient de grands filets d'acier à une profondeur de 10 à 20 mètres. Ils établissaient ainsi un râteau mobile dans les endroits les plus fréquentés par les sous-marins. Lorsqu'un de ceux-ci était pris, l'équipe se ralliait et détruisait à la bombe le captif enserré dans ses liens. Parfois celui-ci émergeait à grand'peine sous le poids du réseau et se rendait, toute défense lui devenant impossible.

Enfin nous noterons encore, pour en terminer avec ces méthodes d'attaque, les torpilles remorquées, employées surtout par les contre-torpilleurs anglais. Le principe était celui des anciennes torpilles « divergentes », inventées il y a une quarantaine d'années, lorsque les conditions de la guerre navale admettaient la possibilité du croisement de deux cuirassés à courte distance. Tenues en remorque à la longueur de 200 mètres environ, ces torpilles avaient une forme qui les faisait s'écarter de la route du bâtiment et leur permettait d'atteindre un adversaire latéralement. Les contre-torpilleurs de la mer du Nord, en patrouille, laissaient filer ainsi deux torpilles, une de chaque bord, et parfois une explosion soudaine leur apprenait le succès de la manœuvre. C'était un obstacle de plus, et imprévu celui-là, que les sous-marins rencontraient sur leur route au passage des patrouilleurs.

A présent que nous avons décrit les principaux moyens offensifs réalisés vers la fin de 1917, nous allons voir, avec la tactique de chasse, la réelle offensive dirigée contre les sous-marins.

La tactique de chasse. — Le nombre toujours croissant des patrouilleurs de toute espèce avait déjà obtenu le résultat considérable de rendre difficile la croisière des sous-marins en surface. Devant cette surveillance de plus en plus étroite, les submersibles allemands s'étaient vus contraints de faire usage de la plongée précisément dans les occasions où ils auraient préféré voir l'horizon autrement qu'avec un périscope. Il en résultait pour eux une diminution d'efficacité et une augmentation de fatigue, car malgré ses désirs, l'homme n'est pas construit pour vivre longtemps sous les eaux à l'instar des poissons.

Ce repaire incommode, mais jusqu'alors à peu près sûr, allait voir sa sécurité notablement compromise par l'entrée en jeu des appareils que nous venons de décrire.

L'on forma des escadrilles de chasse et d'écoute en réunissant des unités munies d'écouteurs Walser, de tubes C, de filets indicateurs et bien entendu de grenades. Ordinairement deux ou trois bâtiments portant le tube C faisaient des stations d'écoute en stoppant à des endroits déterminés ; les autres patrouilleurs croisaient avec le Walser. Dès que les tubes C, de portée plus grande, captaient un bruit sousmarin, la direction en était indiquée aux patrouilleurs, qui s'y rendaient en se servant du Walser. En prenant une formation en triangle, avec un espacement suffisant entre les unités, on arrivait par recoupement à situer assez exactement l'emplacement du sous-marin entendu. Sa route et sa vitesse se déduisaient ensuite naturellement de plusieurs emplacements successifs portés au fur et à mesure sur un graphique. Sans aller plus loin dans l'exposé d'une méthode dont tous les détails ne sont pas à révéler, on comprend combien l'attaque à la grenade avait acquis de précision avec les appareils d'écoute. Le sous-marin, dont la vitesse maximum en immersion ne dépasse pas 8 à 10 nœuds, était obligé de réduire encore cette allure sous peine de produire des vibrations trop aisément captées. C'est donc parfois à 4 ou 5 nœuds que se faisait cette poursuite, et l'on voit quel avantage en retiraient les patrouilleurs. Pouvant croiser, s'écarter, revenir, stopper puis regagner le terrain perdu, avec la plus grande facilité, ils dominaient l'adversaire sous tous les rapports. Nous avons un récit de chasse très passionnant dans le journal du contre-torpilleur *Dunois*, qui croisait le 16 mars 1918 en Manche sous le commandement du lieutenant de vaisseau Terreaux (1).

« 12 h. 45. — Le *Dunois*, naviguant en lacets à 14 nœuds, est survolé par un avion anglais, qui fait au Scott (2) un signal presque indéchiffrable, mais où l'on croit reconnaître : sous-marin à proximité. L'hydravion s'éloigne aussitôt et je commence une écoute régulière.

« 13 h. 5. — Au moment d'un lacet, l'écouteur me signale par le travers tribord une explosion et comme un déclenchement suivi d'un vrombissement passant rapidement sur l'arrière. Après avoir interrogé l'écouteur Guéguen, qui est excellent et très sérieux, j'attribue comme lui ce bruit à une torpille qui vient de m'être lancée, et que je n'ai probablement évitée que grâce au lacet et à ma vitesse supérieure à celle qu'à dû apprécier le sous-marin. J'envoie immédiatement un *allo*. Dès l'explosion, venu à droite, mis à 16 nœuds, pris du champ et revenu aussitôt vers l'origine du lancement de la torpille en faisant de l'écoute. On n'entend plus rien. Pendant l'après-midi, je procède à une écoute méthodique, qui me conduit à six milles de Barfleur.

« 15 h. 45. — Un hydravion anglais survole le *Dunois* et lui signale au Scott : lancé deux bombes.

« 15 h. 50. — Je passe près du lieu du lancer des bombes anglaises, qui accusent nettement un remous caractéristique avec un certain nombre de poissons étourdis venus en surface. L'hydravion s'éloigne et disparaît complètement.

« 15 h. 55. — Une très violente explosion secoue la passerelle où je me trouve et tout le *Dunois*, de l'arrière à l'avant, avec une telle force que je crois une seconde que nous sommes torpillés. Il n'en est heureusement rien. Mais je suis convaincu qu'il s'agit d'une torpille à grosse charge explosée sur le fond (60 mètres) et à proximité immédiate du

---

(1) Extrait de l'article du commandant E. Vedel (*Illustration*, du 8 février 1919).

(2) Fanal à éclipses servant à signaler au moyen de l'alphabet Morse. Peut s'employer de jour à faible distance.

Dunois, lancée sur lui par conséquent, car il n'y a aucun navire en vue.
J'envoie immédiatement un second *allo* et rappelle aux postes de combat.

« 16 h. 10. — Le sous-marin m'est signalé par les écouteurs à

A bord de l'aviso la *Somme*. La veille à la grenade.

30 degrés babord. Je mets le cap dessus et manœuvre pour l'attaquer.
Il fait route au Sud 70e Est, en ligne droite, paraissant s'efforcer de
gagner rapidement la baie de Seine, contrarié toutefois par le fort
courant de jusant. L'audition est très nette : c'est un bruit sifflant
caractéristique. Après un bond d'une minute à 15 nœuds et des périodes
d'audition entre 4 et 7 nœuds, derrière le sous-marin qui paraît fuir
à toute vitesse, j'arrive à le surmonter à 16 h. 28. L'écouteur le signale
comme se faisant entendre dans tous les sens, puis gagnant légèrement
sur l'avant. Je jette une grenade de 75 kilos réglée à 40 mètres ainsi

qu'une bouée de stationnement dérivante, puis je m'écarte pour prendre du champ et faire un retour offensif.

« 16 h. 42. — Etant revenu vers la bouée de stationnement, cap à l'Ouest et faisant de l'écoute, le sous-marin m'est signalé à 170° tribord. Je manœuvre pour lui mettre le cap dessus et recommence à le gagner. Il fait route au Nord 85° Est. Il est 17 h. 5. J'ai donné l'ordre à l'enseigne de vaisseau de 2e classe Mourral, qui se trouve derrière aux grenades, de les lancer en chapelet, toutes les dix à quinze secondes, entre un coup de sifflet bref déclanchant le feu et un coup de sifflet long devant le faire cesser. Le sous-marin m'est signalé par l'écouteur comme ayant pris une grande immersion. Je procède comme la première fois par petits bonds en grande vitesse, avec écoute continue entre 4 et 7 nœuds.

« 17 h. 9. — Alors que j'écoute en donnant 4 nœuds, le sous-marin m'est signalé droit dessous ; je mets à 15 nœuds, je lance quatre grenades successives, qui ont certainement encadré le sous-marin et je vais tourner dans l'Est pour me préparer à un troisième retour offensif.

« 17 h. 25. — Cap à l'Ouest, le sous-marin m'est signalé derechef à 140° babord ; je viens dessus en vitesse ; une nouvelle écoute me le signale à 40° babord. Il fait route au Nord 80° Est, mais l'écoute n'est plus la même. Le bruit des hélices a changé : il n'est plus sifflant, il est devenu plus lent et plus faible, et l'enseigne de vaisseau Lépine, qui va écouter, me le signale comme raclant étrangement. Je prends toutes mes dispositions pour faire un troisième lancement de grenades, mais le bruit du sous-marin s'affaiblit de plus en plus ; la dernière audition à 17 h. 30 est faible. Je fais un bond pour m'approcher. Quand j'écoute de nouveau, on n'entend plus rien. Je mouille alors une deuxième bouée de stationnement dérivante, et je maintiens une écoute dans ses environs immédiats.

« 18 h. 40. — Arrivent deux hydravions français, à qui je signale la présence d'un sous-marin. Croisière et écoute sont continuées sur les lieux immédiats jusqu'à 20 h. 30 sans plus rien entendre, puis pendant tout le reste de la nuit autour de Barfleur jusqu'au lendemain matin. »

Ce récit nous donne, avec une netteté saisissante, la physionomie nouvelle de la lutte contre les sous-marins avec l'aide d'un appareil d'écoute. Il y a loin de ce combat, où le navire de surface suit son ennemi, le tient sous sa menace constante, malgré ses brusques crochets, et jette ses grenades en connaissance de cause, à l'affaire du *Rigel*, torpillé au milieu d'une escadrille entière de patrouilleurs.

A la vérité le *Dunois* a été manqué deux fois avant de pouvoir prendre l'ascendant sur son ennemi, mais ensuite la méthode de chasse se développe avec une sûreté remarquable jusqu'à la conclusion. Le sous-marin a-t-il été coulé? Probablement, et en tous cas avarié gravement. En le supposant même échappé, il avait perdu tout au moins une grande partie de sa valeur et l'équipage était moralement affaibli. Le choc violent de l'explosion, alors même que les grenades éclatent à une distance supérieure à leur portée utile, se répercute à l'intérieur du sous-marin avec une intensité considérable. Dans ce coffre d'acier, les parois violemment secouées vibrent en amplifiant les sons. Souvent les ampoules électriques se brisent et il ne reste plus d'autre éclairage que la lueur falote des petites lampes portatives.

Avant les appareils d'écoute, le jet des grenades était bien connu des équipages sous-marins allemands. Mais le patrouilleur les envoyait au hasard et, après deux ou trois changements de route, le submersible entendait les détonations s'affaiblir, puis cesser : il était sauvé. A présent, c'est toujours à proximité qu'ont lieu les explosions, et l'impression ressentie est bien celle d'une poursuite où l'on n'arrive pas à dépister le chasseur.

Le combat du *Dunois* est un duel entre deux adversaires, mais l'on peut s'imaginer combien l'écoute donnait de meilleurs résultats encore lorsqu'elle était pratiquée par un groupe entier. Le sous-marin ainsi pris en chasse avait bien de la peine à échapper. Obligé de rester sous l'eau de longues heures, il épuisait sa provision d'électricité, et cela seul pouvait amener sa perte en le forçant coûte que coûte à revenir en surface. En tous les cas, pendant toute la durée de la lutte, le submersible était annihilé en tant que destructeur du commerce. A quelques milles de là pouvaient passer les cargos les plus riches, des voiliers non armés; ils n'avaient rien à redouter de l'ennemi absorbé par le souci de sa propre sécurité. Et ce résultat c'était en somme tout le succès cherché.

Les groupes d'écoute avaient une trop grande étendue à surveiller pour se trouver toujours à point nommé en face d'un sous-marin. Livrés à eux seuls ces excellents organes d'attaque auraient laissé encore trop de place aux croisières sous-marines. Il fallait un moyen de reconnaissance rapide, qui pût faire la liaison entre les différents groupes et resserrer les mailles du réseau. C'est aux appareils volants que l'on réserva ce rôle et nous voici amené à parler de la flotte aérienne.

La flotte aérienne : hydravions, dirigeables, ballons captifs. — Au mois d'août 1914, la marine française ne possédait ni un dirigeable ni un ballon captif et l'aviation était représentée par *huit* appareils Nieuport, dont les essais de réception, très laborieux, venaient à peine d'être terminés. En novembre 1918, notre flotte aérienne comprenait 59 dirigeables, 200 ballons captifs et 1.264 hydravions. Si l'on réfléchit qu'il a fallu tout créer : matériel, hangars, installations, écoles, personnel, ces chiffres correspondent à un effort considérable, le plus grand peut-être accompli pendant toute la guerre. On peut en scinder l'historique en trois périodes successives.

La première, qui s'étend jusque vers le mois d'août 1916, est la période d'organisation, de préparation du matériel, et aussi d'utilisation des moyens précaires disponibles pour les nécessités militaires les plus urgentes.

Dans la seconde période, entre août 1916 et mai 1918, on organise méthodiquement tout un réseau de défense côtière sur le littoral de la France, de l'Algérie, du Maroc et de la Grèce ; on crée aussi quelques centres offensifs.

La troisième période, qui débute avec le programme du 1er janvier 1918, voit l'augmentation des éléments actifs, tant au point de vue du nombre que de la valeur des appareils. L'armistice du 11 novembre 1918 termine cette période avant son complet développement.

Etudions à présent les détails de ces trois étapes. Dès la déclaration de guerre, la marine se trouva en présence des difficultés de construction : les usines spéciales travaillaient pour l'armée, dont les besoins

semblaient plus immédiats, et il fallut organiser de toutes pièces la
construction des hydravions. On ne songeait pas alors à celle des dirigeables. Le matériel existant servit à constituer deux escadrilles,
une à Nice, l'autre à Bonifacio (Corse), où se rendit le croiseur porte-

Hydravion sur son chariot de lancement.

avions *Foudre*. Après le passage du XIXe Corps d'armée d'Algérie
en France, la *Foudre* quitta Bonifacio et l'on put former l'escadrille de
Dunkerque, dont le rôle devait s'affirmer de plus en plus important.

Les premiers appareils construits permirent de dédoubler l'escadrille de Nice, et d'en créer une nouvelle à Antivari, dans l'Adriatique,
en vue de l'attaque projetée contre Cattaro. Dans la suite, après l'abandon des opérations sur ce point, l'escadrille d'Antivari alla à Port-Saïd,
aux ordres de l'amirauté anglaise. Pendant dix-huit mois, elle rendit
les plus grands services, soit pour la défense du canal de Suez, soit
pour la coopération aux débarquements dans les Dardanelles.

C'est en janvier 1915 que l'on a pu créer à Boulogne et au Havre
des centres d'aviation destinés à opérer en Manche en vue de la protection des convois anglais. Au mois de mai suivant, nos alliés d'Italie

recevaient à leur tour une aide précieuse par l'installation d'un centre français à Venise.

Enfin, successivement, au fur et à mesure des ressources, de nouvelles escadrilles étaient constituées à Toulon, Bizerte, Brindisi et Salonique dans la Méditerranée, à la Pallice sur l'Océan. Un nouveau bâtiment porte-avions, le *Campinas*, vint remplacer la *Foudre*, destinée à d'autres services.

Cette première période est bien caractéristique : l'on tire un parti maximum des éléments dont on dispose, et les services rendus sont immédiatement de nature à démontrer toute l'importance du concours apporté par l'exploration aérienne. L'hydravion offre le précieux avantage de parcourir rapidement une grande distance et de découvrir l'ennemi de très loin, le plus souvent lorsque ce dernier ne l'aperçoit pas encore lui-même. C'est donc un instrument de reconnaissance précieux. Ses moyens d'attaque sont au début médiocres, car il n'emporte que peu de bombes, légèrement chargées en explosif. Mais l'hydravion agit surtout par sa mobilité et la soudaineté de son apparition. Dans le rayon d'action d'une escadrille aérienne, les sous-marins ne pourront guère naviguer en surface, et nous savons toute l'importance de cette contrainte.

C'est déjà un gros avantage que d'obliger le submersible à plonger, ce qui réduit à la fois sa vitesse et l'étendue de sa vision. Les patrouilles de l'air ont tout de suite obtenu ce résultat, avant d'avoir coulé un seul ennemi avec les bombes. Lorsque leur action a pu se lier convenablement avec les patrouilles de surface, la guerre sous-marine a pris un tout autre aspect. Ce fut l'œuvre réalisée par la seconde période, sur laquelle nous allons nous étendre davantage.

Le premier programme d'aviation maritime date du 23 janvier 1916. Il fut complété par celui du 10 octobre suivant, qui prévoyait 200 hydravions, 26 dirigeables et 50 ballons captifs.

Le 9 février 1917, nouvel accroissement par la création de dix-neuf centres et de treize postes de combat, portant l'effectif à 300 appareils. Les « postes de combat » étaient des lieux de stationnement, où quelques hydravions pouvaient séjourner et trouver leur ravitaillement, mais pas les ressources complètes offertes par les centres.

Au 15 avril 1917, dix centres nouveaux sont formés nécessitant 550 appareils. Enfin, le 30 juillet suivant, paraissait le programme qui établissait un réseau aérien complet sur toutes les côtes de France, avec 35 centres, 25 postes de combat et 12 escadrilles côtières. Ces

Mise à l'eau d'un hydravion par chariot de lancement.

dernières étaient des escadrilles de bombardement de l'armée, mises à la disposition de la marine, avec tout leur personnel et leur matériel.

Les appareils employés ont été successivement des trois catégories suivantes :

1º Types courants de l'aviation militaire, avec dispositifs permettant de se poser sur l'eau ;

2º Hydravions à flotteurs, remplaçant le train d'atterrissage par des flotteurs, employés surtout comme appareils de chasse ;

3º Hydravions à coque ou « bateaux volants », appareils d'un pilotage difficile, à cause du centrage défectueux, mais résistant bien à la mer une fois à flot à cause du volume de la coque.

Tous ces appareils étaient des biplans, monoplace pour la chasse, biplace et même triplace pour la patrouille. Les modèles employés furent le « F. B. A. » moteur Clerget, le « D. D. », le Tellier, le Lévy-Besson, le Coutant pour la patrouille ; le Borel, le Henriot-Dupont et le Spad pour la chasse. Les escadrilles côtières avaient le Voisin de bombardement, moteur Peugeot.

Comme effectif, l'on atteignit : en juillet 1916, 96 hydravions, avec un personnel total de 1.548 hommes ; en janvier 1918, 690 hydravions et 4.626 hommes ; en novembre 1918, 1.264 hydravions et 6.740 hommes. Du 1er novembre 1917 au 1er novembre 1918, l'aviation maritime a exécuté 70.700 heures de vol, en parcourant 3.721.670 milles marins.

Les centres étaient organisés comme un bâtiment d'escadre ; toutes les réparations devaient y être possibles, et les ateliers se trouvaient constitués dans ce but. La revision périodique des moteurs s'y effectuait régulièrement. Les hydravions patrouillaient toujours par *section*, formée de deux appareils.

Le service d'aviation maritime a été particulièrement dur, et les pertes ont lourdement atteint le personnel. L'état de l'atmosphère n'arrêtait que rarement les sorties, et les incidents de navigation étaient journaliers. L'un des plus poignants est certainement celui dont un hydravion du centre de Marseille a été le héros.

Le 2 juillet 1918, une section composée du « H-4 » et du « H-48 » patrouillait à 50 milles marins environ (92 kilomètres) au large de Planier, lorsqu'une panne obligea le « H-4 » à amerrir. Cet appareil était monté par l'enseigne de vaisseau de 1re classe Langlet (pilote et chef de section) et le second maître Dien, observateur. Le deuxième hydravion vint survoler son camarade et reçut l'ordre de regagner le centre pour prévenir de l'accident. Le trajet du « H-48 » s'effectua vent debout, avec mistral encore maniable, mais tendant à fraîchir. Au bout de 40 minutes, le manque d'essence immobilisa cet appareil à 20 milles du cap Couronne, sur une mer déjà très clapoteuse. L'amerrissage eut lieu heureusement sans trop de peine, et le second maître pilote lâcha aussitôt ses deux pigeons voyageurs pour demander du secours. Il était alors 4 heures du soir et le temps était menaçant.

La vedette « Cornilleau » V-57, de garde, appareilla aussitôt. Au bout de deux heures de recherche, elle aperçut le « *H*-48 » et réussit à le prendre en remorque, après avoir embarqué les deux aviateurs. La mer avait grossi et ces opérations furent assez difficiles. On crai-

Mise à l'eau d'un hydravion par la grue.

gnit même un moment de ne pouvoir ramener l'hydravion, qui menaça plusieurs fois de chavirer sous la poussée des lames et la violence des rafales.

A l'arrivée dans la rade de Marseille, la vedette rencontra deux sloops et leur signala qu'un autre hydravion restait à recueillir. Ces bâtiments partirent aussitôt dans la direction indiquée.

Le lendemain, au lever du jour, la vedette V-57 sortait de nouveau pour tâcher de retrouver le « *H*-4 » et l'enseigne Langlet. Des avions côtiers de l'escadrille V-486 éclairaient sa marche et opéraient une reconnaissance dans le même but. Plusieurs chalutiers avaient également pris la mer, ainsi que des chasseurs de sous-marins. La difficulté était de savoir où rencontrer l'hydravion. On était à peu près fixé, d'après les déclarations de son camarade de section, sur le point d'amerrissage. Mais un appareil flottant, avec ses ailes faisant voiles, dérive à une vitesse qui n'est pas inférieure à 4 ou 5 milles à l'heure. La mer, dont la direction ne concorde pas toujours avec celle du vent, pousse également cette coque légère, faisant bouchon sur les vagues. Il fallait donc diriger les recherches un peu à l'aventure, dans un secteur évidemment à l'Est de Marseille, mais bien indéterminé. Le mistral avait pris toute sa force et, après avoir exploré jusqu'à 25 milles au large, la vedette V-57 fut obligée de rentrer à 6 heures du soir. Les avions côtiers l'avaient depuis longtemps précédée, et seuls les bâtiments de haute mer purent continuer.

Amerrissage.

Pendant ce temps, l'enseigne Langlet et le second maître Dien étaient dans une situation critique. Les lames avaient atteint une hauteur de 3 à 4 mètres, et l'hydravion manquait à chaque instant de chavirer. Langlet était un capitaine au long cours, mobilisé dans l'aviation, excellent marin et homme de ressource. Il commença par supprimer l'entoilage de ses ailes, afin de diminuer la surface exposée au vent, établit par les moyens du bord une « ancre flottante », sorte de cône en toile lesté, dont la résistance offrant un point d'attache à l'hydravion le maintient debout à la mer, et la dérive commença. Elle devait durer *douze jours* ! Pendant tout ce temps, ces deux hommes, sans vivres, sans eau, vont s'en aller au gré des vents. Mais ici l'ingéniosité du marin se révèle tout entière. Il faut avant tout éviter le supplice de la soif. Langlet démonte son moteur, utilise le tuyautage, et fait un alambic avec serpentin, chapiteau, caisse réfrigérante. Le carburateur devient une lampe à essence, et l'on distille avec cet appareil

1. Mitrailleuse contre les avions ennemis.

2. Canon de 37 contre les sous-marins et buts flottants.

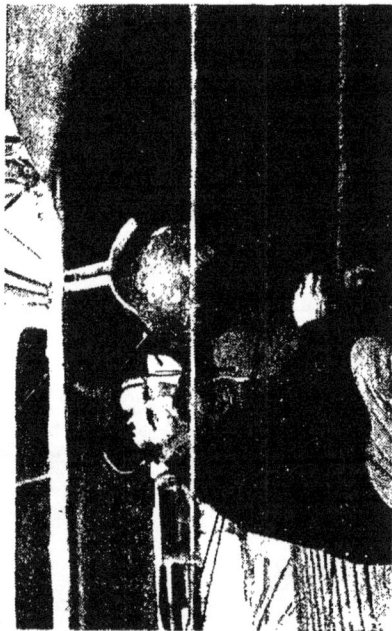

3. Bombe à son poste de lancement.

4. Canon de 37 millimètres en position de tir.

Armement d'hydravions.

un demi-litre d'eau de mer par heure. C'est ce moyen ingénieux qui sauva les naufragés.

Le 14 juillet, le « *H-4* » avec son vaillant équipage atterrissait dans

Mécanicien visitant les moteurs d'un dirigeable en cours de route.

le golfe de Porto, sur la côte ouest de Corse, où la vedette V-56 du centre d'Ajaccio venait bientôt le chercher.

L'énergie de nos aviateurs ne s'est pas, heureusement, dépensée toujours à sauver leur propre existence. Souvent ils bombardèrent avec succès les sous-marins, surtout au début, quand les centres d'aviation venaient d'être installés. Plus tard, l'ennemi s'éloigna de ces points dangereux et les rencontres devinrent proportionnellement moins fréquentes.

Le 7 mai 1917, une section d'hydravions patrouillait au large de la côte d'Afrique lorsqu'un sous-marin en surface fut aperçu. Les deux appareils courent sur lui, mais au moment où ils arrivent à l'aplomb de l'ennemi, celui-ci vient de plonger. On aperçoit sa forme dans l'eau claire, et les aviateurs distinguent parfaitement ses hélices en mouvement. Les hydravions descendent bas et jettent leurs bombes.

Le sous-marin a été touché, car on le voit revenir en surface ; un moment même, l'extrémité du tuyautage d'échappement apparaît. Evidemment, il a une voie d'eau et fait tous ses efforts pour émerger, préférant se rendre que de sombrer. Il n'a bientôt plus le choix, car une autre section d'hydravions arrive et jette de nouvelles bombes. Cette fois, le sous-marin, durement secoué, disparaît avec un fort bouillonnement.

Le 16 juin suivant, en Méditerranée orientale, quatre hydravions firent encore une opération semblable en bombardant, à 100 mètres d'altitude, un sous-marin que leur approche avait contraint à s'immerger précipitamment. Plusieurs bombes, lancées avec précision, firent apparaître quelques instants après leur explosion, un dégagement considérable d'énormes bulles d'air, et cela pendant huit à dix minutes. On ne revit plus le sous-marin.

Les escadrilles côtières, composées comme nous l'avons vu, d'appareils de l'armée, montés par le personnel militaire de l'aviation terrestre, eurent de grandes difficultés à s'adapter à leur nouveau rôle. Les avions Voisin n'avaient aucun moyen de flotter ; la panne la plus minime entraînait la perte de l'appareil et mettait les pilotes en mauvaise posture, à moins de secours immédiat. Aussi ces escadrilles agissaient-elles toujours en liaison avec un groupe de vedettes, prêtes à recueillir les aviateurs tombés à la mer. Le 18 février 1918, la vedette V-57, sortie avec un convoi vit ainsi un avion, descendre en vol plané et venir sur l'eau à peu de distance. Il était dix heures du matin, mer calme. Deux minutes et demie exactement après la chute, l'avion avait disparu et il ne restait, flottants dans leurs gilets de sauvetage, que le lieutenant pilote et son observateur. Tous deux furent ramenés au centre par la vedette. On voit combien était périlleux l'emploi de ces avions terrestres dans la défense côtière. Les services rendus par ces formations furent néanmoins très précieux, surtout

Le dirigeable AT 4 au départ.

lorsqu'elles eurent des appareils plus puissants, à deux moteurs rotatifs.

Les observateurs des escadrilles de l'armée eurent aussi à faire l'apprentissage indispensable pour reconnaître leurs objectifs. Beaucoup n'avaient vu ni la mer ni un bâtiment, encore moins un sous-marin. Aussi y eût-il quelques méprises au début. Un chasseur de sous-marins fut ainsi salué un beau jour de deux bombes, heureusement sans résultat. A quelques jours de là, comme je causais de l'incident avec le commandant du chasseur, celui-ci me dit : « Qu'ils m'aient bombardé, soit. Tout le monde peut se tromper, et erreur ne fait pas compte. Mais ce que je trouve légèrement excessif, c'est d'avoir dit dans leur rapport qu'ils m'ont contraint de plonger..... »

Pour éviter ces méprises, plus faciles d'ailleurs à commettre que le vulgaire ne se l'imagine, il fut établi un système de marques apparentes, placées sur le pont des bâtiments dont la dimension et l'aspect général pouvait prêter à confusion.

Du mois d'août 1914 à septembre 1916, les hydravions ont rencontré des sous-marins une vingtaine de fois encore. A partir du 1er septembre 1916 jusqu'au 1er novembre 1918, une statistique régulière a été tenue ; elle donne les chiffres de 213 rencontres, ayant amené 200 attaques à la bombe. Le pourcentage des réussites est inconnu.

Passons à présent à l'aérostation. Nous avons vu que ce service n'était pas constitué au moment de la déclaration de guerre. Quelques officiers de marine avaient bien été détachés en mission dans les centres de dirigeables de l'armée, et un programme comportant la construction de douze ballons rigides se trouvait à l'étude, mais sans avoir reçu de commencement d'exécution. C'est en avril 1915 que l'aérostation maritime prit son développement, lorsque l'Amirauté anglaise décida d'établir à Marquise-Rinxent (Pas-de-Calais) un port de relâche pour dirigeables, vite transformé en un centre armé de deux dirigeables type S. S.

Au mois de janvier 1916, la Marine prenait possession du centre de Marquise, puis au mois d'avril suivant le centre du Havre entrait en service avec trois dirigeables, deux du type S. S., un du type C. P. Dans le courant de l'été 1916, celui de Bizerte était créé avec deux ballons cédés par la guerre. Un d'entre eux, le T, fit malheureusement explosion sur les côtes de Sardaigne en gagnant son poste par la voie de l'air.

Les programmes successifs de mai 1916, 16 octobre 1916 et 30 juillet 1917 portèrent le développement de l'aérostation maritime au degré constaté par les chiffres suivants.

Des 5 dirigeables existants en juillet 1916, avec un personnel de 394 hommes, on passa en juillet 1917 à 25 unités et 1.606 hommes, pour atteindre au mois de novembre 1918 l'effectif de 59 dirigeables avec 2.657 hommes. Une école pour les pilotes fut créée dès l'année 1916 à Rochefort. Les dirigeables de la marine ont, entre le 1er novembre 1917 et le 1er novembre 1918, tenu l'air pendant 13.152 heures, couvrant 523.970 milles marins.

Les types employés étaient de deux sortes : 1º petits dirigeables-vedettes de 2.000 à 3.000 mètres cubes, type A. T., pour escorte des convois côtiers et exploration dans les mers étroites ; 2º grands dirigeables, de 6.000 à 8.000 mètres cubes pour les longs trajets.

L'armement de ces unités consistait en bombes et en mitrailleuses. Des attaques au canon ayant été dirigées par les sous-marins contre nos dirigeables, ceux-ci reçurent des pièces d'artillerie vers la fin de 1918 afin de pouvoir se défendre en pareil cas.

L'efficacité des dirigeables se révéla bientôt de tout premier ordre
Sous certains rapports ils étaient supérieurs aux hydravions, notamment en ce qui concerne la recherche des mines sous-marines. La
faculté qu'ils possèdent de ralentir, de pouvoir en quelque sorte s'arrê-

Mitrailleuse installée dans la nacelle d'un dirigeable.

ter sur place pendant le temps nécessaire à une bonne observation,
était dans ce cas très précieuse. C'est ainsi que, durant le mois d'octobre 1917, le dirigeable *Champagne* découvrit 18 mines mouillées
dans les passes de Corfou, lesquelles furent toutes draguées sous
sa direction.

Ils lancèrent aussi à plusieurs reprises des bombes sur les sous-
marins. Le 6 janvier 1918, un dirigeable du Havre, patrouillant en
Manche, aperçoit un périscope. Il prend aussitôt la position d'attaque
et lance trois bombes, qui tombent juste sur l'avant du périscope.
Un chalutier patrouilleur, qui assistait à la scène, vit distinctement le

sous-marin faire trois tentatives d'émersion et disparaître ensuite, certainement atteint.

Près de Marseille, un dirigeable, croisant dans le golfe du Lion par ciel couvert, descendit pour sortir des nuages et se trouva brusquement en présence d'un sous-marin en surface, avec son équipage sur le port. Six bombes lancées en bouquet firent prompte justice de cet ennemi imprudent.

Le relevé total des opérations pour les dirigeables pendant la guerre donne un total de 44 sous-marins vus, dont 34 attaqués à la bombe.

A côté des dirigeables s'élevèrent les ballons captifs, vulgairement dénommés « saucisses ». C'est en 1916 que la Marine songea à utiliser des ballons-cerf-volants, du type Caquot, dont les services étaient appréciés sur le front de terre depuis le début des hostilités. Sur mer l'avantage d'un poste d'observation ayant des vues étendues n'était pas discutable. Les études portèrent sur l'aménagement spécial des treuils à bord des bâtiments et sur celui des centres destinés à gonfler, entretenir et réparer les ballons captifs. Les grands sloops, les chalutiers, certains remorqueurs, furent aménagés en conséquence. Dans des endroits choisis l'on construisit des hangars susceptibles de recevoir des ballons prêts à embarquer, à coté desquels furent établis des ateliers de réparation et des machines à produire l'hydrogène. Ces centres devinrent les fournisseurs de matériel et de personnel observateurs pour les navires spéciaux possédant l'installation nécessaire.

Tout d'abord on se borna à employer les ballons sur les dragueurs, pour la recherche des mines. Les observateurs voyaient celles-ci par transparence très aisément et signalaient leur position au moyen du téléphone. Le dragage s'effectuait ainsi dans d'excellentes conditions. L'observateur découvrait d'autant mieux les mines qu'il se trouvait plus immédiatement au-dessus d'elles. Cependant on reconnut qu'avec des eaux claires on distinguait encore les objets immergés jusqu'à un angle d'environ 25° à partir de la verticale. Il en résultait que le ballon pouvait explorer un cercle de diamètre sensiblement égal à son altitude. L'emploi du ballon captif dans les opérations de dragage ou de reconnaissance des passes devint bientôt courant.

Devant la facilité d'embarquement de ces précieux auxiliaires,

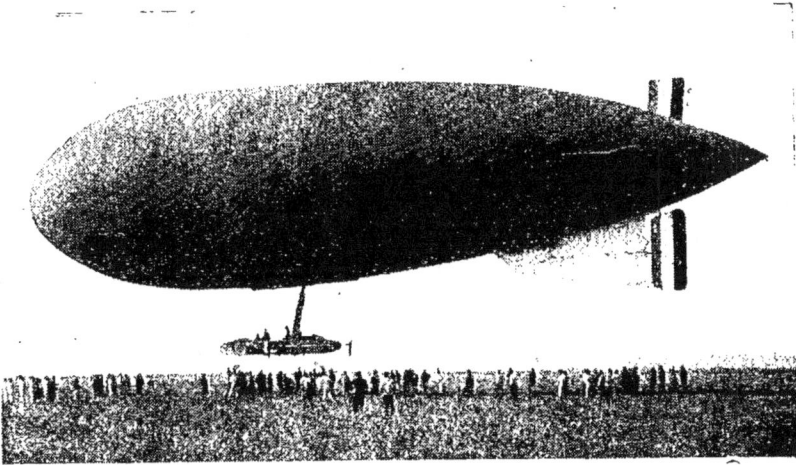

Le dirigeable VZ 5. « Lâchez tout » :

et après avoir constaté qu'ils résistaient fort bien à des vents frais, l'on songea à les utiliser aussi pour escorter les convois. Les essais furent concluants, et dès le mois d'avril 1918 on exécuta ainsi les traversées Toulon-Gibraltar, Toulon-Bizerte, Marseille-Alger. En juillet de la même année, un ballon captif s'en alla même dans l'Atlantique jusqu'aux Açores.

Ce nouvel élément de défense accrut beaucoup la sécurité des convois. De sa nacelle l'observateur, muni de jumelles prismatiques puissantes, apercevait le moindre objet dans un rayon considérable, qu'on peut fixer à une trentaine de kilomètres dans les conditions ordinaires. Avantage encore plus précieux, l'*observation était continue* : la nacelle, reliée au bâtiment remorqueur par téléphone transmettait au fur et à mesure les renseignements recueillis, indiquait dès qu'ils se produisaient les mouvements de l'ennemi, mettait en quelque sorte ce dernier sous une surveillance constante. Dans ces conditions, un sous-marin était forcé de s'immerger à une grande distance du convoi, sous peine d'être découvert et poursuivi par les escorteurs, tous munis d'appareils Walser. On voit à quelles difficultés se heurte l'attaque. Le périscope, à fleur d'eau, n'a pas un grand cercle de vision ; son emploi même est dangereux, car il trace à la surface un sillage triangulaire très reconnaissable, et qui n'échappera pas à l'observateur du ballon. C'est donc à l'aveuglette que l'assaillant devra s'approcher et gagner sa position de lancement. Son peu de vitesse en plongée ne lui facilitera pas la tâche ; et c'est ainsi qu'on a vu des sous-marins suivre un convoi plusieurs jours, apparaissant et disparaissant à l'horizon, sans parvenir à lancer une seule torpille.

Devant les services rendus par les ballons captifs pour l'escorte des convois, cette branche de l'aérostation maritime acquit un grand développement. Trois types d'appareils furent adoptés, ayant respectivement 750, 820 et 1.000 mètres cubes. Les deux premiers étaient destinés aux dragueurs et bâtiments convoyeurs ; le dernier devait servir aux cuirassés comme observateur d'artillerie. Il n'en fut construit que quelques unités.

En juillet 1917, il n'y avait encore que 10 ballons captifs ; en janvier 1918, on en comptait 80, avec un personnel de 996 hommes, et l'effectif monta au mois de juillet 1918 à 200, utilisant 1.472 hommes. Les ballons captifs ont totalisé, de novembre 1917 à novembre 1918, 29.338 heures d'observation. Il y avait deux écoles pour la formation des observateurs, l'une à Brest, l'autre à Corfou.

Nous venons d'exposer succinctement la deuxième période d'organisation de l'aéronautique maritime, la plus féconde en résultats. La troisième période fut surtout celle du perfectionnement des appareils et du renforcement des effectifs, mais aucun changement ne fut apporté dans les principes directeurs, reconnus satisfaisants. Le programme du 1er janvier 1918, élaboré avec la participation des Etats-Unis et du Portugal, permit la mise en service de 44 centres d'hydravions, chiffre maximum obtenu pendant la guerre. Les Américains nous fournirent 238 appareils et les Portugais 36, avec leurs pilotes et observateurs.

L'aéronautique, sous ses trois aspects, dirigeables, captifs, hydravions, fut ainsi mêlée intimement à toutes les actions navales. Le réseau des centres et postes de combat ne laissait aucun point de nos côtes en dehors de la surveillance, et celle-ci s'effectuait souvent la nuit comme le jour, les dirigeables exécutant fréquemment des sorties nocturnes. Les patrouilles aériennes se lièrent de plus en plus aux patrouilles des bâtiments, et l'arrêté du 29 octobre 1917 vint donner au service de reconnaissance une organisation rationnelle. Tous les éléments d'exploration, sur l'eau comme dans l'air, furent placés sous

Poste générateur d'hydrogène pour ballons captifs.

l'autorité des chefs de division commandant les patrouilles, et répartis en cinq groupes subordonnés aux vice-amiraux préfets maritimes. Il y eut ainsi à Cherbourg, Brest, Lorient, Rochefort et Toulon une centralisation régionale de la défense côtière et de la protection des routes maritimes, englobant sous une direction unique tous les moyens d'action.

En ce qui concerne l'aéronautique, on peut affirmer que la Marine a le droit de se montrer fière de sa flotte aérienne, créée de toutes pièces, en pleine guerre, au milieu des difficultés que l'on sait. Pilotes, observateurs, mécaniciens, venus de la marine du commerce ou appartenant aux formations actives, tous ont une grande part dans le succès final, et hommage leur est dû pour leurs pertes cruelles et leur inlassable dévouement.

Avec cet exposé de l'armée navale de l'air, nous en avons terminé des moyens, en quelque sorte réguliers, employés dans la guerre sous-marine. Il y en eut d'autres, qu'il ne convient point de passer sous silence, et voici maintenant ce que nous pouvons appeler — dans le meilleur sens du mot — les « francs-tireurs » de la mer.

Bâtiments déguisés, armements clandestins. — L'idée de maquiller un navire de combat en cargo inoffensif est née avec la guerre sous-marine elle-même. Devant les attaques de bâtiments de commerce par les submersibles, surtout au début, quand le canon opérait beaucoup plus souvent que la torpille, il n'est pas un seul marin qui n'ait songé à un pareil procédé. Mais, en matière de construction navale il y a loin du principe à la mise en pratique et les difficultés commencent dès que l'on veut passer à l'exécution. C'est en Angleterre que se firent les premières études et nous ne saurions omettre à cette occasion la collaboration précieuse apportée à l'amirauté britannique par un de nos compatriotes, Jean Charcot, l'explorateur polaire bien connu. Marin expérimenté, connaissant à fond la pratique comme la théorie de son métier, il dressa les plans d'un bâtiment spécial destiné à la chasse des sous-marins, et dont l'aspect ne révélait pas la mission. Détaché auprès de nos alliés, J. Charcot prit le commandement de son unité et croisa pendant plus d'une année dans les durs parages d'Ecosse. Lorsqu'on put en France mettre en chantiers des bâtiments analogues, l'un d'eux, le *Meg*, fut réservé à Charcot, qui l'eut sous ses ordres jusqu'à la fin des hostilités.

C'est toutefois en Angleterre que ce genre de navires — appelé par nos voisins les « Q-boats » — se développa davantage. Ils en possédaient. paraît-il, environ 300 à la signature de l'armistice. Nous allons examiner dans leurs détails ce qu'étaient ces redoutables bâtiments (1).

_____

(1) Plusieurs des indications qui suivent ont paru dans la *Nature* sous la signature V. Forbin.

Tout d'abord, l'une des conditions premières de la réussite étant la diversité des types, les Anglais se gardèrent bien d'établir un modèle uniforme, de même grandeur. Les « Q-boats » furent tantôt des chalu-

Observateur de ballon captif embarquant dans la nacelle.

tiers, tantôt des vapeurs côtiers, tantôt des cargos. Au commencement même l'on utilisa des navires existants, transformés pour les besoins de la cause, et auxquels on conservait soigneusement leur silhouette primitive. Le principe directeur était le suivant : établir un armement puissant à bord d'un bâtiment de commerce, auquel on donnerait un équipage militaire exercé, et dissimuler l'installation non seulement aux yeux de l'ennemi, *mais à ceux du service d'espionnage dans les ports.* Cette dernière condition était à la fois la plus difficile et la plus indispensable à remplir. Nos ports étaient pleins d'indi-

cateurs, qui se promenaient nonchalamment le long des quais, s'arrêtaient à considérer les navires comme d'honnêtes badauds, puis
dressaient des carnets de silhouettes, qu'ils faisaient parvenir avec
tous renseignements utiles à l'ennemi. Les neutres étaient bien placés
pour cela ; tel bâtiment suédois, danois, hollandais ou espagnol, venu
chez nous avec une cargaison, s'en retournait muni de documents
précieux sur les engins nouveaux de la guerre sous-marine. Sans poser
une question, les mains dans les poches et l'air indifférent, un homme
de métier voit bien des choses à bord d'un navire.

Pour éviter cet écueil, les Anglais constituèrent sur leurs « Q-boats »
deux équipages ; l'un, non dissimulé, d'un effectif en rapport avec l'utilisation commerciale du bâtiment, l'autre, soigneusement caché dans
l'entrepont, comprenant les matelots nécessaires à l'emploi militaire.

Ces derniers ne se montraient jamais aux escales, lesquelles étaient
réduites au strict minimum. Naturellement, tout uniforme se trouvait
proscrit, ainsi que toute élégance chez les officiers. Le capitaine « commercial », seul visible, et qui n'était pas toujours le réel commandant
du bord, avait le visage haut en couleur, l'âge et l'aspect bonhomme
du long-courrier anglais, volontiers bedonnant. Dans l'équipage,
beaucoup de mains calleuses et peu de visages rasés de frais.

Si l'on montait à bord d'un semblable bâtiment, l'on se trouvait
en présence d'un de ces « tramps » anglais qui parcourent le monde,
et qu'on rencontre aux quatre coins du globe. Le pont était négligem-
ment balayé, des rouleaux de cordages gisaient çà et là, « à la traîne »
comme disent les marins, et de la petite cuisine logée près de la che-
minée on voyait même sortir le nègre traditionnel, avec une casquette
à carreaux, en bras de chemise, ayant pour toute élégance une paire
de larges bretelles barrant le dos en croix, du pantalon aux omoplates.

En bas, c'était une autre affaire. Une fois dans le faux-pont, il n'y
avait qu'une trappe à lever pour se trouver au milieu des « gens de
guerre ». Cabines pour les officiers, avec salles de bains, salons, cui-
sines, postes d'équipages, rien ne manquait, et la tenue se révélait
aussi correcte qu'à bord du plus rigide « His Majesty's ship ». Tous
ces hommes étaient des volontaires ; les canonniers se recrutaient
uniquement parmi les pointeurs d'élite, les officiers étaient désignés

sur proposition spéciale. Les candidatures ne manquaient point ; entre ce service actif, plein d'aventure, et la monotonie des exercices sur un cuirassé condamné à l'inaction par le blocus des forces ennemies, personne n'hésitait.

L'armement consistait en deux ou trois pièces de 4 pouces (102 milli-

Un ballon captif : la sortie du hangar.

mètres) et une de 6 pouces (152 millimètres) en chasse à l'avant. Cette puissante batterie était dissimulée sous des roufles, dont les parois pouvaient se rabattre instantanément. La pièce de chasse, sous le gaillard, avait un sabord spécial. D'autres installations étaient curieuses. La télégraphie sans fil existait, mais dissimulée ; l'antenne, constituée par les « étais », les « haubans » soutenant les mâts, demeurait invisible. Afin de permettre la conduite du tir et l'inspection de l'horizon sans que les officiers et l'équipage de guerre eussent besoin de monter sur le pont, il y avait tout un jeu de périscopes placés dans des tuyaux d'aération ou des manches à vent, tout un agencement de postes d'observation masqués dans de faux treuils. On se rendra compte du rôle de ces appareils en voyant opérer un « Q-boat ».

Après avoir pris ostensiblement un chargement de charbon dans un port de la région de Newcastle ou de Cardiff, le moderne corsaire appareille et reçoit alors, par radiogramme chiffré, l'indication des parages où un sous-marin a été signalé. Il s'y rend avec les allures les plus débonnaires. Lorsque l'ennemi est signalé, l'équipage de guerre prend ses dispositions de combat dans l'entrepont, tandis que l'équipage du commerce se signale par des mesures marquées au coin de l'affolement le plus manifeste. Le bâtiment prend la fuite — en modérant sa vitesse — et quelques coups, mal ajustés, sont envoyés à l'assaillant avec le petit canon placé en évidence à l'arrière, comme sur tout cargo.

Le sous-marin ouvre le feu. On le laisse faire. Avec sa double coque garnie de liège, le « Q-boat » peut supporter des avaries, même une torpille, sans couler. Dès que les obus allemands encadrent le but, le navire stoppe, et l'équipage, cessant toute résistance, met les embarcations à la mer et s'éloigne. Rassuré, le sous-marin s'approche, et lorsqu'il n'est plus qu'à faible distance, coup de théâtre : les sabords s'ouvrent, les panneaux démasquent les pièces et une bordée terrible foudroie l'adversaire. On a vu ainsi un obus décapiter à moins de 200 mètres, un commandant allemand qui avait pris place sur une chaise pour regarder tranquillement sombrer le bâtiment attaqué.

On pense quels ravages ont pu faire de pareils navires et une semblable tactique dans les rangs des sous-marins ennemis.

En France, ce furent surtout des voiliers que l'on installa d'abord comme « Q-boats ». Plus tard on construisit les avisos de 500 tonnes, dont le *Meg* de J. Charcot, était un des échantillons. Mais le procédé n'eut jamais chez nous le développement qu'il atteignit en Angleterre. La discrétion indispensable nous fit trop souvent défaut ; il n'est pas dans notre caractère d'agir avec cette profonde dissimulation où se complaît l'humour britannique.

Néanmoins, les instructions ministérielles en date du 16 mars 1917 ont défini le rôle des « bâtiments-pièges » affectés exclusivement à la recherche et à la destruction des sous-marins.

On eut également recours à un procédé analogue, en créant les « armements spéciaux » ou installations clandestines à bord des

navires de commerce. La méthode était la suivante. Un officier de la
marine militaire, en civil, se rendait dans un port, muni d'une lettre
officielle établissant sa qualité et sa mission. Il s'informait des bâti-

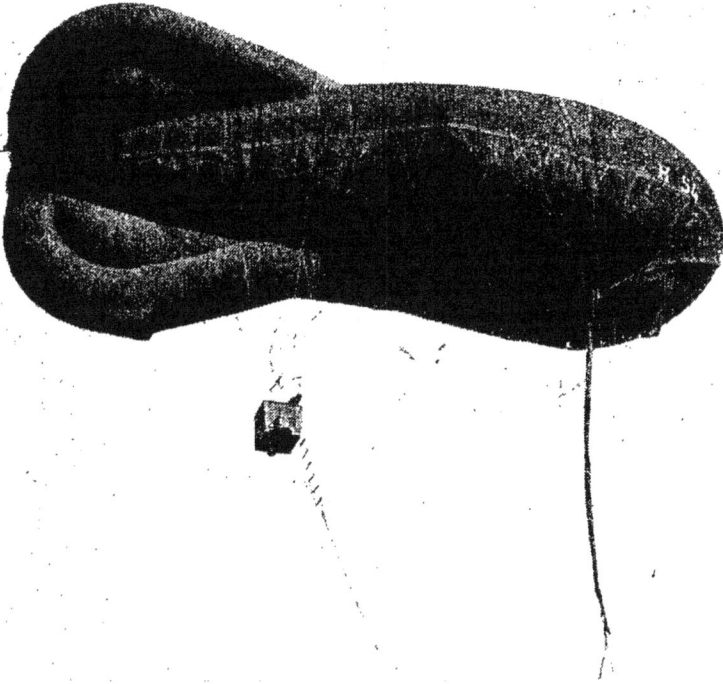

Un ballon captif en descente.

ments en partance, faisait choix de l'un d'eux et se présentait à l'arma-
teur auquel il exhibait ses pouvoirs. L'entente était naturellement
rapide et l'on voyait bientôt embarquer à bord du navire quelques
caisses portant des marques commerciales. L'envoi semblait urgent,
car une équipe de travailleurs supplémentaires aidait les dockers
habituels. A l'instant de l'appareillage, cette équipe, restée sur le bâtiment jusqu'au dernier moment pour l'arrimage des caisses, négli-
geait de redescendre sur le quai, sans que l'attention de personne fût
éveillée par un aussi mince incident dans l'agitation du départ.

Une fois en mer, l'officier en civil faisait procéder à un curieux travail : ses hommes ouvraient les caisses en question et installaient sur le pont quatre pièces de 75 millimètres, montées sur affûts spéciaux, et des mitrailleuses, qu'ils établissaient sur les gaillards. Le tout était dissimulé sous des bâches faciles à enlever au dernier moment. L'équipe de travailleurs devenait alors ce qu'elle était réellement, une réunion de canonniers brevetés et de chefs de pièce et le sous-marin trouvait un bâtiment puissamment armé là où il ne comptait rencontrer qu'un petit cargo muni d'un 47 millimètres.

L'avantage de la méthode était de permettre le changement de navire avant que la mèche ne fût éventée. Car s'il était possible de dissimuler l'opération pour un voyage, il ne fallait pas espérer faire durer le mystère plus longtemps. Arrivé dans un port français, l'officier déménageait son matériel et se mettait en quête d'un autre gîte.

Par quelles aventures ont dû passer ces bâtiments déguisés et ces « commis-voyageurs » en artillerie ! Nous le saurons sans doute un jour lorsque les acteurs principaux se décideront à parler. Mais jusqu'à présent ils ont conservé l'habitude du silence dont leur mission faisait une loi, et nous en sommes réduits aux hypothèses.

L'attaque des bases ennemies; nos contre-torpilleurs et nos sous-marins. — Nous avons vu que la guerre sous-marine comportait trois opérations différentes : la protection du commerce, la destruction des submersibles et l'attaque des bases ennemies. Ces opérations n'ont pas été successives, mais simultanées, du moins dans la mesure permise par les moyens dont on disposait. L'attaque et le blocus étroit des bases sous-marines a été entrepris dès le début des hostilités et c'est pendant ces actions que s'est déployée dans toute son ampleur la guerre de mines.

Les Anglais commencèrent par en garnir la baie d'Héligoland de telle manière que les sous-marins allemands basés à Cuxhaven durent renoncer à prendre la mer autrement qu'en passant par le canal de Kiel, et les détroits entre la Suède et le Danemark. Il en résultait une forte diminution dans le rendement de leurs opérations, la période active se trouvant réduite au tiers de la durée totale des sorties.

Bientôt, le Sund et le Cattégat eux-mêmes furent minés et la flotte britannique détacha dans ces parages des patrouilleurs, accompagnés de sous-marins à l'affût. Alors les Allemands à leur tour y établirent des champs de mines faiblement immergées, si bien que personne ne put naviguer dans cette région ; Suédois et Danois durent employer des dragueurs en permanence pour s'assurer quelques couloirs praticables à leurs navires.

L'amirauté anglaise entreprit ensuite, et mena à bien, le gigantesque travail de barrer toute la mer du Nord, de l'Ecosse à la Norvège par un immense champ de mines mouillées à une profondeur suffisante pour ne pas gêner les navires de surface, tout en interdisant le passage aux sous-marins. Seules les eaux neutres norvégiennes, c'est-à-dire quelques kilomètres le long des côtes, restèrent libres et les Allemands en profitèrent pour s'y glisser. Comme, chemin faisant, ils ne résistèrent pas à la tentation de couler des navires en dépit des lois internationales, les Norvégiens établirent, en octobre 1917, un champ de mines dans leurs limites territoriales, afin d'écarter ces visiteurs indésirables.

Treuil pour ballons captifs.

Toutes ces mesures accumulaient à la sortie des bases allemandes des obstacles où périssaient de nombreux sous-marins. Il restait cependant à détruire les ports flamands de Zeebrugge et d'Ostende, qui étaient les principaux refuges des submersibles ennemis. Par leur proximité du Pas de Calais et de la Manche, ces ports constituaient un gros danger pour la navigation de l'Entente, mais la défense en était formidablement établie. Une descente exigeait un corps expéditionnaire nombreux et une opération de guerre terrestre considérable. On dut y renoncer après y avoir songé un instant. Restait alors le procédé de « l'embouteillage », auquel on s'arrêta finalement. Cette méthode, employée déjà au cours de nombreuses guerres antérieures — notamment pendant les hostilités hispano-américaines et par les Japonais à Port-Arthur — consiste à couler en travers des chenaux d'accès des bâtiments sacrifiés, qui « mettent en bouteille » tous les navires mouillés dans le port ennemi, annihilant complètement leur action.

Le 23 avril 1918, une double expédition est dirigée contre les deux bases flamandes par la flotte anglaise. Une coopération très active fut fournie par les contre-torpilleurs français de la flottille stationnée à Dunkerque, qui se joignirent aux unités légères anglaises chargées de protéger les bâtiments destinés à l'attaque.

L'opération de Zeebrugge réussit parfaitement : deux des navires réservés à cet effet se coulèrent à l'entrée du canal, formant entre eux une sorte de V obstruant le passage ; le troisième s'échoua avant d'entrer, mais constitua néanmoins un obstacle propice à l'ensablement du port.

Du côté d'Ostende, la brume vint faire manquer le résultat cherché : les deux bâtiments à faire sombrer ne purent trouver le chenal. Mais, reprise dans la nuit du 9 au 10 mai, l'action aboutit à la mise en bonne place du vieux croiseur *Vindictive,* dont les cales avaient été remplies de ciment. Au bout de quelques semaines, la marée avait fait son œuvre et les passes se trouvaient obstruées par les sables. Les Allemands durent alors évacuer ces bases inutilisables et la Manche fut libérée à peu près complètement de tout sous-marin ennemi.

En Méditerranée, l'armée navale française avait été chargée du blocus dès le début des hostilités. Elle remplit seule ce rôle ingrat jusqu'à l'entrée en ligne de l'Italie, en mai 1915. Ce que fut cette longue et pénible croisière, nous l'avons déjà esquissé en quelques mots, mais il n'est pas inutile de revenir sur une période qui fait le plus grand honneur à nos marins et à leurs chefs.

La mer Adriatique est peut-être la plus traîtresse de toutes celles d'Europe. Le temps y connaît des changements soudains, dans quelque saison que l'on se trouve. Une même journée voit se succéder l'hiver et l'été, la brume et le soleil, la bourrasque et le calme plat. Par périodes passe en trombe le « bora », vent du Nord descendu des montagnes, qui enfile ce long couloir de bout en bout et balaie tout sur son passage. La navigation est donc des plus délicates dans une mer semblable, et l'on pense la vie qu'y ont menée nos équipages pendant quatre ans.

Au point de vue militaire, l'Adriatique offre des difficultés presque

Téléphoniste en relation avec l'observateur d'un ballon captif.

insurmontables quand il s'agit d'attaquer la côte dalmate. Autant le littoral d'Italie est nu, sans abri, sans ports, autant celui d'en face est garni de refuges, de baies, d'îlots. De Fiume à Cattaro, ce n'est qu'un archipel aux détroits multiples, aux méandres capricieux. On voit tout le parti défensif que pouvaient tirer les sous-marins, contre-torpilleurs et croiseurs austro-hongrois d'une pareille topographie.

Nos bâtiments, obligés de parcourir inlassablement ces parages, y firent nombre de mauvaises rencontres. Le *Jules-Ferry*, le *Léon-Gambetta* et le *Victor-Hugo*, croiseurs cuirassés de 12.550 tonnes étaient de bien belles cibles à torpilles avec leurs 150 mètres de longueur. Aussi plusieurs fois faillirent-ils y rester. Le 2 septembre 1914, devant Cattaro, un sous-marin se montra à courte distance du *Léon-Gambetta*, et dut heureusement s'enfuir devant la canonnade bien ajustée du croiseur. A la fin d'octobre, le *Waldeck-Rousseau* se vit attaqué par un sous-marin, dont la torpille passa à vingt mètres du bord, tandis qu'une escadrille d'avions semait des bombes alentour. Le cuirassé *Diderot* fut aussi en butte aux attaques des submersibles et le *Jean-Bart*, de 23.500 tonnes, notre plus belle unité, reçut à l'avant une torpille, qui n'amena heureusement pas sa perte. Conduit à Malte, le *Jean-Bart* fut réparé en quelques semaines et reprit son poste de combat.

Nous ne devions pas toujours échapper avec autant de bonheur. Dans la nuit du 26 au 27 avril 1915, le *Léon-Gambetta* croisait, à six nœuds de vitesse seulement, près du cap de Leuca, lorsque deux torpilles l'atteignirent à la fois à bâbord. Le croiseur coula un quart d'heure plus tard, entraînant tout son équipage, dont 137 hommes seulement, sur 821, furent recueillis le lendemain par deux torpilleurs italiens. L'amiral Senès, qui avait son pavillon sur le *Léon-Gambetta*, ainsi que tous les officiers du bord, au nombre de 32, périrent dans la catastrophe.

Mécanicien vérifiant, à l'aide du *tensiomètre*, le degré de tension du câble d'un ballon captif.

On dut reporter plus loin notre ligne de blocus et la faire tenir par des bâtiments de moindre tonnage. L'attaque de Cattaro fut envisagée, mais elle exigeait un corps de débarquement trop nombreux à une période de la guerre où toutes nos forces étaient indispensables sur des points plus importants.

La nature du fond ne permettant pas d'essayer l'embouteillage, on dut donc se résigner à la surveillance étroite du canal d'Otrante. L'établissement d'un vaste barrage entre la côte d'Italie et Vallona, fut mis à l'étude. On reconnut bientôt qu'il présentait des difficultés insurmontables. La profondeur de l'eau, les courants et les violents coups de vent du Nord empêchaient toute fixation permanente d'un obstacle quelconque. On s'en tint alors à des filets remorqués par de nombreux chalutiers, et cette organisation, améliorée pendant toute la guerre, devait aboutir, en février 1918, à l'installation d'une *partie fixe*, limitée de filets à mines, selon le plan du lieutenant de vaisseau de Quillacq, et d'une *partie mobile*, constituée d'échelons successifs : sous-marins à l'affût, torpilleurs munis d'écouteurs, chalutiers, avions et ballons captifs. Ces mesures causèrent la perte de plusieurs sous-marins ennemis, mais ne purent jamais interdire complètement l'utilisation de la base de Cattaro.

Ce que l'on doit admirer, c'est le rôle extrêmement brillant rempli dans l'Adriatique par nos contre-torpilleurs. L'une des unités qui se distinguèrent les premières fut le *Bisson*, de 800 tonneaux, alors sous les ordres du commandant Le Sort. Le 7 août 1915, ce petit bâtiment reçut l'ordre de couper le câble télégraphique autrichien aboutissant à la presqu'île de Lagosta. Après avoir forcé l'entrée de la baie San Michele, le *Bisson* mit à terre sa compagnie de débarquement — *douze* hommes ! — sous le commandement du lieutenant de vaisseau Ponsot. Cette opération eut lieu par surprise avec un plein succès ; la sentinelle gardant le câble fut entourée avant d'avoir pu donner l'alarme et la ligne télégraphique sectionnée sans retard. Le corps de débarquement poussa plus loin, mais il se heurta bientôt à toute la garnison, qui ouvrit un feu violent sur la petite troupe française. Celle-ci, habilement dirigée par son chef, opéra sa retraite en bon ordre, ramenant la sentinelle prisonnière... et un chien qui s'attacha aux pas de nos matelots et ne voulut plus les quitter. Un seul de nos hommes, le timonier Le Moun, fut tué ; les autres rejoignirent le *Bisson* sains et saufs. Grâce aux renseignements recueillis, le commandant Le Sort put s'approcher de la station voisine des sous-marins et la bombarder efficacement.

Six jours plus tard, le 13 août 1915, le *Bisson* naviguait, au lever du jour, en compagnie de deux contre-torpilleurs italiens, lorsque le commandant Le Sort aperçut à l'horizon, sur bâbord, un point noir qui lui sembla être le kiosque d'un sous-marin en demi-plongée. Abandonnant son poste dans l'escadrille, il mit aussitôt le cap sur cet objectif, à toute vitesse. Quelques minutes plus tard, il ne restait aucun doute, c'était bien l'ennemi et le *Bisson* commença le feu avec la pièce de 10 centimètres de l'avant.

Le premier coup manqua le but, le second l'atteignit mais ricocha sur le kiosque sans pénétrer, le troisième perça le pont et éclata dans l'intérieur, ouvrant littéralement en deux le sous-marin, qui coula sur place en se dressant verticalement l'avant entier hors de l'eau.

Douze hommes restaient à la nage, ayant eu le temps de quitter le submersible avant la catastrophe. On les recueillit et on les réconforta. Parmi eux se trouvait l'officier en second, qui apprit au commandant Le Sort que sa victime était le *U-3*, appartenant à la marine austro-hongroise. Le commandant et huit hommes avaient été engloutis avec leur bâtiment.

Détail amusant : le chien recueilli à Lagosta reconnut parfaitement les survivants du *U-3* et leur fit fête, au profond étonnement de ces derniers, car ils ignoraient encore la descente du *Bisson* à San Michele et ne s'expliquaient pas la présence de l'animal à son bord.

Les engagements entre contre-torpilleurs alliés et unités légères austro-hongroises étaient fréquents. Profitant des facilités offertes par la côte dalmate, ces dernières opéraient leurs mouvements à l'abri des îles et attaquaient en forces supérieures notre réseau de surveillance, naturellement moins concentré. L'action la plus importante fut celle du 15 mai 1917.

Ce jour-là, vers 6 heures du matin, trois croiseurs autrichiens type *Amiral-Spaun* (3.300 tonneaux, sept pièces de 100 millimètres, 27 nœuds) attaquèrent les chalutiers remorqueurs de filet, qui depuis quelque temps avaient causé des pertes sérieuses aux sous-marins ennemis. Arrivés sur les lieux à l'improviste, à la faveur de la nuit, les Austro-hongrois purent couler 14 chalutiers avant d'être inquiétés.

A ce moment intervint une escadrille alliée, avisée par télégraphie sans fil, et composée du torpilleur italien *Mirabello*, chef de groupe, accompagné de trois torpilleurs français. Ces forces étaient insuffisantes pour attaquer la division ennemie ; elles se contentèrent de maintenir le contact, en signalant l'événement aux autorités navales de Brindisi.

Une escadre anglo-italienne, composée des croiseurs britanniques *Dartmouth* (5.200 tonneaux, huit pièces de 152 millimètres, 26 nœuds),

Le sous-marin français *Amaranthe*.

Bristol (4.800 tonneaux, dix 102 millimètres, 26 nœuds) et d'une division de torpilleurs italiens, sous le commandement de l'amiral italien Acton, appareilla aussitôt.

A 8 h. 30, elle apercevait deux torpilleurs autrichiens type *Tatra* (800 tonnes, deux pièces de 100 millimètres, 33 nœuds), qui se replièrent, poursuivis par les unités légères italiennes, jusque sous le feu des batteries de Durazzo.

Pendant ce temps, les croiseurs anglais avaient atteint la division autrichienne et ouvraient le feu à 9 h. 30. Le tir est efficace et le *Dartmouth* touche plusieurs fois le but. Le groupe *Mirabello*, dont fait partie le *Bisson*, attaque à son tour et les trois *Spaun* se replient vers Cattaro, poursuivis par les forces anglo-italo-françaises. Malheureusement le *Bristol* n'est pas assez rapide pour suivre le *Dartmouth*, et celui-ci est obligé de ralentir, car deux autres puissantes unités ennemies arrivent au secours des trois croiseurs, dont un, couché sur le flanc, paraît près de sombrer. L'amiral Acton rallia ses bâtiments et fit route sur Brindisi.

Le retour fut troublé par une attaque de sous-marin, qui réussit à torpiller le *Dartmouth*, mais sans le couler. Atteint à l'avant, piquant du nez, le croiseur anglais parvint à rentrer dans Brindisi. Moins heureux, le torpilleur français *Boutefeu*, qui s'était porté au secours du *Dartmouth*, toucha une mine et disparut en quelques instants.

Nos contre-torpilleurs, on le voit d'après ces exemples, ont vaillamment soutenu l'honneur du pavillon dans l'Adriatique. Mais il est à présent une catégorie de bâtiments à laquelle l'opinion publique n'a pas suffisamment rendu justice : nous voulons parler des sous-marins.

Il est grand temps de dissiper sur ce point l'ignorance de bon nombre de nos concitoyens. Quant on parle de la guerre maritime, si le mot de « sous-marin » est prononcé, combien s'imaginent que seuls les sous-marins ennemis ont eu un rôle actif ! Les nôtres, on les méconnaît. On les voit immobilisés dans les ports, n'ayant rempli aucun rôle, « puisqu'il n'y avait pas de cargos ennemis à torpiller ». On oublie trop aisément que si nos adversaires ont, pour leur honte, inauguré le massacre des équipages civils, ce n'est pas une raison pour admettre que cela constitue le seul emploi possible des submersibles. Ceux des alliés ont lutté contre les forces militaires adverses, et se sont montrés, dans l'accomplissement de leur tâche, bien supérieurs aux Allemands. Il n'est pas dans ma pensée de diminuer la valeur de nos ennemis ; sur mer comme sur terre ce furent de rudes jouteurs et notre victoire n'en est que plus belle. Mais il faut cependant reconnaître qu'ils se complurent aux besognes les plus aisées et ne jouèrent jamais « la difficulté ». Dans leurs croisières, on peut constater beaucoup d'endurance, une science consommée du métier, la manœuvre très correcte de leurs instruments, mais jamais le coup d'audace, le « risque-tout » dont nos marins sont coutumiers. Il n'est même pas exagéré de dire que dans leur situation, avec les avantages dont ils disposèrent au début, les sous-marins français auraient obtenu de bien plus grands résultats. En ce qui concerne les bâtiments d'escorte, les chasseurs, combien ont été attaqués délibérément par un sous-marin ? Lorsque les grands croiseurs submersibles allemands, armés de pièces de 150 millimètres, ont été mis en service, les a-t-on vus chercher à détruire les petits chalutiers, qui ne pouvaient cependant leur opposer que du 75 millimètres ? Enfin quel sous-marin des empires centraux a jamais tenté un exploit comme celui de notre *Curie*, se glissant, le 25 décembre 1914, à travers les barrages de mines et venant jusque dans la rade de Pola pour y torpiller l'escadre autrichienne ? Un malencontreux fil d'acier l'empêcha au dernier moment de réussir, mais quelle stupeur chez l'ennemi quand il vit cet audacieux arrivé au cœur de la place !

Dans l'Adriatique comme aux Dardanelles, un dur service semé de dangers attendait nos sous-marins. Plongées de douze heures à l'affût, blocus de Cattaro ou barrage du canal d'Otrante, voilà quel fut leur lot. Nos alliés d'Italie, émerveillés, leur ont exprimé souvent une juste admiration, témoin cet article de la *Tribuna* du 31 juillet 1917 : « ... Mais l'arme avec laquelle la marine amie a exécuté les entreprises les plus dures et remporté en Adriatique les plus admirables succès, est celle des sous-marins. Les sous-marins français non seulement sont infatigables, même dans les mois les plus mauvais, mais ont effectué une moyenne de lancements heureux qui, étant donné leur petit nombre, dépasse ceux de n'importe quelle escadrille. Affirmer cette vérité ne peut faire de tort à personne, c'est seulement reconnaître l'évidence des faits et le degré d'entraînement et d'habileté qu'ont acquis les équipages des sous-marins français. »

On pense que les pertes furent cruelles dans une pareille campagne. Mais nous y trouvons encore un sujet de fierté lorsqu'on peut relater des épisodes comme celui du sous-marin *Monge* et de son héroïque commandant, le lieutenant de vaisseau Roland Morillot.

Il croisait dans les eaux de Cattaro, la nuit, lorsqu'il aperçut une division de croiseurs, escortés par des torpilleurs, se glisser hors de la rade. Morillot prit ses dispositions d'attaque, et il avait gagné un poste de lancement assez rapproché, quand un choc formidable ébranla le sous-marin. C'est un des torpilleurs qui, à grande vitesse, vient de passer sur lui, sans l'avoir vu, du reste. Mais le choc a donné l'éveil et toutes les unités autrichiennes guettent à présent, les projecteurs balayant la surface de l'eau de leurs lueurs rapides.

Le *Monge*, gravement avarié, gagne les grandes profondeurs. Il atteint 25, 30, 40, puis 45 mètres, maximum du manomètre indicateur, dont l'aiguille reste « à bloc ». On chasse l'eau avec toute l'énergie dont on dispose ; tout espoir n'est pas perdu, la double coque n'est pas crevée. Bientôt en effet on remonte, l'aiguille du manomètre a bougé. Mais le kiosque est enfoncé, le périscope brisé, le *Monge* va en aveugle. Il revient pourtant à la surface, mais c'est pour recevoir toute la bordée des torpilleurs, prévenus par les remous de l'apparition du kiosque. Cette fois, la voie d'eau est irrémédiable. Morillot fait évacuer son équipage, qui saute à la mer, et lorsque tous ses hommes ont été recueillis par les embarcations autrichiennes, désormais seul à bord, il redescend les échelons d'acier et ferme sur lui le panneau. Puis, tout disparaît. Le commandant du *Monge* ne s'est pas rendu ; il repose à présent au sein de l'Adriatique, et la marine française conserve pieusement son souvenir.

La perte de Roland Morillot a été bien vengée. Peu de jours après, le sous-marin *Foucault* torpillait avec succès un éclaireur ennemi dans les environs de Vallona. Puis, le 3 mars 1916, un autre submersible français attaqua résolument un transport militaire, escorté de trois torpilleurs, et le coula malgré le feu intense concentré sur lui par les convoyeurs. Le 4 avril, un navire auxiliaire autrichien, accompagné par deux grands torpilleurs était coulé dans des conditions identiques. Le 9 mai, c'était au tour de l'*Archimède* de détruire un torpilleur, type *Tatra*, le 16 mai, celui du *Bernoulli* réussissant le même exploit au milieu de toute une escadrille. Enfin le *Foucault*, déjà nommé, fit sombrer en quelques minutes le croiseur de 3.300 tonnes *Helgoland*.

Nous pourrions continuer la liste, car elle fut longue. Nous terminerons seulement par la victoire de la *Circé*, commandée par le lieutenant de vaisseau de Cambourg. C'est encore le journal italien *Tribuna* auquel nous emprunterons le récit de cette glorieuse affaire. « Après une nuit entière de navigation en alerte, la *Circé* s'était immergée au matin, et de son périscope affleurant la mer sondait l'horizon. Tout d'un coup plusieurs fumées furent distinguées, ainsi qu'un vol d'avions dans le ciel. La *Circé* se rapproche et distingue nettement la coque d'un grand sous-marin en émersion totale, escorté d'avions et d'un contre-torpilleur. La *Circé* manœuvre avec précaution et se place pour pouvoir attaquer.

« Arrivé à 300 mètres des navires ennemis de Cambourg voit le torpilleur changer subitement sa route et décrire rapidement un demi-cercle. Attente pleine d'anxiété : le sous-marin français a-t-il été découvert? les hydravions l'ont-ils aperçu et signalé au convoi? Non, ou du moins il le semble, puisque le grand sous-marin n'imite pas la manœuvre de son convoyeur, ne plonge pas et continue tranquillement sa route. Certaine de n'avoir pas été vue, la *Circé* se rapproche ; elle constate que le sous-marin est armé d'un gros canon et d'une mitrailleuse. Même s'il était seul, ce serait un adversaire formidable.

« Arrivée à 250 mètres de son objectif, la *Circé* lance deux torpilles.... Quelques secondes se passent, une double explosion secoue le sous-marin français..... de Cambourg ne distingue plus dans son périscope qu'un nuage de fumée blanche. Il n'y a plus de sous-marin à la surface de l'eau. Il a coulé à pic.

« La *Circé* plonge immédiatement pour éviter la contre-attaque du torpilleur et des hydravions, qui cherchent à l'atteindre avec leurs bombes, dont Cambourg entend l'explosion sourde. La situation devient dangereuse et la *Circé* s'enfonce jusqu'à la plus grande profondeur possible, descendant au fond de l'abîme jusqu'à atteindre cette limite de pression qui fait vibrer les membrures et même sauter quelques boulons.

« Grâce à une route en zig-zag, la *Circé* finit par s'éloigner du champ dangereux. A 13 heures elle remonte à la surface et explore l'horizon. Aucun bâtiment en vue. Seul dans le lointain un hydravion à croix noire décrit encore des spirales au-dessus de la zone suspecte. Se voyant en sûreté, la *Circé* plonge de nouveau et commence son voyage de retour. De Cambourg, l'enseigne de vaisseau Reboul et tout l'équipage ont bien mérité les éloges du chef d'état-major et les récompenses du Roi qu'ils reçurent quelques jours plus tard. »

Nous n'ajouterons rien à cet hommage de la courtoisie italienne. Rappelons-nous seulement que si le travail de nos sous-marins fut silencieux, comme leur marche mystérieuse elle-même, ils ont droit à toute notre gratitude pour leurs éminents services. Montés par des officiers et des équipages d'élite, animés du plus bel esprit de sacrifice, ils ont contribué pour une large part au succès de nos armes.

Le remplacement des navires coulés. — La protection des bâtiments de commerce et l'offensive vigoureuse menée contre les sous-marins ont produit des effets que nous apprécierons au chapitre suivant. Mais ces mesures ne pouvaient à elles seules maintenir à flot le tonnage indispensable, et il fallut s'adresser à un moyen plus élémentaire, nullement guerrier dans son principe — ce qui nous incite à le mettre « à la gauche » — mais cependant d'une portée considérable. Il s'agit du remplacement des navires coulés par des constructions neuves.

La question se présentait sous deux aspects différents : l'intérêt immédiat de posséder les moyens de mener la guerre, et l'intérêt futur de ne pas se trouver avec une flotte commerciale insuffisante au moment de la paix. Le premier réunissait tous les alliés pour la cause commune ; le second évoquait déjà les lendemains de concurrence. La France n'existait guère dans la coopération comme dans la compétition, mais il n'en était pas de même pour l'Angleterre et les Etats-Unis. Chez nos voisins d'outre-Manche, le premier lord de l'amirauté, sir Eric Geddes, exposa nettement la situation dans son discours du 20 mars 1918.

Le pourcentage des pertes britanniques montait à 8 % du tonnage mondial, mais s'élevait à 20 % si l'on ne considérait que le pavillon national. Les attaques allemandes s'étaient en effet dirigées surtout contre la flotte du Royaume-Uni dans le but d'affamer ce rival exécré. Avant que la guerre sous-marine à outrance fût déclarée, le déficit anglais était de 1.300.000 tonnes, représentant les pertes non compensées des trimestres antérieurs depuis l'ouverture des hostilités.

Sir Eric Geddes faisait le tableau suivant des conditions dans lesquelles s'étaient trouvés les chantiers. Il est intéressant de rapporter ici textuellement la déclaration du lord de l'Amirauté, car on peut l'appliquer intégralement à notre industrie des constructions navales.

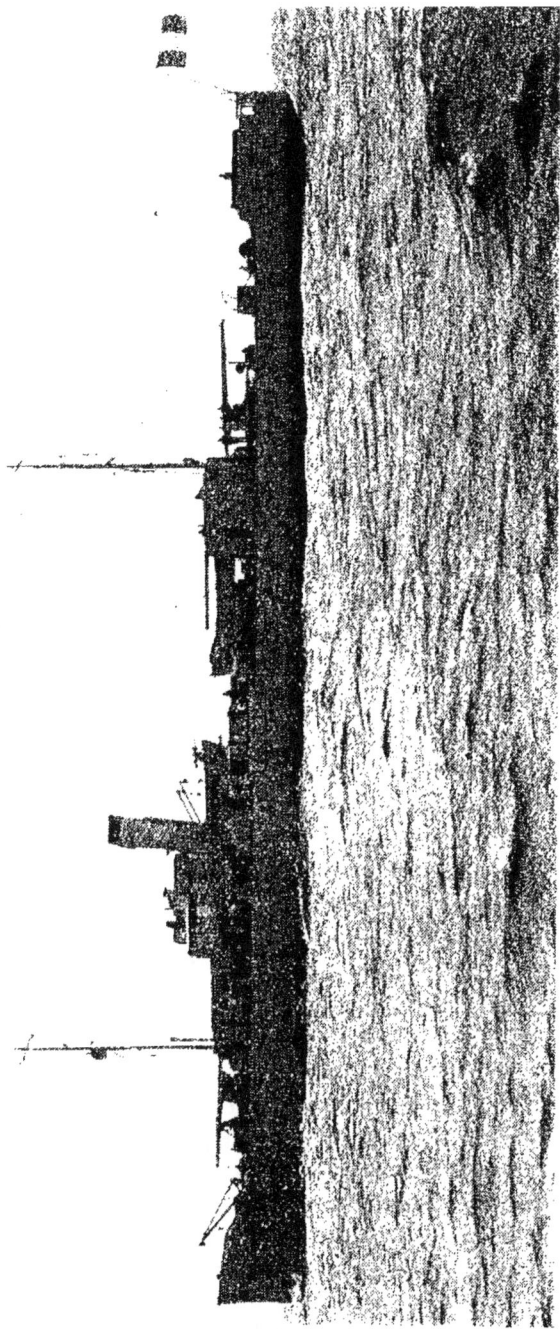

La *Suippe*, aviso de 600 tonneaux.

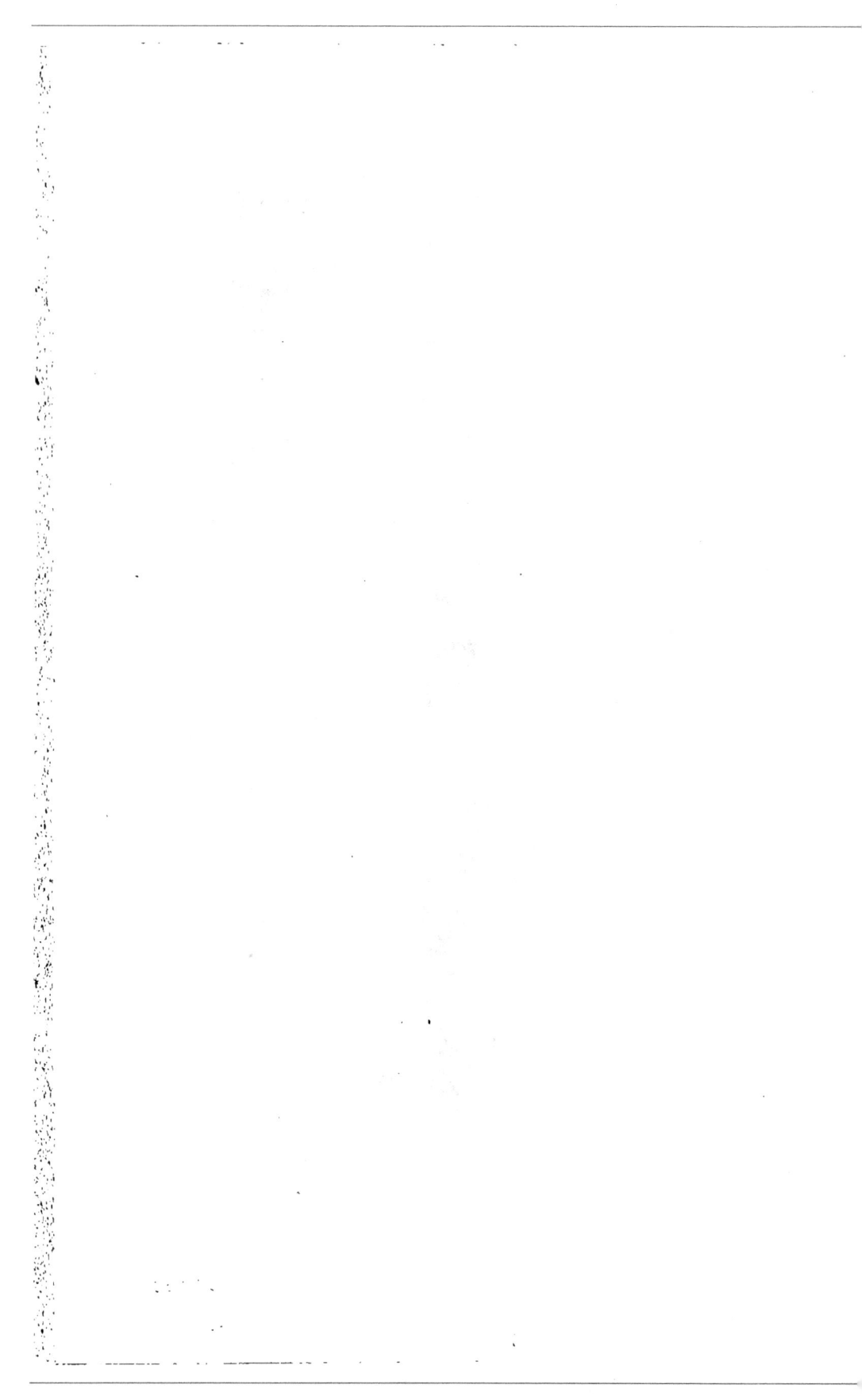

« Pendant les deux premières années de la guerre, dit-il, les chantiers de construction de ce pays ont perdu leurs hommes, et l'ouvrage y a été désorganisé : des coques sont restées sur les cales pendant de très longues périodes et il n'y avait plus de matériaux pour les finir. Quelques chantiers ont été occupés à un travail mal choisi. D'autres

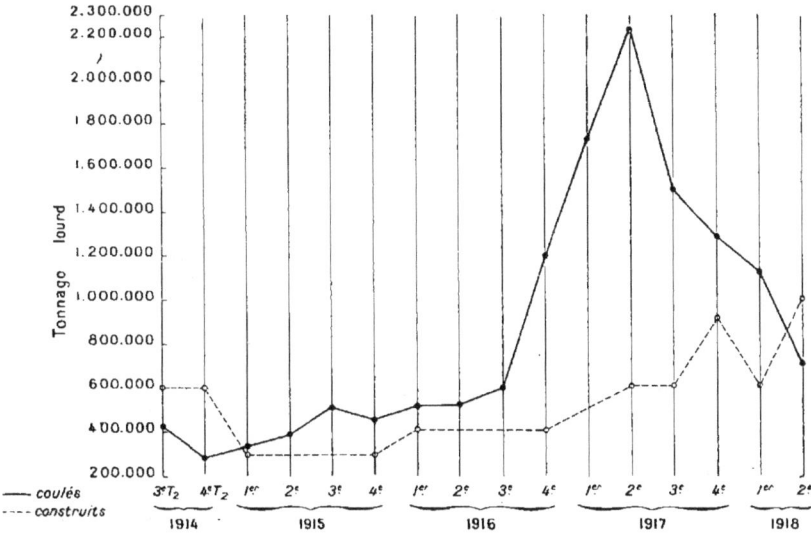

Diagramme des tonnages coulés et construits jusqu'au 30 juin 1918.

bâtiments déjà mis à flot avaient une partie de leurs machines, mais ces machines ne furent pas terminées, parce que dans les premiers jours de la guerre, et jusqu'en 1917, l'Amirauté avait employé la totalité de la production des ateliers de machinerie pour les besoins de la marine de guerre. Des hommes, qui seraient aujourd'hui inestimables, ont été enrôlés dans l'armée, dans la marine, ou envoyés au travail des munitions. Il est de fait que la plus grande confusion dans l'industrie des constructions navales n'est pas la faute de cette industrie, mais est due aux conditions qui lui furent imposées. »

Il n'y a rien à changer à cet exposé pour établir la situation de l'industrie similaire en France. Elle s'aggravait chez nous de toute la distance qui la séparait déjà avant la guerre de la capacité de production des chantiers anglais si incomparablement supérieure à la nôtre.

Nos voisins se rendirent très vite compte du danger et, dans le même discours, sir Eric Geddes pouvait annoncer que 47 grands établissements, contenant 209 cales, se trouvaient en pleine action, et réservaient exclusivement leurs moyens aux navires marchands transocéaniques. Onze autres chantiers occupés à construire pour la marine de guerre devaient bientôt se consacrer à la production du tonnage commercial.

Les résultats s'inscrivent dès lors, pour l'Angleterre, avec les chiffres suivants :

1916 : Production du 1er trimestre	....	95.000	tonneaux
— 2e —	....	108.000	»
— 3e —	....	125.000	»
— 4e —	....	213.000	»
1917 : Production du 1er trimestre	....	246.000	»
— 2e —	....	249.000	»
— 3e —	....	248.000	»
— 4e —	....	420.000	»
1918 : Production du 1er trimestre	....	320.000	»
— 2e —	....	443.000	»

En 1918 l'Angleterre a construit 1.245 navires jaugeant 1.876.411 t., et cependant le rendement des chantiers navals était encore de 18 % inférieur à celui de 1913.

Aux Etats-Unis, il y eut une poussée de production considérable. A côté des établissements existants au 1er janvier 1917, il s'en créa 74 nouveaux, pour lesquels il fut dépensé 10 millions de dollars. Le *Shipping Board* déclara qu'il estimait terminer 6 millions de tonneaux en 1918. Il n'obtint pas tout à fait ce résultat, mais on peut se rendre compte de l'effort produit par les chiffres ci-après : du mois d'août 1917 au mois d'août 1918, l'Amérique a mis en service 2.190.500 tonneaux ; entre janvier et juillet 1918, ont été commencés 1.719.500 tonneaux et la production de 1918 a été d'environ cinq millions de tonneaux. Celle de 1919 serait, d'après les prévisions de 7.500.000 tonneaux ! A ce taux, la flotte commerciale des Etats-Unis sera promptement la première du monde et cet accroissement n'est pas sans inquiéter le gouvernement britannique.

En regard de ces chiffres, la production française s'avère modeste.

En 1916, nous avons construit *treize mille* tonneaux ; en 1917, *vingt mille* ; en 1918, *quatre-vingt mille*. Notre alliée l'Italie, pour cette même année 1918, nous dépasse avec *cent vingt mille* tonneaux.

Au début de l'année 1919, il y avait en construction dans le monde entier 2.200 navires, jaugeant 6.922.000 tonneaux. Dans ce total sont compris 997 unités pour les Etats-Unis, 424 pour l'Angleterre... et *douze* pour la France !

Ce n'est pas dans un sentiment de critique stérile que nous étalons ce rapprochement fâcheux. Nous avons souffert de la guerre plus qu'aucun belligérant, et nos industries ont eu à faire face immédiatement à des besoins militaires considérables. C'est nous qui avons supporté, alors seuls ou presque, le choc formidable de l'Allemagne sur terre ; il a bien fallu à ce moment délaisser l'avenir pour répondre au présent. Ce que nous pouvons nous reprocher, c'est de n'avoir pas eu, avant 1914, une industrie de constructions navales plus florissante. Cela nous permettrait aujourd'hui de jouer dans le concert maritime une partie moins effacée.

Mais le passé est mort et les regrets superflus. Attelons-nous à la besogne présente ; organisons des chantiers et construisons des navires.

A côté de la production d'unités nouvelles, une source de récupération pour le tonnage était constituée par la remise en état des navires existants. Notre flotte — dont beaucoup d'éléments montraient une vétusté regrettable — a supporté un dur service pendant la guerre. Grâce au dévouement et à la haute qualité professionnelle de nos équipages — en particulier les mécaniciens — on parvint à faire naviguer convenablement tout ce matériel. Mais, au bout d'un certain temps, les avaries graves se produisaient et il fallait bien procéder aux réparations. Nous n'étions d'ailleurs pas les seuls, et en Angleterre la question se posait avec la même acuité.

Des chantiers durent être spécialisés dans ce genre de travail, qui absorbe à la fois beaucoup de main-d'œuvre — et la meilleure — beaucoup de temps, et des matériaux de choix. Le meilleur éloge qu'on puisse faire de ce service en France, c'est qu'il parvint à entretenir à peu près le tonnage dont nous disposons. En Angleterre, les réparations rendirent à la navigation active environ 230.000 tonnes par semaine.

Enfin, il existait encore, comme procédé indirect de lutte sous-marine, des *sections de sauvetage*, destinées à secourir les navires torpillés près des côtes, et qui demeuraient à flot malgré leur blessure, ou coulaient dans de petits fonds où l'on pouvait les renflouer.

La section française parvint à sauver ainsi 79 bâtiments, durant l'année 1918, et la section anglaise, 204. Depuis le début de la guerre jusqu'en novembre 1918, le nombre total des sauvetages opérés par l'Etat ou les entreprises particulières françaises s'élève à 310, et l'Amirauté britannique de son côté, en compte 401 à son actif.

Avec cet exposé de la récupération du tonnage détruit, nous en avons terminé des moyens mis en œuvre par l'Entente dans la guerre sous-marine. Méthodes de combat offensives ou défensives, mesures commerciales et industrielles, il a fallu tout cela pour conjurer le danger. Nous allons voir à présent le résultat de nos efforts : l'ennemi d'abord arrêté, puis dominé, et enfin abattu, tandis que la Victoire, un moment hésitante, se range définitivement sous nos drapeaux.

L'amiral Schwerer.

CHAPITRE IV

La guerre sous-marine vue de l'Allemagne ; la croisière du croiseur U - 151 ; les convois américains. — La victoire de l'Entente ; situation militaire et commerciale au 11 novembre 1918. — Esquisse d'un programme naval.

La guerre sous-marine vue de l'Allemagne ; la croisière du croiseur U-151 ; les convois américains. — Nous avons laissé les Allemands dans la joie des résultats obtenus en avril 1917, qui confirmaient aux yeux du public les prédictions de l'Etat-major général de la marine impériale. Mais déjà certains esprits jugeaient le triomphe tardif. N'était-ce pas le 29 mars 1916 qu'une déclaration officielle faite devant les commissions du Reichstag indiquait une limite de six mois comme suffisante « pour faire tomber l'Angleterre à genoux »? L'événement espéré devait donc se produire à la fin de l'année 1916, au plus tard, et la pousse de lauriers semblait à quelques mécontents singulièrement arriérée. Des bruits fâcheux commençaient même à se répandre ; indiscrétions de sources neutres, bavardages de matelots, statistiques de sous-marins disparus, couraient sous le manteau.

Le haut commandement était, en dépit de son assurance, plus inquiet encore que l'opinion : le rendement des croisières venait de baisser brusquement en juin 1917 et le tonnage détruit pendant ce mois accusait une diminution sérieuse. Des 890.000 tonnes d'avril, on était descendu à 700.000 tonnes, soit 21 % de réduction. Et le mouvement paraissait s'accentuer : juillet, août donnaient à leur tour des totaux encore plus bas, et septembre afficha même un cours de panique : 370.000 tonnes !

Par ailleurs les rapports déposés par les commandants de sous-marins accusaient des difficultés croissantes : mines et barrages à la sortie des bases, surveillance incessante le long des côtes, régions avoisinant les ports presque totalement impraticables, convois escortés dans des conditions rendant l'attaque très dangereuse.

L'Amirauté enregistrait ces indications et donnait à ses officiers les ordres les plus énergiques : le salut de l'empire exigeait une action incessante, quels que fussent les obstacles. Mais ce que le haut commandement n'ajoutait pas, c'est que le nombre croissait des sous-marins partis en croisière qu'on ne revoyait plus, sans qu'on pût posséder un seul détail sur les lieux et les circonstances de leur perte. Et ici apparaissait avec toute sa portée l'influence de cette « loi du silence » qu'observaient strictement les marins de l'Entente. Jamais l'Amirauté allemande ne parvenait à savoir où et comment disparaissaient ses sous-marins. Un submersible appareillait, croisait, donnait de ses nouvelles jusqu'à une certaine date, puis c'était tout. On n'en entendait jamais plus parler, et l'on n'en savait pas davantage. Par conséquent, il était impossible de se rendre compte des embûches semées sur sa route. On avait bien les récits des sous-marins qui échappaient, mais combien plus intéressants eussent été ceux des disparus.

Et cette presse de l'Entente qui ne publiait aucune nouvelle à ce sujet, ne donnait pas d'interviews des vainqueurs, ne lançait pas de ces cris de triomphe qui fournissent parfois de si précieuses indications ! Le temps était passé où ces stupides Français annonçaient à cor et à cri, en 1914, « que les obus fusants de l'ennemi éclataient tous à trente mètres au moins au-dessus des troupes et ne causaient par suite que peu de dégâts ». Alors c'était le bon temps, et la lecture des journaux de Paris intéressait vivement les artilleurs de l'Empire.

Tandis qu'à présent les amiraux du grand Etat-major songeaient avec amertume qu'il existait peut-être, en un point de la Manche ou de l'Océan, un piège, un traquenard quelconque, ayant amené la perte successive de plusieurs sous-marins, faute de savoir quelle région dangereuse il convenait d'éviter.

Néanmoins, il fallait tout d'abord influencer les cercles politiques, et surtout le parti de l'ancien chancelier Bethmann-Hollweg, opposé à la guerre sous-marine à outrance.

L'Amirauté fit donc, au début de juillet 1917, des déclarations dont le radiogramme de Nauen du 9 appréciait comme suit l'effet produit sur les parlementaires : « L'unanimité du Reichstag a reconnu l'efficacité de la guerre sous-marine, dont les résultats ont dépassé toutes les espérances et justifient notre pleine confiance. » Octobre marqua un léger regain de succès : 490.000 tonnes, mais novembre retombait lourdement avec 340.000!

Et les radios Nauen commençaient à prononcer le mot de «fluctuations». Il dut y avoir à ce sujet un rappel à l'ordre, car quelques jours plus tard, la télégraphie sans fil allemande déclarait que « le trafic maritime diminue de plus en plus sur les côtes occidentales de France et d'Angleterre », et que « pendant plusieurs se-

Canon de 105, armant l'*U-57*.

maines un des sous-marins n'a pas eu l'occasion d'attaquer un seul vapeur ». Là, le rédacteur du Nauen « allait un peu fort », car nos statistiques démontrent que pendant toute l'année 1917 le tonnage brut entré dans les ports alliés oscilla mensuellement entre 6.500.000 et 7.500.000 tonnes. Si donc il y eut un sous-marin privé d'occasions de se distinguer, ce ne fut pas faute d'objectifs, mais bien plutôt à cause de certains obstacles que le commandant de cette unité ne jugea pas à propos d'affronter.

La désillusion causée dans le public allemand par le recul de l'échéance prévue pour la chute de l'Angleterre commença alors à prendre des proportions inquiétantes pour le haut commandement. Poussé en sous-main par Bethmann-Hollweg, le député du Centre Erzberger préconisa une paix de conciliation, estimant que « la guerre sous-marine ne répondait pas aux espoirs qu'elle avait fait naître dans le peuple ». Le chancelier Helfferich se défendit longuement, convint que les moyens employés jusque-là n'avaient pas été suffisamment efficaces, mais que l'Amirauté préparait d'autres mesures dont on pouvait attendre le meilleur effet.

Ces mesures consistaient simplement à produire un effet de terreur — qu'on espérait décisif — en coulant *sans laisser de traces* tous les navires, belligérants ou neutres, rencontrés en haute mer dans les zones prohibées. Ces dernières étaient, à la date du 21 novembre 1917, considérablement augmentées, mais on sait que les bornes indiquées n'avaient aucune importance.

On doit dire que, cette fois, la limite permise était dépassée, et ne s'est trouvé dans la marine allemande que très peu d'officiers assez dénués de tout sentiment humain pour massacrer ainsi froidement des naufragés. Ceux qui ne reculèrent pas devant l'exécution honteuse d'ordres déshonorant leur uniforme furent assez rares pour que la guerre sous-marine n'ait subi de ce fait aucun changement notable.

Toutefois le torpillage des navires-hôpitaux, garantis cependant par la Convention de Genève, se développa davantage et ne cessa réellement que lorsque — par suite d'une entente entre les Alliés et l'Espagne — des officiers de marine espagnols furent embarqués sur ces navires pour en garantir la neutralité.

Devant la diminution du rendement de ses submersibles, l'Amirauté allemande eut recours à un procédé très ordinaire outre-Rhin : la falsification des chiffres. Pour le mois de décembre 1917, elle annonça 702.000 tonnes, alors que les pertes réelles de l'Entente ne s'élevaient qu'à 386.277 tonnes. L'exagération était d'importance. Elle fut admise comme vérité absolue, sinon par l'élite intellectuelle, du moins dans le gros public. Et le haut commandement continua tranquillement la publication de ses faux bilans d'opérations. En avril 1918 il annoncera 2.100.000 pour le trimestre écoulé, au lieu de 1.050.000, chiffre réel, soit 100 % d'augmentation !

La presse apportait son concours à ce moyen d'honnêteté relative destiné à soutenir le moral en Allemagne. La *Deutsche Tages-Zeitung* disait par exemple : « Comment Eric Geddes a-t-il le courage de parler d'une tendance décroissante des pertes de la marine marchande britannique? Il prétend que le tonnage commercial de l'Entente a perdu jusqu'à la fin de 1917 onze millions de tonnes, tandis que l'Amirauté allemande prouve, de façon irréfutable, qu'il y en a eu environ cinq millions de plus... ».

Le haut commandement savait à quoi s'en tenir sur ses « preuves irréfutables » mais, s'il lui était loisible de jeter en pâture à la crédulité publique des résultats erronés, il y avait un fait qu'il ne pouvait se dissimuler à lui-même : le total, croissant celui-là, des sous-marins non rentrés à leur base. Il s'élevait pour l'année 1917 à *cinquante-deux*, soit le double de celui enregistré l'année précédente. Et alors se posait la question du remplacement des unités détruites par des constructions neuves. Au taux de l'année 1917, c'était un sous-marin par semaine qu'il s'agissait de lancer, et cela repré

Canon de 150, armant l'U-119.

sentait déjà une activité considérable, égale, voire même légèrement supérieure, à la production totale des chantiers allemands.

Or il ne s'agissait pas seulement de maintenir l'effectif de la flotte sous-marine, mais encore de l'augmenter, puisque les unités existantes se montraient incapables de produire dans la marine marchande ennemie les pertes nécessaires. Le tonnage coulé baissait désespérément et les premiers résultats de 1918 tendaient à affirmer une regrettable stagnation aux alentours de 350.000 tonnes mensuelles. A ce moment l'Amirauté allemande se trouvait fixée : la guerre sous-marine aboutissait à un échec. Mais comment l'avouer, après toutes les rodomontades du début et les assurances formelles du succès? Aussi, le « bluff » continua, et s'il est diabolique de persister dans son erreur, nul n'atteignit jamais la satanique obstination des chefs de la marine allemande au cours de 1918.

Lors de la discussion du budget devant la grande commission du Reichstag, les 17 et 18 avril 1918, le secrétaire d'Etat amiral von Capelle fournit de longues et embarrassées explications : « ... les calculs de tonnage sont des calculs de probabilité, ils comportent un grand nombre de facteurs imprécis... il y a cependant beaucoup de preuves de l'efficacité de la guerre sous-marine... nos pertes sont fortement exagérées ... il y a des mois favorables, d'autres défavorables... » Et après ces circonlocutions, où l'auditeur le moins perspicace aurait relevé autant d'aveux, l'amiral von Capelle n'hésitait pas cependant à lancer l'affirmation suivante : « ... le pessimiste le plus décidé ne peut plus douter du succès... ». Il ajoutait cependant dans un cri involontaire : « On accordera tout au plus que les mesures de protection de l'adversaire ont atteint un degré très élevé d'efficacité... »

Quel débat intime devait cependant se livrer dans la conscience de cet homme qui savait combien les chiffres officiellement publiés par ses bureaux étaient erronés, qui connaissait la situation exacte des sous-marins, et avait peut-être en portefeuille les derniers rapports sur la mutinerie des équipages, alors fertile en incidents à chaque départ.

Le député Erzberger profita de l'occasion pour renouveler ses attaques : « Je me permets de douter, dit-il, des chiffres fournis... le secrétaire d'Etat n'a pas toujours calculé sur 600.000 tonnes mensuellement coulées; il a parfois compté sur des chiffres supérieurs. C'est le 1er janvier 1918 que le but devait être atteint, d'après la réponse apportée aux débats de juillet. »

Les parlementaires plus modérés estimaient, comme le progressiste Gothein, que « personne ne met en doute l'efficacité de la guerre sous-marine, mais qu'il ne faut pas espérer des résultats trop rapides ». Quant aux explications de von Capelle, le même orateur trouvait, non sans raison, « qu'elles n'avaient pas rendues plus claires la question du tonnage ». On le croit sans peine.

Les conservateurs, pangermanistes renforcés, affirmaient, avec le député Kapp, leur foi en une « paix victorieuse par la guerre sous-marine » mais avec le regret qu'elle n'ait pas commencé plus tôt « quand il n'existait pas encore de moyens de défense ». Le comte Westarp, du même parti, précisait : « En 1916, les moyens de défense n'étaient pas aussi perfectionnés; aussi on aurait pu obtenir le succès à un moindre prix si nous avions commencé la guerre sous-marine un an plus tôt... »

Fâcheux, en effet, ces moyens de défense, et combien il était plus commode de canonner des bâtiments non armés, et de plonger ensuite en faisant la nique aux patrouilleurs démunis d'appareils Walser !

Poste central du sous-marin allemand *U*-105.

Aussi les voit-on revenir dans tous les discours, comme le «leit-motiv» des espoirs déçus, ces fameux «moyens de défense». Enregistrez l'aveu, patrouilleurs, chalutiers, avions, dirigeables, chasseurs et vedettes ; c'est la meilleure consécration de vos efforts et de votre vigilance.

Afin de soutenir l'opinion, et de couper court aux racontars sur d'extraordinaires procédés de combat mis en action par l'Entente, des officiers de marine se rendirent dans différents centres pour exposer les obstacles contre lesquels les sous-marins avaient à lutter. Nous extrayons des *Dernières Nouvelles de Munich* le compte rendu (1)

(1) Cité par le *Temps* du 8 juin 1918.

d'une de ces conférences, faite en Bavière par le capitaine Rose, commandant de l'*U-53*. On pourra remarquer avec quel soin l'orateur s'empresse de réduire à néant l'efficacité de chaque moyen de défense, aussitôt qu'il l'a décrit.

« Les sous-marins allemands, dit-il, traversent la zone des eaux allemandes barrées par les mines anglaises sous la conduite des navires d'escorte, et cela sans danger, grâce au travail infatigable des dragueurs. Un obstacle plus dangereux est formé par le filet en fil de fer qui s'étend sur 40 kilomètres entre Douvres et Calais. Tous les deux cents mètres sont ancrés des flotteurs en bois avec des explosifs, qui font accourir de nombreux bâtiments de patrouille très actifs dès qu'un choc entre sous-marin et filet les fait éclater. Pour autant qu'on le sait, malgré de dangereux incidents, aucun de nos sous-marins n'est tombé victime de cet engin.

« Plus de 5.000 bâtiments de toutes espèces : torpilleurs, contre-sous-marins, canots à moteur, bateaux de pêche chassent à la surface de l'eau nos sous-marins. Tous ces bateaux sont armés de canons et emploient des bombes sous-marines. Ces bombes sont suspendues à la poupe et contiennent quelque cent kilos d'explosif agissant à une profondeur déterminée. C'est le moyen de combat le plus désagréable pour les sous-marins : leur effet matériel est à vrai dire fort mince, mais leur effet moral par le bruit infernal de la détonation est très grand, surtout sur un équipage inexpérimenté.

« De nombreux bâtiments d'écoute, munis de microphones des plus sensibles, restent en outre aux aguets. Par une mer calme ils peuvent entendre le bruit caractéristique du sous-marin qui s'approche. Aidés par d'autres bateaux, ils tentent alors d'encercler le sous-marin et de l'entortiller dans des filets. Les Anglais espèrent bientôt, grâce à l'esprit inventif des Américains, découvrir à plus de dix milles marins, soit dix-huit kilomètres, l'approche d'un sous-marin. Cependant, même pour ce cas, nos contre-mesures sont prêtes également.

« Près des côtes on rencontre des dirigeables et des avions en nombre étonnamment grand. Ils peuvent être très gênants pour nos sous-marins, mais il s'agit la plupart du temps de machines et de pilotes sans grande valeur, car tout ce qui est bon est envoyé au front. Le plus grand danger est constitué finalement par les sous-marins ennemis qui se trouvent aux aguets près des endroits par lesquels nos bateaux doivent passer. Heureusement, il n'est pas trop facile de torpiller un sous-marin. »

Le tableau du commandant Rose est exact : barrages de mines, chasseurs, groupes d'écoute, aérostation, sous-marins à l'affût, nous retrouvons bien les éléments principaux de défense que nous connaissons. On peut même constater que le conférencier paraît avoir gardé mauvais souvenir des explosions de grenades ; il a également une dent contre les aviateurs, si « gênants » en dépit de leur médiocre valeur ; quant à nos sous-marins à l'affût, on dirait que l'*U-53* n'a échappé qu'avec peine à une de leurs torpilles.

Dans la presse allemande, une certaine inquiétude commençait pourtant à se faire jour. Le capitaine de vaisseau Persius, rédacteur maritime du *Berliner Tageblatt*, qui au début s'était montré un chaud partisan de la guerre sous-marine à outrance, se ralliait maintenant au parti des politiques, et soutenait la thèse d'Erzberger. Le 3 avril 1918, il laissait entrevoir l'impuissance des sous-marins à amener la victoire : « ... il serait imprudent d'attendre une capitulation forcée de l'Angleterre et des Etats-Unis sous les effets de la guerre sous-marine à outrance. La conciliation des intérêts est conseillée aux belligérants par la situation même. Deux adversaires impuissants à s'anéantir par la force s'opposent l'un à l'autre. S'il est évident qu'un accord raisonné devra succéder aux combats, pourquoi ne serait-ce pas dès maintenant assez de ruines et d'effusion de sang ? » Il est intéressant de voir en avril 1918 la conciliation prêchée par le même auteur qui, au mois de mars 1917, déclarait qu'il n'y avait pas lieu de s'attarder aux vieilles lois du droit international et qu'on devait tout couler sans exception.

Ce « virement de bord » valait d'ailleurs au malheureux Persius une riposte foudroyante dans la *Tægliche Rundschau* du 28 avril, sous la signature du capitaine de frégate von Pustau « ... Persius tient des raisonnements aussi absurdes que Geddes. La conclusion de son article nous montre où il veut en venir : l'heure n'est-elle pas venue de se demander s'il n'y a pas eu assez de sang de versé. C'est une appréciation personnelle dont nous laissons à Persius toute la responsabilité. Mais il fait le jeu de Geddes et de Wilson en modifiant les statistiques au gré de ses désirs pour faire de la propagande politique... Dans le livre blanc anglais l'évaluation des pertes totales de navires jusqu'à la fin de 1917 est de 11.800.000 tonnes. Ce chiffre est inférieur de 5.000.000 de tonnes à celui donné par notre Amirauté... Nous n'admettons pas en Allemagne de pareils procédés. Le capitaine Persius renie son passé d'officier de marine; il se sépare complètement de ses confrères d'aujourd'hui, qui n'ont qu'un seul but : donner à leurs lecteurs des renseignements exacts... »

Mais les lecteurs, trop longtemps bernés, n'avaient plus confiance, et le *Tag* du 3 mai 1918, désabusé, constatait mélancoliquement : « ... Au cours de cette guerre nous avons souvent commis la faute de partir de succès partiels pour prédire une victoire définitive. Nous avons ainsi induit notre peuple en erreur. La guerre sous-marine surtout avait fait naître les plus folles espérances... il faut bien le reconnaître, les prophètes s'étaient grossièrement trompés. Le délai — il avait été fixé à six mois — s'est écoulé sans que l'Angleterre soit à nos genoux. Les statistiques que le secrétaire d'Etat Helfferich établissait l'an dernier pour démontrer que nos ennemis n'auraient plus le tonnage suffisant pour se ravitailler et pour continuer la guerre, se sont révélées mensongères... »

Seul, von Pustau continuait à prédire, dans la *Tægliche Rundschau* du 2 juin « l'effondrement de la puissance maritime de l'Angleterre » et déclarait les Etats-Unis hors d'état de tenir même une partie « de leurs extravagantes promesses». D'après ce critique avisé, les grands croiseurs submersibles allaient faire parler d'eux et l'on devait bientôt voir ce que l'on pouvait attendre de ce nouveau type de navire. Les ambitions allemandes, plus modestes, n'envisageaient plus que la destruction des convois de troupes américaines, et l'Amirauté, cette fois sûre de son fait, affirmait hautement qu'aucun soldat des Etats-Unis ne mettrait le pied en Europe.

Les croiseurs sous-marins étaient de deux types : l'un, déplaçant 1.700 tonnes en surface, 2.100 tonnes en plongée, avec des vitesses respectives de 11 et 8 nœuds, provenait des submersibles commerciaux type *Deutschland*, dont l'exploitation avait été tentée avec un succès médiocre fin 1916. On les avait munis de deux pièces de 150 millimètres, de quatre à six tubes lance-torpilles et de mines. Le deuxième type, construit plus tard, avait les caractéristiques suivantes : 2.850 tonnes et 17 nœuds en surface, 3.500 tonnes et 9 nœuds en plongée ; deux pièces de 150 millimètres, deux de 88 millimètres, six tubes de lancement approvisionnés à 18 torpilles.

De pareils bâtiments pouvaient tenir la mer plusieurs mois et exécuter des croisières lointaines. C'est avec eux que l'Allemagne devait aller porter la guerre dans les eaux américaines. Le but militaire de cette offensive, liée elle-même à celle que ses armées développaient au même instant sur le front occidental, était de paralyser l'envoi des nouveaux contingents américains, d'intercepter le ravitaillement de ceux déjà débarqués en France, et en outre de faire rappeler aux Etats-Unis une partie des forces navales détachées dans les mers d'Europe.

Enfin, l'Amirauté allemande espérait profiter de la surprise pour infliger aux navires de commerce de l'Entente les pertes qu'elle ne parvenait plus à leur faire subir sur nos côtes. La croisière de l'*U*-151, que nous allons résumer, répondait à ces préoccupations d'ordre à la fois militaire, naval et économique.

L'*U*-151 était un croiseur du type commercial transformé. Il possédait les particularités ci-dessous, relevées depuis sa reddition aux alliés : trois périscopes, un à gauche, le second à l'arrière et le troisième au centre du kiosque ; il y avait six tubes lance-torpilles dont quatre à l'avant et deux à l'arrière, avec un approvisionnement de 12 à 16 torpilles, et une organisation pour le mouillage de mines. L'équipage était de 9 officiers et 65 hommes ; le commandement était exercé, au moment de la croisière, par le capitaine de corvette von Nostitz, avec le lieutenant de vaisseau Kœrner comme second.

L'*U*-151 avait déjà fait un raid aux îles Açores et au cap Vert à la fin de 1917. Après avoir séjourné environ trois mois à Kiel, il quitta sa base vers le 10 avril 1918, à destination de l'Amérique. Pendant la traversée, le 15 mai, il attaque à la torpille, sans succès d'ailleurs, le vapeur anglais *Huntress*, à environ neuf cents milles marins des côtes, puis on le signale dans les eaux américaines le 21 mai suivant.

Il mouille d'abord des mines à l'entrée de la rivière Delaware et croise ensuite, à cent milles au large, entre le cap Hatteras et Long-Island. Du 21 mai au 15 juin il attaque et coule plusieurs voiliers américains, à la bombe ou au canon, car ces navires n'étaient pas armés. Le 4 juin, le vapeur français *Radioleine*, chargé de pétrole, lui échappa après un combat d'artillerie où une quinzaine d'obus furent échangés. Le lendemain, le vapeur anglais *Harpathian*, de 4.500 tonnes, était torpillé sans avoir rien vu. Lorsque le navire eut coulé, l'*U-151* se montra et, détail à noter, son médecin donna des soins aux blessés, tandis que le commandant von Nostitz faisait remettre aux embarcations anglaises de l'eau et du tabac. Du reste, dans sa croisière, l'*U-151* se montra relativement humain ; il obéissait visiblement à des ordres donnés en vue d'impressionner favorablement l'opinion publique américaine. C'est ainsi que le personnel des bâtiments coulés à la bombe eut toujours le temps nécessaire pour évacuer le bord et que les officiers et équipages des goélettes *Hauppange, Edna, Hattie Dunn* — que le sous-marin allemand conserva à son bord du 25 mai au 2 juin après la destruction de ces navires — furent traités avec égards.

Les seules attaques auxquelles fut en butte l'*U-151* sont deux lancements de grenades de la part de patrouilleurs, et un lancement de torpille venant d'un sous-marin américain à l'affût. La réaction a donc été faible, et indique la part de la surprise dans le succès relatif de l'*U-151*.

Deux des voiliers à bord desquels le croiseur allemand plaça des bombes ne coulèrent pas après l'explosion de celles-ci et purent être ramenés au port. Tous les autres sombrèrent à la suite de l'attaque, mais pas un seul du fait de la torpille. Cette forte proportion de destruction au canon et à la bombe indique bien que le sous-marin opéra librement en surface, dans une région où les navires n'étaient encore ni armés ni protégés.

En ce qui concerne les vapeurs armés, on relève que tous ceux attaqués au canon ont échappé ; pour ceux attaqués à la torpille — 40 % du total — la moitié ont été manqués. Il y a donc eu, en résumé, 20 % des vapeurs armés de coulés.

La croisière de l'*U-151* a duré jusqu'au 28 juin ; puis il prit le chemin du retour et arriva à Kiel sans accident vers le 18 juillet. Les résultats matériels du raid se décomposent comme suit : vapeurs coulés, 11 ; vapeur avarié, mais resté à flot, 1 ; voiliers coulés, 8 ; voiliers avariés et sauvés postérieurement, 2 ; le total du tonnage coulé

Le sous-marin allemand *U*-151 dans le port de Cherbourg.

est de 50.920 tonnes, celui des bâtiments avariés, de 7.749 tonnes.

Le principal objectif de l'*U*-151, la destruction des transports de troupe n'a donc pas été atteint, non plus que le rappel d'une partie des navires de guerre américains détachés en Europe. Le seul résultat a été la destruction de 50.000 tonnes de marine marchande, ce qui constituait le but commercial de l'entreprise. A ce point de vue, la croisière du sous-marin allemand est un succès, mais la contre-partie était inévitable : en rendant le péril plus tangible à l'opinion américaine, l'*U*-151 suscita des énergies nouvelles et des mesures de protection efficaces. Aussi l'on vit bientôt baisser le rendement des grands submersibles tout comme celui des sous-marins ordinaires en Europe, et l'interruption — si escomptée en Allemagne — des envois de troupes américaines sur le front occidental alla rejoindre, dans une suprême déception, les autres espérances envolées.

Les transports entre les Etats-Unis et le théâtre de la guerre avaient été fort bien organisés. Dès le mois de janvier 1918, l'ensemble des forces navales américaines, avait été placé sous les ordres d'un vice-amiral, avec un contre-amiral en sous-ordre commandant les groupes basés dans nos ports de l'Océan. Deux escadrilles de contre-torpilleurs se trouvaient à Queenstown, une escadrille à Gibraltar, une autre aux Açores. Quant à Brest, c'était devenu la principale base de la marine des Etats-Unis ; deux escadrilles de patrouilleurs, une de dragueurs, des yachts, des contre-torpilleurs, des croiseurs, faisaient joyeusement flotter « les raies et les étoiles » à côté de nos trois couleurs.

Les convois étaient constitués en Amérique par catégories suivant leur origine et leur destination. Ils avaient comme points de départ Hampton-Roads, Halifax, Sydney, New-York, et venaient aboutir aux ports français de l'Océan, ou aux ports de la côte ouest d'Angleterre. Ces convois étaient protégés par des croiseurs et contre-torpilleurs jusqu'à un point de rendez-vous où les patrouilleurs d'Europe venaient les prendre.

Les grands paquebots allemands saisis dans les ports américains à la déclaration de guerre avaient permis de constituer une flotte de transport unique, comme on n'en avait jamais vu jusque-là. On pourra s'en rendre compte par la liste ci-après, où figurent les plus célèbres « ocean-liners » avec leurs nouveaux noms :

Vaterland	53.000 tonnes, devenu le		*Leviathan.*
Amerika.	22.622	» »	*America.*
Cincinnati.	16.639	» »	*Covington.*
President-Grant.	18.072	» »	*President Lincoln.*
Hamburg	10-531	» »	*Powhaten.*
Konig-Wilhelm II	9.410	» »	*Madewaska.*
George-Washington.	25.570	» »	nom conservé.
Kronprinzessin-Cecilie	19.503	» »	*Mount Vernon.*
Kaiser-Wilhelm II	19.360	» »	*Agamemnon.*
Grosser-Kurfürst.	13.102	» »	*Æolus.*
Barbarossa	10.893	» »	*Mercury.*
Prinzess-Irene.	10.984	» »	*Pocahontas.*
Friedrich-der-Grosse.	10.770	» »	*Huron.*
Kronprinz-Wilhelm.	14.908	» »	*Stuben.*
Prinz-Eitel-Friedrich	8.797	» »	*Baron de Kals.*

On remarquera l'ironie qui faisait attribuer le nom d'*Agamemnon* « le Roi des Rois » à l'ex-*Kaiser-Wilhelm II* et traduisait irrévérencieusement le Grand Frédéric en *Huron*. Tous ces bâtiments, dont le tonnage total atteignait 260.000 tonnes, étaient des unités à grande vitesse, susceptibles de recevoir un nombre considérable de passagers militaires. Encadrés par des croiseurs et grands contre-torpilleurs, ils filaient à toute allure vers les côtes d'Europe, où les accueillait un service de patrouilleurs, chasseurs, groupes d'écoute, pour lesquels on réunissait tout le matériel voulu. Des dragueurs précédaient le convoi dans les passes, des chalutiers établissaient aux alentours un réseau très serré de surveillance, et par dessus tout cet ensemble allaient et venaient dirigeables et hydravions. Aucun sous-marin ne pouvait se risquer dans une pareille armée navale, et nul ne l'essaya jamais.

Aussi le résultat était le suivant : au 11 mars 1918, l'armée américaine en France s'élevait à 300.000 hommes, fournis jusque-là par des apports mensuels de 30.000 hommes. Mais le mois de mars, à lui seul, donnait 69.000 hommes, puis avril 94.000, mai 200.000, juin 245.000, juillet 295.000. Le 4 juillet, le Gouvernement américain pouvait déclarer que le premier million de soldats envoyé par les Etats-Unis avait mis le pied en France. En octobre, l'effectif atteignait 1.700.000... et le président Wilson annonçait cent divisions pour le printemps 1919, avec la perspective d'un effort plus grand encore, si cela devenait nécessaire.

Impuissants à détruire, comme ils se l'étaient promis, la marine marchande des alliés, hors d'état d'arrêter ce flot de combattants nouveaux, bloqués étroitement et commençant à manquer des denrées essentielles, voilà en quel état se trouvaient les Allemands au mois d'août 1918.

La Victoire de l'Entente; situation militaire et commerciale au 11 novembre 1918. — La supériorité des moyens d'attaque et de défense mis en œuvre par les marines alliées avait commencé à produire son effet dès le troisième trimestre de 1917. Le tonnage coulé par les sous-marins diminua en effet pendant cette période de 730.000 tonnes.

Mais ce résultat, pour encourageant qu'il fût, ne constituait pas encore le succès définitif. Les dangers courus par les bâtiments de commerce étaient toujours fort grands et nous n'en aurons pas de meilleure preuve que la valeur du taux des assurances, encore fixé à 12 % en Suède durant toute l'année 1917. Les chiffres des pertes ne cessaient cependant de baisser ; les six derniers mois de 1917 accusaient une nouvelle dépression, que le début de 1918 venait immédiatement confirmer. Le premier trimestre de cette dernière année se soldait en effet par 1.120.000 tonnes (1), et la comparaison mois par mois permettait d'apprécier favorablement la situation. On obtient, en rapprochant les chiffres des deux années, le tableau suivant :

PERTES DES MARINES ALLIÉES ET NEUTRES

	1917	1918	Diminution.
Janvier	409.300	355.400	53.900
Février	574.800	388.400	186.000
Mars	634.600	381.600	253.000

Mais la diminution des pertes ne représentait pas le véritable critérium de la guerre sous-marine, et les porte-parole de l'Amirauté allemande ne se faisaient pas faute de le clamer à tous les échos : « Il est certain que les moyens de défense de l'ennemi rendent plus difficile la tâche de nos sous-marins, mais cela ne fera que retarder notre victoire. Celle-ci est toujours certaine, puisque nous continuons à couler plus de navires que les alliés n'en peuvent construire... »

Le raisonnement était irréfutable. Lorsque, dans le troisième trimestre de 1917, on remarqua la brusque chute dont nous avons parlé, l'écart entre le tonnage coulé et le tonnage construit restait encore de 880.000 tonnes, et à ce taux la défaite de l'Entente n'était bien qu'une question de temps, un an ou deux au plus. Heureusement la courbe des pertes et celle du tonnage neuf ne persistèrent pas longtemps à demeurer aussi éloignées. Ce fut d'ailleurs la courbe des pertes qui fit

---

(1) Les chiffres de pertes que l'on trouve dans plusieurs publications varient souvent. Cela provient de ce que certains auteurs prennent pour base le tonnage *brut*, d'autres le tonnage *en lourd*, d'autres le tonnage total et d'autres les bâtiments supérieurs à 100 tonnes seulement. Ces différences n'influent d'ailleurs pas sur les comparaisons *relatives* des pertes entre elles, qui sont l'élément le plus intéressant.

les premiers pas vers sa voisine, car il est manifestement moins long de couler un sous-marin que de construire un cargo. Et les sous-marins eurent la vie très dure à partir de 1918. Nous en avons assez dit au sujet des méthodes employées contre eux pour nous en rendre compte.

Appareil à dents de scie
placé sur l'avant des sous-marins allemands pour couper les filets de barrages.

Aussi l'on constata une amélioration telle qu'au mois de mai le ministre de la marine, M. Georges Leygues, pouvait faire devant la Commission de la marine de la Chambre la déclaration suivante : « De février à avril 1918, 3.723 vapeurs et 788 voiliers ont circulé dans une zone dangereuse, où les pertes il y a quelques mois étaient très lourdes, et *aucun d'entre eux n'a été coulé.* »

La différence entre les pertes et les récupérations se traduisait par des chiffres constamment décroissants ; le déficit du tonnage total, qui s'élevait à 233.965 tonnes en janvier 1918, tombait à 189.867 en février, 81.543 en mars et 69.380 pour avril. Enfin, au mois de mai, l'on accusait 410.286 tonnes construites contre 355.674 coulées, soit un gain de 54.612 tonnes. Cette fois, les opérations donnaient un bénéfice, et la guerre sous-marine était définitivement gagnée !

L'Allemagne s'en rendit compte, du reste ; toute illusion était bien envolée, et l'annonce officielle du gouvernement des Etats-Unis au sujet du premier million de soldats américains débarqué en Europe produisit outre-Rhin une impression profonde. C'était la faillite de tous les espoirs, c'était la Victoire de l'Entente.

L'état moral des équipages de sous-marins allemands devint inquiétant. Déjà à la fin de 1917 des incidents s'étaient produits lors de certains appareillages. C'est que les matelots, voyant les choses de près, ne se laissaient pas induire en erreur comme le gros public. A côté des rapports déposés par les officiers, il y avait les récits des équipages, et lorsqu'un marin racontait à ses camarades les péripéties de sa dernière croisière, les plongées continuelles pour échapper aux patrouilleurs, les avions dont les bombes étaient tombées tout proche, la poursuite où durant plusieurs heures, en dépit des changements de route, les chasseurs avaient maintenu le contact et lancé leurs grenades si près que chaque explosion faisait trembler le sous-marin, tout cela donnait fort à penser aux auditeurs. Et par dessus tout, cette ignorance du sort des manquants !

Nous avons déjà noté l'effet produit par le silence des alliés sur le grand Etat-major, qui ne pouvait tirer aucun enseignement des pertes subies. Mais pour le matelot, c'était plus tragique encore. L'homme est ainsi fait que la menace du danger l'impressionne davantage que le danger lui-même. Or, tout ce que savaient les marins allemands c'est que l'*U-... X*, parti il y avait trois mois, n'était jamais plus revenu ; Fritz ou Johann, qui se trouvaient à bord, n'avaient depuis lors donné de leurs nouvelles, et ces disparitions soudaines fournissaient une saisissante illustration aux dires des réchappés. La croisière sous-marine apparaissait de plus en plus comme une expédition folle d'où les revenants étaient bien rares.

Les officiers, presque tous affiliés à une ligue occulte soutenue par les pangermanistes, essayèrent de réagir à la prussienne, c'est-à-dire en exagérant encore les rigueurs du règlement. Les mutineries de Kiel et de Wilhelmshafen furent réprimées avec la dernière rigueur : des conseils de guerre siégeant en permanence fonctionnèrent impitoyablement. En outre, devant les difficultés du recrutement et l'absence de volontaires, les équipages de sous-marins se virent désignés d'office parmi les matelots des cuirassés. L'effervescence gagna alors la flotte de haute mer, où l'inaction prolongée avait déjà produit ses funestes effets. Les désertions devinrent nombreuses, puis les révoltes ; des officiers furent tués ; il y eut des bâtiments où tout l'état-major dut se barricader dans ses appartements et attendre le secours des autorités, revolver au poing.

Les escadrilles de sous-marins ne parvenaient pas à se maintenir à l'effectif voulu, et le rendement mensuel descendit à un chiffre plus bas que celui atteint dès le commencement de la guerre. Aux 102 sous-marins coulés de 1914 à fin 1917 s'ajoutèrent bientôt les 87 détruits de janvier à octobre 1918, ce qui donnait un total de 189 unités, dont 6 autrichiennes. (Les Allemands ont avoué la perte de 199 unités.)

La mesure était comble, et les équipages se soulevèrent. En premier lieu, ceux de Cattaro refusèrent d'embarquer et les sous-marins allemands de la Méditerranée appareillèrent pour l'Allemagne vers la fin d'octobre 1918. Dès cette époque, en effet, de nombreux officiers français, revenus à Marseille sur des convois différents, signalèrent la rencontre d'unités ennemies qui naviguaient en surface en s'écartant de la route de nos bâtiments, et allaient toutes dans la direction de Gibraltar.

Le 5 novembre, le soulèvement arriva à prendre dans la marine allemande une telle ampleur que le haut commandement se résolut à abdiquer. Et ce fut, avec les succès de notre armée de terre, la raison majeure de la demande d'armistice. Marins et soldats de France pouvaient être fiers de leur victoire : chacun d'eux avait réussi à « mettre à genoux » son orgueilleux adversaire. Sur terre, l'armée allemande, chassée de notre territoire, harcelée par les alliés, déposait les armes pour éviter l'invasion de ses foyers, qu'elle se reconnaissait impuissante à défendre. Sur mer, le sous-marin, traqué de toutes parts, rentrait dans sa tanière et refusait d'en sortir. Nous étions vainqueurs !

Cette période de lutte, unique dans nos annales, est encore trop proche pour pouvoir l'apprécier justement. Mais lorsqu'avec le recul des années, l'impartiale Histoire en burinera les traits, le rôle de la Marine Française apparaîtra dans toute sa grandeur. Ne craignons pas de le répéter, car chacun de nous devrait se pénétrer de cette vérité : *c'est au labeur obscur, au dévouement constant, à l'abnégation et aux sacrifices de nos marins que nous devons le succès.* Personne n'admire plus que nous le soldat français, mais s'il a pu combattre, s'il a possédé le matériel indispensable à la guerre moderne, s'il a été bien armé, bien ravitaillé, c'est au matelot qu'il le doit. Et la saine justice demande que dans le monument élevé au « Poilu » l'on réserve une place à son frère le « Mathurin ».

Il nous reste à voir la situation de la marine française au 11 novembre 1918, au moment de l'armistice. Ce jour-là, j'en ai le souvenir, dès que les équipages connurent la bonne nouvelle — et grâce aux indiscrétions de la T. S. F. ils furent partout les premiers renseignés — les pavois se déployèrent, les cloches, les sifflets, les sirènes entonnèrent leur fanfare assourdissante. Ce fut un joli bacchanal, mais les braves gens avaient bien mérité cette heure de folle joie. Voici en effet, les pertes subies par la marine :

1° Par actions de guerre (canon, mines, torpilles) :

4 cuirassés d'escadre : *Bouvet, Suffren, Gaulois, Danton* (1) ;

4 croiseurs-cuirassés : *Léon-Gambetta, Amiral-Charner, Dupetit-Thouars, Kléber ;*

1 croiseur protégé : *Châteaurenault ;*

10 torpilleurs d'escadre : *Mousquet, Dague, Casablanca, Branlebas, Renaudin, Fourche, Cassini, Etendard, Boutefeu, Doxa* (ce dernier, bâtiment grec cédé à la France) ;

2 canonnières : *Zélée, Surprise ;*

1 Sloop : *Rigel ;*

1 transport : *Drôme ;*

7 croiseurs auxiliaires : *Provence II, Gallia, Burdigala, Italia, Golo II, Corse, Santa-Anna ;*

1 bateau de sauvetage : *Berthilde ;*

46 chalutiers (patrouilleurs ou dragueurs) ;

25 navires réquisitionnés ou affrêtés ;

14 sous-marins (*Monge, Foucault, Circé,* etc...).

---

(1) Trois autres unités semblables furent torpillées : *Jean-Bart, Démocratie* et *Voltaire,* mais ne coulèrent pas et purent être réparées.

2° Par accidents de mer (abordages, échouages, etc.) :

6 torpilleurs d'escadre : *Fantassin, Yatagan, Faulx, Catapulte. Carabinier, Carabine ;*

5 torpilleurs côtiers : Nᵒˢ 347, 348, 251, 331, 333 ;

2 sous-marins : *Prairial, Floréal ;*

2 canonnières fluviales : B. F. (1) ;

3 chasseurs de sous-marins : *C-3, C-141, C-319* ;

4 vedettes : *V-21, V-23, V-37, Bambalou ;*

26 chalutiers (patrouilleurs ou dragueurs) ;

2 navires réquisitionnés.

Il est intéressant de noter que la participation de la marine française dans l'ensemble des forces navales de l'Entente s'est élevée :

1° En Méditerranée : à 56 % du total des escadres proprement dites, 65 % des patrouilleurs, 38 % des torpilleurs et 30 % des sous-marins.

2° Dans l'Atlantique et la Manche, secteurs d'action des Anglais et Américains, notre flotte a encore fourni : 11 % des patrouilleurs, 6 % des torpilleurs et 17 % des sous-marins.

On voit que la coopération française a été fort importante, mais c'est en raison des constructions de bâtiments spéciaux faits pendant la guerre que ces chiffres ont pu être atteints.

Enfin, les pertes en officiers ont été très lourdes, et soulignent de la façon la plus douloureuse la tâche assumée par nos marins. Elles se sont élevées à : 1 contre-amiral, 6 capitaines de vaisseau, 14 capitaines de frégate, 100 lieutenants de vaisseau, 114 enseignes de vaisseau de 1ʳᵉ classe, 31 enseignes de vaisseau de 2ᵉ classe, 11 aspirants et 1 élève de l'Ecole Navale.

Les officiers mécaniciens morts au feu se dénombrent en : 5 officiers-mécaniciens en chef, 12 mécaniciens principaux de 1ʳᵉ classe et 23 mécaniciens principaux de 2ᵉ classe.

Les « officiers des équipages » (2) ont perdu : 2 officiers de 1ʳᵉ classe,

---

(1) Ce type de bâtiments a coopéré aux opérations de l'armée de terre sur les rivières : Marne, Oise, etc...

(2) Le corps des officiers des équipages est entièrement recruté parmi les officiers mariniers (ou sous-officiers). L'uniforme est le même que celui des officiers de vaisseau, sauf une patte noire à trois boutons barrant verticalement aux manches les galons du grade.

3 officiers de 2e classe, 2 officiers de 3e classe et 8 officiers de 4e classe.

Au 31 octobre 1918, l'ensemble des forces navales françaises armées comprenait : 19 cuirassés d'escadre, 19 croiseurs-cuirassés, 8 croiseurs légers, 71 contre-torpilleurs (ou torpilleurs d'escadre) et 43 sous-marins. Les deux bâtiments dont la perte a été la plus sensible sont le cuirassé *Danton* et le croiseur-cuirassé *Léon-Gambetta*. On peut y ajouter maintenant celle du cuirassé *Mirabeau*, échoué près de Sébastopol, et qui, récemment renfloué, peut être considéré comme à peu près hors de service.

Voyons à présent la situation de la marine marchande française à la fin des hostilités. Pour cela nous allons établir le bilan des opérations pendant la guerre. Au passif nous trouvons :

Bâtiments coulés	891.000	tonnes
Bâtiments internés	5.000	»
Perdus par accidents de mer	81.000	»
Vendus à d'autres nations	53.000	»
Soit un total de pertes de.....	1.030.000	»

Pour l'actif nous avons :

Constructions neuves	152.000	tonnes
Bâtiments ennemis capturés	63.000	»
Achetés à des alliés ou des neutres	66.000	»
Soit un total de gains de.....	281.000	tonnes

La balance nous donne donc une perte finale de 749.000 tonnes qui, retranchées de notre capital de 2.300.000 tonnes en août 1914 nous fournit une situation au 11 novembre 1918 de 1.551.000 tonnes.

Ce n'est pas brillant. Encore s'en faut-il que ce chiffre représente exactement le tonnage disponible. Parmi les bâtiments figurant dans le total, combien sont incapables de prendre la mer? Avec le travail fourni par ce matériel, les bateaux neufs il y a cinq ans sont devenus vieux, et ceux qui avaient déjà de l'âge sont à peu près fourbus. On doit donc défalquer de notre actif un fort pourcentage de navires qui ont besoin de réparations nécessitant une indisponibilité de longue durée. Et il y a lieu également de prévoir un déchet appréciable d'unités hors de service. N'oublions pas que notre tonnage actuel, de 32,5 %

inférieur à celui d'avant-guerre, comprend seulement 9,8 % de constructions neuves.

Les paquebots ont particulièrement souffert. Certains — les plus
beaux — furent transformés en navires-hôpitaux, et ce sont encore

De gauche à droite : *U-B-79*, *U-B-94*. *U-105*.

les moins maltraités. Mais ceux qui ont fait le transport des troupes
ou continué à desservir leurs anciennes lignes peuvent être considérés
comme des mutilés de guerre. Ce n'est pas sur ces éclopés qu'il faudra
compter pour soutenir la concurrence étrangère.

Si d'une façon absolue notre marine marchande sort meurtrie de
la lutte, que dire de sa position relativement aux flottes de commerce
aujourd'hui rivales ?

La marine anglaise a perdu 7.543.000 tonnes par actions de guerre,
auxquelles il faut ajouter 184.000 tonnes internées, 1.067.000 tonnes
détruites par accidents de navigation, et 715.000 tonnes vendues à
l'étranger. Au total *neuf millions cinq cent neuf mille tonnes* disparues.
Mais il y a la contre-partie : 4.419.000 tonnes de constructions neuves
d'août 1914 à août 1918 ; 727.000 tonnes capturées, et 1.178.000 tonnes

acquises par transfert de pavillon ou achat. Soit *six millions trois cent-vingt-quatre mille* tonnes récupérées. La diminution totale n'est donc plus que de *trois millions cent-quatre-vingt-cinq mille tonnes*, soit 17,5 % du tonnage global possédé au moment de la guerre. L'Angleterre, entrée dans la lutte avec une marine marchande de 18.356.000 tonnes, en avait à l'armistice une de 15.171.000 tonnes, *dont 29 % de construction récente.*

L'Italie possédait au mois d'août 1914 1.528.000 tonnes. Elle en a perdu 929.000, soit 842.000 coulées, 5.000 internées, 81.000 par accident et 1.000 vendues. Les gains ont été de 191.000 tonnes construites, 242.000 capturées et 30.000 acquises, au total 463.000 tonnes. Il y a donc eu diminution de 466.000 tonnes, ce qui ramène la marine marchande italienne en août 1918 à *un million soixante-deux mille tonnes*, dont 18 % de constructions neuves. Elle a donc proportionnellement souffert à peu près autant que la nôtre puisqu'elle reste amoindrie de 30,1 %, mais elle présente une proportion double de bâtiments récents.

La Norvège, qui était, avant les hostilités, l'une des cinq grandes puissances maritimes, a subi des pertes notables, malgré sa neutralité. En août 1914, sa marine s'élevait à 2.595.000 tonnes, ce qui était considérable pour une nation par ailleurs secondaire. Elle a eu *un million cent-soixante-cinq mille* tonnes coulées, 122.000 tonnes perdues par accident et 205.000 vendues à l'étranger, en tout 1.492.000 tonnes. Ses gains ne montent qu'à 208.000 tonnes construites et 46.000 achetées, soit 254.000. Il y a donc un déficit de 1.236.000 tonnes, qui ramène cette flotte, non belligérante, à 1.357.000 tonnes, dont 15 % de constructions récentes. C'est une réduction de 47,6 % ! Il en coûte parfois cher d'exercer sa neutralité trop près de l'Allemagne.

Deux nations par contre sortent matériellement grandies des événements, au point de vue qui nous occupe. D'abord le Japon. En 1914, il possédait 1.012.000 tonnes ; il a perdu 313.000 tonnes — 113.000 coulées, 69.000 par accident, 131.000 par vente à l'étranger — et ses récupérations ont atteint 950.000 tonnes, dont 906.000 construites, 11.000 capturées et 33.000 acquises par achat. Cela constitue un accroissement final de 637.000 tonnes, qui porte la marine marchande japonaise de 1918 à 1.649.000 tonnes, réalisant ainsi un progrès de 62,9 %, avec 54,8 % de constructions neuves. On voit quel puissant instrument commercial est maintenant à la disposition des Nippons. Une flotte aussi considérable que la nôtre, avec plus de la moitié des navires neufs !

Mais ceci n'est rien à côté des Etats-Unis. Le bilan est ici bien digne des « rois » industriels d'au delà des mers. Au mois d'août 1914 la flotte commerciale américaine était de 3.272.000 tonnes. Ses pertes se résument en : 360.000 tonnes coulées, 255.000 tonnes perdues par accidents et 190.000 vendues à l'étranger. Au total 805.000 tonnes, relativement peu. Les gains montent à d'autres chiffres : *trois millions quatre-vingt-quinze mille* tonnes construites, 715.000 capturées et 706.000 acquises par achats. Donc, après balance, 3.709.000 tonnes d'accroissement, ce qui porte la marine commerciale des Etats-Unis en 1918 à *six millions neuf cent quatre-vingt-un mille tonnes.* C'est un bond formidable, qui représente 113,4 % d'augmentation. Et sur ce chiffre de bâtiments il faut songer que 44,3 % ont au plus quatre ans ! On comprend devant un pareil résultat l'inquiétude de l'Angleterre.

Le tableau comparatif des flottes commerciales, à l'heure actuelle, s'établit donc comme suit :

	Tonnage.	Navires neufs
Angleterre	15.171.000	29 %
Etats-Unis...............	6.981.000	44,3 %
Japon..................	1.649.000	54,8 %
France.................	1.551.000	9,8 %
Norvège................	1.357.000	15 %
Italie..................	1.061.000	18 %

Nous ignorons encore à l'heure actuelle quel sera le rang de l'Allemagne. Sa flotte marchande a été prise « en gérance » par les alliés. La lui rendra-t-on? Certainement pas en totalité, et on peut croire qu'il s'élèvera dans l'Entente des voix puissantes, autant qu'intéressées, pour ne pas laisser reprendre son ancienne place à une concurrente aussi redoutable. A certains moments de la guerre sous-marine, nos ennemis se réjouissaient de voir la marine anglaise « ramenée à quatorze ans en arrière ». Quel recul va marquer l'Allemagne?

Ce que nous devons retenir du petit tableau qui précède c'est que la France, avec ses 9,8 % seulement de constructions récentes possède le plus vieux matériel commercial du monde. Nous avons donc un effort plus considérable à faire que nos concurrents, rien que pour maintenir le chiffre de notre tonnage. Nous sommes en outre moins bien outillés qu'eux, et c'est avec des armes démodées qu'il nous faudra soutenir la lutte économique. Quelles sont les obligations qui nous incombent de ce chef ? Quelles nécessités devons-nous prévoir ? C'est ce que je vais m'efforcer maintenant d'exposer.

Esquisse d'un programme naval, marine de commerce et marine de guerre. — La marine souffre en France d'un mal endémique ayant sa source dans l'*indifférence de l'opinion publique*. Nulle part ailleurs la mer, la navigation, les bateaux, les marins ne sont pareillement ignorés. Et ce qui complique cette affection, c'est son ancienneté : dans toute notre histoire on peut en suivre le développement, tantôt lent, tantôt rapide, tantôt momentanément suspendu sous l'énergique médication d'un Charles V, d'un Richelieu, d'un Colbert.

Tant que l'on n'aura pas extirpé ce mal dans sa racine, toutes les réformes seront vaines, parce que passagères et soumises aux caprices des gouvernements. Cela est surtout vrai dans un pays démocratique où l'opinion est toute puissante et où, par définition même, le pouvoir exécutif n'est que son reflet. Or, en France, l'opinion est toujours muette sur la marine, non par antipathie, bien au contraire, mais par ignorance. Alors que l'industrie, le commerce, la magistrature, l'armée font l'objet des conversations, restent présentes à l'esprit de chaque citoyen, et subissent par cela même le puissant et indispensable contrôle de M. Tout-le-Monde, la marine seule demeure à l'écart. On n'en parle jamais, on n'y songe pas.

Le résultat de cet état de choses, c'est que la marine vit beaucoup trop sur elle-même et n'est pas vivifiée par les grands courants extérieurs. C'est un beau château historique, dont les fondations datent du moyen âge, qui a été restauré sous Louis XIII, a reçu des agrandissements notables au temps de Louis XIV, auquel on a dans la suite adapté le téléphone et l'éclairage électrique, mais où l'on n'ouvre jamais les fenêtres.

Y a-t-il faute du public ou de la marine ? Je l'ignore et au demeurant la question importe peu. Ce qui est certain c'est que la marine doit faire les premiers pas, aller à ce public, lui expliquer son action, son rôle, sa nécessité, le convaincre enfin, l'intéresser et maintenir ensuite

Poste de navigation et canon de l'*U-B-*126.

étroitement le contact. Alors on pourra parler réformes et progrès, parce que l'on aura la collaboration de toute la nation, avec ses forces, son intelligence, son bon sens et sa vitalité.

Aujourd'hui, d'ailleurs, nous devons noter une légère améliora-tion. Notre grande société de propagande la *Ligue Maritime Fran-çaise* (1), a pris un essor considérable et commence à étendre ses rameaux sur tout le pays avec ses sections locales. Quand on se sou-vient des efforts de la première heure, il y a quelque vingt-cinq ans, et des résultats minimes alors obtenus, on peut considérer la situation actuelle comme encourageante. Mais il faut persévérer et c'est dans les milieux scolaires que l'on doit inlassablement porter la bonne

---

(1) Siège social, 8, rue la Boëtie, Paris.

parole, afin que les générations futures n'ignorent pas comme les précédentes le rôle primordial joué dans l'existence de notre patrie par la marine et les marins.

Notre programme naval doit donc inscrire comme première mesure à réaliser le *développement de la propagande maritime*. Il devrait y avoir fréquemment en France des séries de conférences, faites autant que possible par des officiers de marine, avec vues photographiques et cinématographiques. Les tracts et ouvrages sur la marine sont également à répandre. Enfin notre Musée de Marine du Louvre, cette admirable collection, unique au monde, est à mettre au premier rang des instruments nécessaires à la campagne que nous réclamons.

Ceci exposé, nous scinderons notre étude en deux parties : marine de commerce et marine de guerre, ce qui n'implique nullement que nous considérions ces deux branches comme indépendantes l'une de l'autre. Bien au contraire, nous estimons que la liaison ne sera jamais assez étroite entre elles, et il serait très désirable qu'elles fussent réunies sous une direction unique.

La marine de commerce est indispensable à plusieurs titres :

1° *Au point de vue économique*, elle représente la base nécessaire à tout négoce, à toute industrie. Vouloir reconstituer notre puissance commerciale sans résoudre d'abord le problème maritime, ce serait édifier la maison en négligeant ses assises. Construire des usines, remettre en état nos provinces dévastées, tout cela ne servirait de rien si comme hier nos industriels devaient payer chaque année *quatre cents millions* aux armateurs étrangers. La guerre nous a coûté de ce chef *huit milliards*, déboursés à nos voisins et alliés pour solder nos transports, mais cette somme disparaît dans le gouffre financier des hostilités. Tandis que si les négociants français continuent à être tributaires des autres marines pour leurs opérations, ce sera une hypothèque constante sur notre activité, un frein puissant à tout développement national.

Que nos commerçants se le disent : c'est leur indifférence coupable en matière de transports qui leur a fermé beaucoup de marchés. L'on ne confie pas impunément ses marchandises à un cargo étranger. Agir ainsi c'est ouvrir ses livres sous les yeux du concurrent, qui apprend de cette manière la nature des échanges, le nom des destinataires, les quantités exportées. Aussi, le cargo effectue bien une, deux ou trois expéditions, mais la quatrième fois c'est une fourniture nationale qu'il emporte et le négociant français perd son client. Donc, exporta-

Cargo américain avec son camouflage contre les sous-marins.

teurs français, ne regardez pas toujours et avant tout les tarifs de transports ; même à prix supérieur vous avez avantage à ne laisser circuler vos produits que sous votre pavillon.

2° *Au point de vue colonial.* — La France possède le deuxième empire colonial du monde comme étendue. Les richesses de ces possessions sont immenses, et l'on comprend qu'elles aient excité les convoitises de l'Allemagne. Pourtant nous n'en exploitons encore qu'une minime partie, et cela surtout à cause du manque de navires. Notre vieille et superbe colonie d'Algérie, maintenant complétée par la Tunisie et le Maroc, pourrait à elle seule constituer le grenier de la France. Blé, vin, huile, bétail, notre Afrique du Nord produit tout, et en quantité considérable. Mais les conditions de transport sont telles que les huit cents kilomètres qui la séparent de la métropole représentent un fossé difficile — et onéreux — à franchir. Le problème de la vie chère serait cependant vite résolu si l'on pouvait s'approvisionner dans cet inépuisable marché. En 1918 l'on trouvait couramment à Alger des pâtes alimentaires à 1 fr. 30 ou 1 fr. 50 le kilogramme. Combien les payaient nos ménagères en France à la même époque?

Pour les colonies plus éloignées, la question des transports sous pavillon national prime également toute entreprise. Comment un agriculteur, un négociant, un homme d'affaires, pourra-t-il créer quoi que ce soit dans ces régions, s'il n'a pas les moyens d'exporter ses produits, ou si les tarifs sont si élevés qu'ils en deviennent prohibitifs. Aussi nous voyons des matières premières, des minerais en particulier, inexploités dans mainte colonie française parce qu'il en coûte trop cher pour les amener à nos usines.

Cette situation était déjà regrettable avant la guerre, elle va devenir critique la paix signée. Nul n'ignore que la grande lutte économique de demain va s'engager autour des matières premières. Les salaires ont subi partout une hausse considérable; ils vont se maintenir à ce taux en s'unifiant sensiblement dans toutes les nations. La concurrence s'exercera donc au profit de celui qui possédera les matières premières à meilleur compte et l'outillage de plus grand rendement. Pour les matières premières nos colonies nous assurent un avantage marqué, mais à la condition expresse que nous effectuerons nos transports nous-mêmes. Si, comme à présent, l'on continue à faire opérer la majeure partie de notre transit colonial par nos concurrents, voici ce qui se passera à plus ou moins bref délai : au bout d'un certain temps, il se créera dans nos possessions des sociétés étrangères, qui exploiteront elles-mêmes la production indigène en chargeant sans intermédiaire leurs propres bateaux. Pour nous, il ne nous restera qu'à solder les frais généraux de la colonie. C'est ce qui s'était produit avant la guerre en Cochinchine pour les riz. Tout d'abord ce furent les cargos allemands qui effectuèrent le transport du riz qu'ils venaient chercher à Saïgon. Puis, peu à peu les Allemands se rendirent acquéreurs des grandes exploitations de rizières, et, en 1914, ils étaient les maîtres de cet important commerce dans nos domaines d'extrême Orient.

Donc, nécessité d'une marine marchande pour tirer parti de notre vaste empire d'outre-mer. Il y aurait lieu sans doute d'examiner la création d'une *marine coloniale*, avec modification des règlements permettant un emploi très large de la main-d'œuvre indigène. On pourrait ainsi avoir d'une manière économique des cargos spéciaux, employés au transit de chaque colonie, et armés par les moyens locaux, avec seulement deux ou trois officiers français.

3.° *Au point de vue de l'influence française à l'étranger.* — Il n'est pas de meilleur agent de propagande qu'un paquebot ou un grand cargo. Lorsque le premier débarque ses nombreux passagers, c'est une réclame vivante qui se répand dans tout le pays. Chacun vante la supériorité de la ligne qu'il a choisi, car le voyageur est toujours porté à juger favorablement le bateau sur lequel il vient de naviguer.

Pour les bâtiments de charge, c'est encore mieux. Non seulement les commerçants expéditeurs tirent un profit certain du prestige exercé par le spectacle d'un navire richement chargé, mais toute la nation elle-même en bénéficie.

La nature de la cargaison, les quantités débarquées, les produits qui la constituent, sont autant d'indications précieusement recueillies par les assistants. Et l'on sait s'ils sont nombreux dans tous les ports où la foule des promeneurs suit avec curiosité les opérations maritimes. Le pavillon joue son rôle vis-à-vis de ces témoins et jamais il n'a mieux, suivant le dicton, « couvert la marchandise ».

Il y a quelques années débarquait dans un port de l'Amérique du Sud un canot automobile qu'une maison parisienne avait expédié à un amateur de la ville. C'était par exception sur le pont d'un bâtiment français que le transport s'était effectué. Or, non seulement le constructeur de l'embarcation reçut de nouvelles commandes, ce qui s'expliquerait naturellement par la première fourniture, mais d'autres maisons françaises se virent favorisées d'ordres analogues. On avait vu un navire français apporter un canot automobile, et on en avait conclu que la France possédait une importante industrie de bateaux à moteurs mécaniques. Nous retiendrons aussi de cet exemple la bonne influence du yachting au point de vue maritime. Encourager ce sport c'est encourager la marine elle-même. Pour notre avenir naval, nous n'aurons jamais assez de yachts et de yachtsmen.

Nous avons vu que la guerre nous laissait environ 1.500.000 tonnes de bâtiments marchands. Est-ce une quantité suffisante? Assurément non, et nous devons dès à présent fixer le programme de notre future flotte de commerce. Deux considérations doivent nous guider : le tonnage que nous estimons nécessaire, et les moyens dont nous disposons pour le réaliser. Il est difficile dès à présent de fixer le premier point. Le tonnage de notre marine doit croître avec la prospérité commerciale, et il ne nous semble pas convenable de tracer une limite à cette dernière. Tout ce que nous pouvons dire, c'est qu'avant la guerre, la France aurait dû avoir, au dire des compétences, une marine de *six à huit millions de tonnes.* C'est donc ce chiffre qu'il faut d'abord nous efforcer d'atteindre. La tâche est rude, et ainsi se vérifie combien les erreurs autrefois commises se réparent difficilement. Mais si l'on se persuade bien que la question maritime est de toute première importance, si l'on parvient à réaliser cette poussée d'opinion que je citais plus haut comme indispensable, nous ne devons pas désespérer de réussir.

A l'heure actuelle, les Chambres ont « envisagé » une dépense de *deux milliards* pour la marine de commerce, et une première tranche de 250 millions est en voie d'exécution.

Le programme comprend trois types de cargos de 1.000, 2.500 et 3.100 tonnes, deux types de paquebots de 11.000 et 13.000 tonnes. Il y a déjà, près d'entrer en service, 30 cargos de 1.440 tonnes, bâtiments disposés pour le trafic du charbon, un grand cargo de 11.500 tonnes et un autre de 4.500 tonnes. Les cargos de 3.100 tonnes — type *Marie-Louise* — seront construits dans nos chantiers civils, sauf 9 en cale dans les arsenaux de la marine militaire.

C'est peut-être tout ce que nous pouvons faire à l'heure actuelle, les difficultés restant encore très grandes, mais c'est insuffisant et il faudra intensifier cet effort aussitôt que possible.

Au prix actuel de la construction — qui restera sensiblement le même encore longtemps — les deux milliards des Chambres nous donneraient 1.250.000 tonnes, si tout est employé en cargos, un million seulement si une partie des fonds revient aux paquebots, qui coûtent plus cher. Prenons le premier chiffre.

A ces 1.250.000 tonnes, il convient d'ajouter 500.000 tonnes que les chantiers anglais doivent nous céder d'après l'entente conclue entre les gouvernements français et britannique, plus la quote-part attribuée à la France sur la flotte allemande. On ne sait encore le taux

La marine américaine en rade de Brest.

de cette dernière cession. Nous avons reçu « en gérance » 600.000 tonnes de cargos et 100.000 tonnes de paquebots allemands. Les garderons-nous définitivement? Pour ne pas avoir de surprise, comptons seulement à 250.000 tonnes l'appoint des vaincus.

Les prévisions s'établissent donc ainsi :

Bâtiments construits sur le crédit des Chambres...........	1.250.000 tonnes
Bâtiments construits en Angleterre	500.000 »
Bâtiments allemands cédés	250.000 »
Total.....	2.000.000 tonnes

A cela nous devons ajouter les 1.500.000 tonnes que nous possédons actuellement, mais il y a une réserve à faire. Les deux millions de tonnes neuves — nous comptons comme telles les allemandes — ne seront en service que d'ici quatre ou cinq ans, au moins. Combien alors restera-t-il des 1.500.000 tonnes actuelles, dont 9,8 % seulement sont récentes? C'est être optimiste que de calculer sur un million encore en état de naviguer à ce moment. Par suite, dans cinq ans, la France ne possédera guère que *trois millions de tonnes*. C'est la moitié de ce qui lui sera nécessaire. Donc, l'effort actuel doit être doublé si l'on veut se présenter avec chance de succès à la grande compétition commerciale qui s'ouvre. La question économique étant la plus urgente, il convient de faire travailler à plein rendement nos arsenaux de l'Etat à la construction de cargos et de paquebots. Pour les chantiers civils, espérons qu'on en verra s'accroître le nombre. Quant aux crédits, jamais les Chambres n'en pourront voter de plus productifs. Nous savons déjà qu'il y a un intérêt annuel de quatre cents millions à récupérer comme premier bénéfice, et ce n'est pas le seul.

Pour la marine de guerre, démontrer sa nécessité me paraît superflu. Posséder un littoral aussi développé que celui de 'la France, un empire colonial tel que nous le connaissons, des intérêts maritimes sur toutes les mers, sans avoir en même temps les moyens de protéger cet ensemble, ce serait l'abdication définitive, la déchéance complète. L'exemple historique de la Hollande est là pour nous montrer ce que devient un peuple industrieux lorsqu'il continue à être négociant après avoir cessé d'être soldat. Plus près de nous, la Norvège vient de perdre, sans avoir fait la guerre, la moitié de sa flotte commerciale, faute d'une marine militaire suffisante pour la défendre.

Il serait donc insensé d'élaborer un programme de marine marchande si l'on ne prévoyait pas en même temps la force navale protectrice correspondante.

Mais, pourra-t-on objecter, la Société des Nations... Evidemment, il faut en tenir compte, et espérer qu'elle justifiera nos espoirs, mais cette société elle-même aura besoin d'une puissance effective, à laquelle tous les participants devront concourir. Et si l'on en croit les dernières informations, l'Angleterre et les Etats-Unis s'apprêtent à fournir un appoint sérieux à cette force commune. Notre devoir est donc tracé, noblesse oblige et la France se doit de paraître décemment parée dans ce concert des peuples.

Reste à savoir ce qu'elle peut faire, et comment atteindre l'objectif. Là encore le programme doit tenir compte des nécessités à prévoir et des disponibilités budgétaires. L'effort commercial que nous devons fournir est tel qu'il y a lieu de serrer de très près les prévisions de guerre.

Une considération peut nous guider d'abord : la flotte allemande va être limitée. On parle de 6 cuirassés, type *Deutschland* (13.000 tonnes, quatre pièces de 280 millimètres, 19 nœuds), 6 croiseurs légers, 12 contre-torpilleurs de 800 tonnes et 12 torpilleurs de 300 tonnes. A ne voir que cette rivale, la flotte française n'aurait pas besoin d'un gros effectif pour demeurer supérieure. Mais la politique est changeante, l'adversaire peut se renforcer malgré tous les traités, nos colonies nous obligent à une politique mondiale, et l'on ne doit pas asseoir une ligne de conduite sur des bases trop fragiles. Nous retiendrons seulement que notre principal ennemi est hors de cause pour un temps assez long, et que cela nous donne la faculté de réfléchir.

La marine de guerre française avait en 1914 cinq grands cuirassés de 25.000 tonnes en chantiers, ou en achèvement à flot. Ce sont les *Normandie, Flandre, Gascogne, Béarn* et *Languedoc*, à tourelles quadruples, portant douze pièces de 34 centimètres. Il convient de les terminer en augmentant, si possible, le calibre des pièces, et cette puissante escadre, jointe à nos sept dreadnoughts actuels — *Bretagne, Provence, Lorraine, Courbet, Jean-Bart, France* et *Paris* — nous donnera une armée navale de première ligne de 12 beaux cuirassés. On peut avec cela attendre tranquillement les six *Deutschland*.

Cette escadre active devrait être entretenue en excellent état, matériel et personnel, et constituer notre force offensive de la première heure.

En seconde ligne viendraient les quatre cuirassés de 18.000 tonnes *Diderot, Condorcet, Voltaire* et *Vergniaud*. Par raison d'économie on pourrait les maintenir en réserve spéciale.

Quant aux cuirassés antérieurs, types *Patrie* et autres, je n'en vois pas beaucoup l'emploi. Ils ne répondent plus aux nécessités de la guerre moderne, coûteront toujours trop cher à entretenir ou à faire naviguer, et je laisse aux plus autorisés le soin d'indiquer quel parti on en peut tirer.

Parmi nos croiseurs-cuirassés, il y a un choix à faire : certains peuvent encore servir aux campagnes lointaines et doivent être conservés, les autres sont à déclasser ou à transformer pour des utilisations du temps de paix.

Les contre-torpilleurs à partir de 800 tonnes et au-dessus doivent être gardés comme éclaireurs et estafettes. Les plus petits n'ont aucune raison d'être. Actuellement il n'y a réellement plus qu'un seul bâtiment torpilleur : le sous-marin. Au demeurant, nos escadrilles de torpilleurs ont souffert de telle sorte que bien peu d'unités sont susceptibles d'un service quelconque. On pourrait peut-être trouver là des machines utilisables pour d'autres constructions.

Voilà donc ce qui concerne la flotte de haute-mer, les escadres de ligne. Le programme est de ce côté tout tracé, et l'on a le temps d'attendre pour savoir s'il convient de développer notre armée navale, et sur quelles données. Mais il reste encore une question très importante, celle de la défense côtière.

Ici, comme il s'agit de notre intégrité nationale elle-même, aucun sacrifice n'est superflu. Foin des garanties diplomatiques ! C'est à nous et non aux autres qu'appartient la défense de nos foyers. Il faut que toute flotte, si puissante qu'elle soit, y regarde à deux fois avant d'aborder notre littoral.

L'arme est d'ailleurs toute prête : c'est le sous-marin. Développons donc, en profitant des expériences de la guerre, nos flottilles de submersibles. C'est là une mesure défensive qui ne peut offusquer personne. Nos colonies font également partie du domaine national ; établissons-y de nombreuses bases de sous-marins.

Parallèlement, il convient d'étudier un type de chasseur, déduit des enseignements récents. On pourrait le concevoir, je crois, comme un bâtiment rapide, de 20 nœuds au moins en service courant, à faible tirant d'eau pour ne pas redouter la torpille, évoluant bien, et portant un canon de 100 millimètres avec de puissantes grenades. Bien entendu, écouteurs perfectionnés et télégraphie sans fil de grande portée. Tout cela pourrait s'obtenir avec un déplacement de 250 tonnes environ, et des formes bien étudiées donnant le maximum de qualités nautiques. Il faudrait environ cent cinquante de ces bâtiments, qui offriraient des commandements intéressants à nos jeunes officiers.

Enfin, dernier élément, et non le moindre, l'aérostation. L'organisation actuelle des centres, écoles et postes de combat est à conserver en la plaçant, bien entendu, sur le pied de paix, avec mobilisation assurant un rapide passage sur le pied de guerre. Dirigeables, hydra-vions, captifs font à l'heure actuelle, de par les services rendus, partie intégrante de la défense maritime.

Avec ces moyens d'action la Marine Française restera digne de son passé et de la part brillante qu'elle vient de prendre dans nos succès d'hier.

L'effort commercial et militaire que nous venons d'indiquer pourra sembler lourd à certains. Il est indispensable. Si l'on ne s'y résout pas, nos pertes cruelles auront été en vain consenties. La France, malgré ses victoires de la Marne, de l'Yser et de Verdun, en dépit de ses armées glorieuses, entraînées par ses maréchaux au delà du Rhin, demeurerait la grande vaincue de la guerre de 1914-1918.

Signaux à bras.

TABLE DES MATIÈRES

Paris. — Imprimerie Larousse, 17, rue Montparnasse.

La Mer

Par CLERC-RAMPAL, avec préface de A. BERGET,
professeur à l'Institut océanographique

✿ ✿ ✿

Magnifique volume in-4° (*Collection in-4° Larousse*, format 32 × 26),
636 gravures photographiques, 4 planches en couleurs, 16 planches en
noir, 6 cartes en coul., 316 cartes en noir ou dessins. Broché.   25 francs
Relié demi-chagrin (reliure originale de GRASSET) . . . . . .   40 francs

Ce très original ouvrage est divisé en deux parties : *La Mer dans la Nature,
La Mer et l'Homme*. La première, au courant des dernières découvertes de
l'océanographie, initiera le lecteur à tous les phénomènes de la mer, aux problèmes scientifiques souvent considérables qu'ils soulèvent, aux secrets des
profondeurs où vivent les êtres les plus étranges de la création ; la seconde
traite avec une rare érudition de l'histoire du navire et de la science de la navigation et montrera les merveilles réalisées dans la construction navale actuelle.
(*Ouvrage honoré de souscriptions du ministère de la Marine*, etc.)

La France héroïque
et ses Alliés

Par G. GEFFROY, L. LACOUR et L. LUMET
(*En cours de publication*)

✿ ✿ ✿

Ce magnifique ouvrage formera deux beaux volumes in-4° (*Collection in-4°
Larousse*, format 32 × 26). Le *Tome Iᵉʳ*, contenant 587 gravures pho-
tographiques, 26 planches en noir et en couleurs, 12 cartes en noir et en
couleurs, est en vente. Broché. . . . .   33 francs
Relié demi-chagrin (reliure artistique originale) . . . .   48 francs
(*Le Tome II paraîtra fin 1919*)

Voici la plus belle histoire d'ensemble de la grande guerre. Par son abondante
documentation, par sa superbe illustration photographique, par la clarté et l'émo-
tion du récit, cet ouvrage restera comme un témoignage véridique d'une des
plus grandes époques de l'histoire. C'est une œuvre qui offrira de hautes leçons
d'énergie et de patriotisme.

En vente chez tous les libraires.

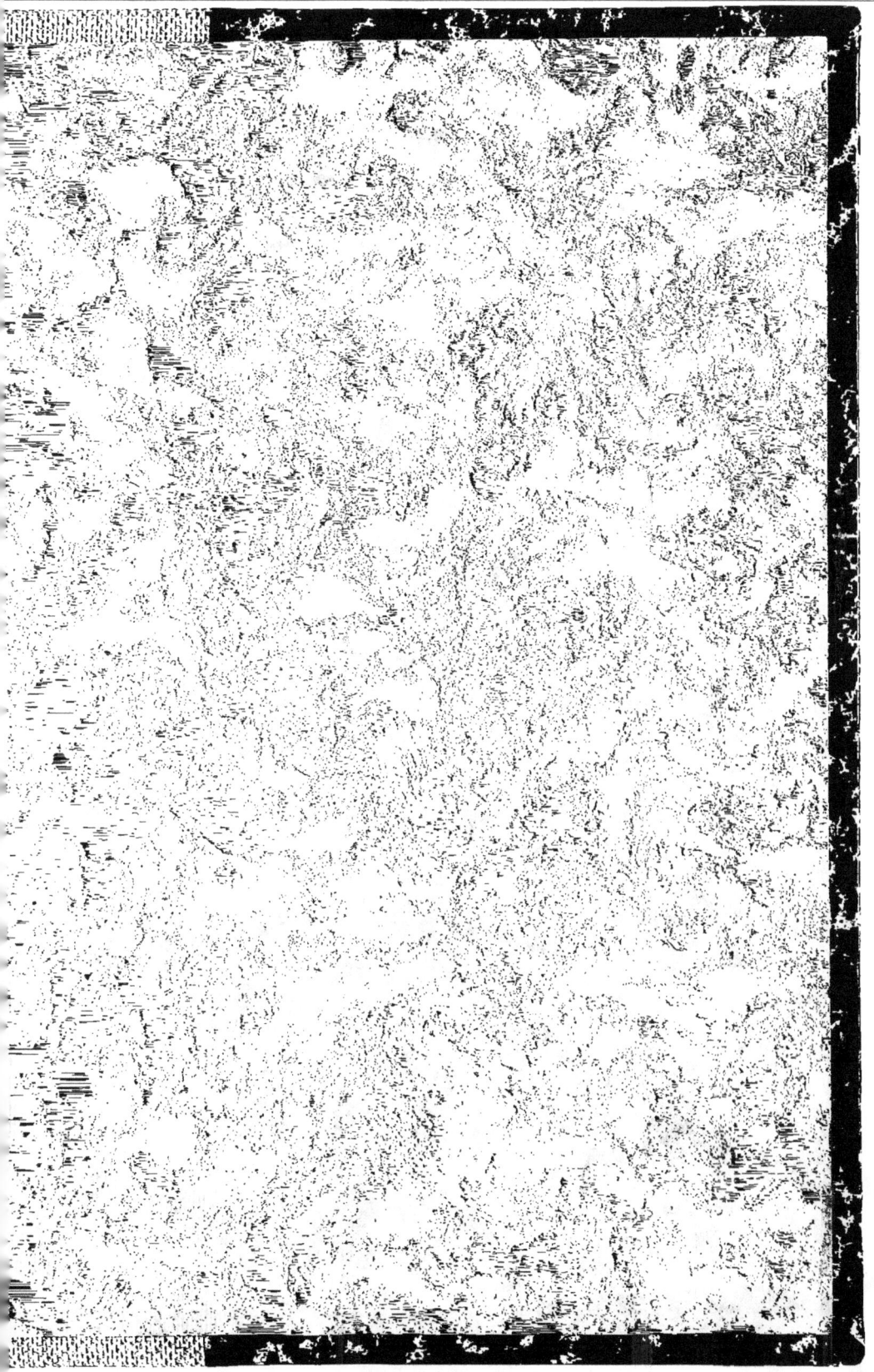

www.ingramcontent.com/pod-product-compliance
Lightning Source LLC
Chambersburg PA
CBHW061008280326
41935CB00009B/879